书天堂
BOOK PARADISE

钟芳玲 FANG-LING JONG

全国百佳出版社
中央编译出版社
Central Compilation & Translation Press

ACKNOWLEDGEMENTS

For this revised and enlarged edition of *Book Paradise* I have been very fortunate in the generous assistance given to me by members of the book world in the United States and Europe, and I am deeply indebted to all of them. Some are veterans of the first edition, which was published in 2004, and others I have only come to know more recently. It is, however, a great pleasure to record in these pages my appreciation of the kindness and help that I have received from all of them.

First and foremost, I want to express my heartfelt gratitude to the many booksellers, librarians and book-lovers I have interviewed. Although the book community is often and rightly characterized by its variety, my interviewees were united by their generosity in sharing their knowledge of and insights into the book world, and their passion and enthusiasm for books. Therefore, for answering my (many) questions, effecting introductions, providing photographs, and suggesting research leads, I am particularly grateful to the following – some now sadly deceased – whose names are given in the order of the chapters in which they appear: John Warnock, Brewster Kahle and his colleagues, and E.M. Ginger; Ivan Stormgart and Martin Rosen; John Goddard; Allan Milkerit, Joe Marchione and Mark Terry; Béatrice Coron; Gregg Monsees; Helene Hanff, Nina Nordlicht and Ike Ong; Jeannette Watson, Fred Bass and Nancy Bass; John Durham and Mike Pincus; Ronald Randall; Jerry Jacobs and Gary Schlichter; Gary and Clarinda Stollery, Leonard Berardi, John Fletcher and Irene Nicolas, Nicole Dillard, Carl Mautz, Gary Snyder, Harold Berliner, John Hardy, Bruce Levy, Harry Ames, Dolores Ames, Debra Klever-Dobbins, Regina Gatesz, and Eric Tomb.

My gratitude is also due to the following individuals and organizations who variously gave generously of their hospitality, research assistance, and photographic resources: Antiquarian Booksellers' Association (John Critchley, Secretary); Antiquarian Booksellers' Association of America (John Crichton, former President); Baldwin's Book Barn (Tom Baldwin); Judy Bernhard and Byron Spooner; Center for Book Arts, New York; Christie's (Sven Becker); Eduardo Comesaña; Cornstalk Bookshop (Paul Feain); Michael and Sandra Good; Chris Hannon; Henry Sotheran Ltd (Andrew McGeachin, John Sprague, Mark James, and Javier Molina), the world's oldest antiquarian bookshop, which celebrated its 250th anniversary in 2011; Joe and Cara Herman; Paul R. Heydenburg; Jonathan A. Hill; International League of Antiquarian Booksellers (Robert D. Fleck, former President); Ian Jackson; Jonkers Rare Books (Sam & Christiaan Jonkers); Librairie Loeb-Larocque (Béatrice Loeb); Meyer Boswell Books (Joe Luttrell); Maggs Bros Ltd (Titus Boeder); Martayan Lan Rare Books (Richard Lan); PBA Galleries (Scott Evans, George K. Fox, Bruce MacMakin, and Greg Jung), who made their photo-archive available to me, which has been of great help in the preparation of this work; Asa Peavy, formerly Librarian of the Book Arts and Special Collections Center at the San Francisco Public Library; Justin G. Schiller; Sotheby's (David Goldthorpe); John Windle; Xu Bing Studio; Yushodo (Mitsuo Nitta).

The following institutional libraries and their staffs have demonstrated great generosity, patience, and professionalism in assisting me with my researches, and opening their collections to me: The Book Club of California (Henry Snyder); The Gleeson Library, University of San Francisco (John Hawk); The London Library (Steven Archer). I would particularly like to thank Patrick Milliman, Alanna Schindewolf and Marilyn Palmeri at The Morgan Library and Museum, who perpetuate the reputation of that remarkable institution by the great professionalism that they bring to their work.

One of my greatest debts is to someone who died more than one hundred years ago, yet continues to influence contemporary book-makers and -lovers, and inspires them through the beauty of his books, attained through an unceasing pursuit of perfection. William Morris' Golden type is used for the section- and chapter-openings, and the decorations used throughout this book are adapted from the beautiful wood-engraved borders and illustrations that Morris, Edward Burne-Jones and Walter Crane designed for the Kelmscott Press's publications.

Amongst my family and my friends, I would like to record my thanks to the following for their encouragement and moral support: Jih-Heng Jong, Florence Lee, Wei-Wei Teng, Suh-Fen Tsai, Chi-Chun Chiu, Shou-Bai Yen, Ching-Ping Tsui, Julia Hsiao, King Shaw, Hsing-Wen Wu, Li-Hsiang Wang, and – especially – my mother, who is always there for me. And finally, my husband, Daniel, for his care, understanding and love.

2012 增订版序
从威廉·莫里斯谈起

二十多年来，我有幸在英美书世界遨游，一路上充满了无限遐想、趣味与喜乐，本书二十个篇章所讲述的内容，正是我在旅程中的所见、所闻与所思，主题涵盖古董书与新科技、黑胶唱片与有声书、老杂志、图书馆、书店、书展、书镇、书架、书梯、书衣……全都不脱与书相关的范畴，书名之所以取为《书天堂》，自然是源于博尔赫斯（Jorge Luis Borges，1898~1986）的那句名言"我总是想象天堂将如同图书馆一般"。

《书天堂》的繁体字与简体字版本相继于2004年、2005年在台湾与大陆问世，这么些年来，我或是与书中描绘的人事地物有更频繁的接触、或是有更深刻的感触，因此有了这一个新的增订版。本书不仅将首版中的一些错误校正，而且在多个篇章之后添加了后续笔记（Update），有时后续笔记比主文还要长，诸多旧图说亦经改写；全书比首版多约三万字、两百余张图片，增加的部分其实已可成为一册独立小书。以如此"奢侈"的方式修订一本书，固然是件不划算之事，但唯有让新旧对照并列，才能让主题更丰富，并呈现历史的轨迹。

除了内容的扩增，本书的一些外文译名也与首版有所差异，主要是希望中文翻译能更贴近原文发音。本书的封面与版型都重新编排设计，为了呈现美丽书天堂，我特别由威廉·莫里斯（William Morris）的作品中撷取设计元素。莫里斯是十九世纪末英国作家、画家、设计师、工艺匠，他为了复兴手工艺与倡导精致出版，于1891年创立了"凯姆斯考特印刷坊"（The Kelmscott Press），短短六七年间，此印刷坊以手工印制了五十三部书（共六十九卷，约一万八千册），书中的所有字体、版型、装饰花边皆由莫里斯精心设计，内页采用的是上好的手工纸或羊皮纸，据称莫里斯甚至尝试自己调制印刷墨水，却因质量无法达到他的严苛要求而放弃，最后选用了德国汉诺瓦公司生产的上乘浓稠墨水。

本书所使用的木刻花边纹饰均来自莫里斯为"凯姆斯考特印刷坊"的书所设计，二十篇文章的刊头与封面、封底的英文字体 Golden type 也是他所设计，而他又是参照十五世纪字体设计师、印刷师 Nicholas Jenson 所设计的字体 Jenson。至于本书两大单元页 Book People、Book Places 使用的木刻插图，还是来自"凯姆斯考特印刷坊"的作品。Book People 的插图出自印刷社登峰造极之作《乔叟作品集新印》（*The Works of Geoffrey Chaucer: Now Newly Imprinted*, 1896），《乔》书的八十七幅典雅木刻插画，由莫里斯的终生至交爱德华·伯恩-琼斯（Edward Burne-Jones）设计，这本被许多人誉为十九世纪最美的一本书，是莫里斯生前最后监制、完成的一本书。莫里斯与伯恩-琼斯从牛津大学读书时就惺惺相惜，两人在"凯姆斯考特印刷坊"合作的成果，在书籍设计史上立下了新标杆。

莫里斯对质量的讲究、对完美的追求，都令人由衷折服。每当我在英美一些古书展、图书馆特藏区逐页翻阅"凯姆斯考特印刷坊"百年前所印制的珍品，或在网络上欣赏到它们书页的高分辨率影像时，总是心生虔诚，并提醒自己，如此之美蕴含了多少人的热情与付出。《书天堂》的增订，其实就是对书本、书人、书地的再次礼赞，只盼望读者能因此多角度欣赏书籍的内在美与外在美，也能知晓一些有关它们的故事，更能认识其他类似莫里斯般对书痴狂的人——写书的人、编书的人、印书的人、卖书的人、藏书的人、说书的人、装订书的人、修补书的人、扫描书的人、打造书梯的人、复制书衣的人，甚至是吃书的人……就是这一大群人构筑出你我的书天堂乐园。

Note: 本书第二大单元页 Book Places 的插图出自莫里斯自己写的奇幻小说《闪亮平原的故事》（*The Story of the Glittering Plain*, 1894），原图由著名插画家 Walter Crane（1845~1915）所设计。

2005初版序
我的书天堂

我对童年最鲜明的印象是：一个识字不多的小女孩，在一家挤满大人文字书与纸笔文具的传统书店中，时而好奇地游走、时而蜷曲于书店的一角，似懂非懂地翻阅着书页。由于那时家住郊区，父母亲每回到城中办事，我老是爱跟着，因为我知道，他们一定会把我当成一件行李般，存放在"寄物柜"中，然后放心地离去，等事情办完后，再将寄放的"行李"取回。这既安全又免费的"寄物柜"，是大街上一家书店兼文具店，店主是与父亲相识的友人。在那个年代，童书不多，现在常见的儿童绘本更是没见过，书店内摆的，几乎都是给大人看的书。刚上小学的我，从架上挑中一本后，就蹲坐在一个角落，开始似懂非懂的翻阅起来。

为了能看懂书店中更多的书，我竟然变得喜欢上学，因为在学校可以学更多的新字，二三年级后，我开始会自己买一些不加注音的大人书，这让小小年纪的我觉得很有些成就感。另外，我特别欢迎大小考试的到来，因为父母和我约定，每次只要考前三名，就能领取三百至一百的零用钱，有了零用钱自然就能买更多的课外读物，这个良性的循环，使得爱读书的习惯一直跟随着我，成了我生命中最珍贵的无形资产。如今想来，自己对书籍与书店的依恋，当追本溯源到幼年时期。书籍是我精神的寄托、书店成了我心灵的避风港，父母亲当时不经意的举动，竟然为我打造出一座以书建构出来的天堂乐园。

在我日后云游西方数十年的生涯中，因为造访无数与书相关的人物与地方，我对书籍之爱不仅限于用心阅读其中的内容，更扩展到以各个感官去欣赏它们因形体所呈现出的多重风貌。如果前者可以被比拟为柏拉图式的精神之爱，后者就可以被喻为肉体之爱；书籍的内在美与外在美对我同样具有诱惑力。

我一方面在意书中文字所传递的情境、意念与讯息，另一方面也喜欢用眼睛去观赏书籍的设计与装帧、以手指去触摸具有质感的纸页与印刷、用鼻子去分辨古书及新书所散发的不同书香、用耳朵去倾听经由人声所朗诵出的诗词与故事。我发现在不同时空里，存在许多和我一样通过触觉、视觉、嗅觉、听觉与书交会的爱书人，有些人甚至更以味觉去品尝书。

《书天堂》是一本"有关书本的书"(a book about books)，谈的是我在西方书世界中的见闻。更确切地说，这是一本"有关书人的书"(a book about book people)，也是一本"有关书地的书"(a book about book places)，因此书中的文章粗略分为两大单元：Book People、Book Places。这个二分法主要是为了编辑与阅读的方便，两者并非相互排斥(exclusive)，而是相互包容(inclusive)。例如《爱书人的金矿》虽然指的是北加州的内华达郡，但也是在谈那里的书人；people、places、books 其实是密不可分的三位一体，而所有的 book places 都是因 book people 而存在。《书天堂》当然更是一本旅游书、一部爱书人为书走天涯的纪录片。

我原是一个孤僻、有自闭倾向的人，唯有与书相关的话题才能引发我的兴趣与热情，我因此非常赞同英国十四世纪的德伦主教（Bishop of Durham）理查·德伯利（Richard de Bury）在他传世之作《书之爱》（*Philobiblion*）中提到的一段话："凡是与书相关之人，无论性别、阶级、职位，都最容易敲开我们的心扉，而且获得我们的热情与偏爱。"

"书"的定义虽然因时间与科技的演进而改变，成长于数字时代的年轻一辈，或许迷恋电子书更甚纸本书，但无论是身处西方或东方、旧世代或新世代，无论是翱翔于书天堂或任天堂，文字是亘古的桥梁、阅读是共通的渴望。

CONTENTS
目录

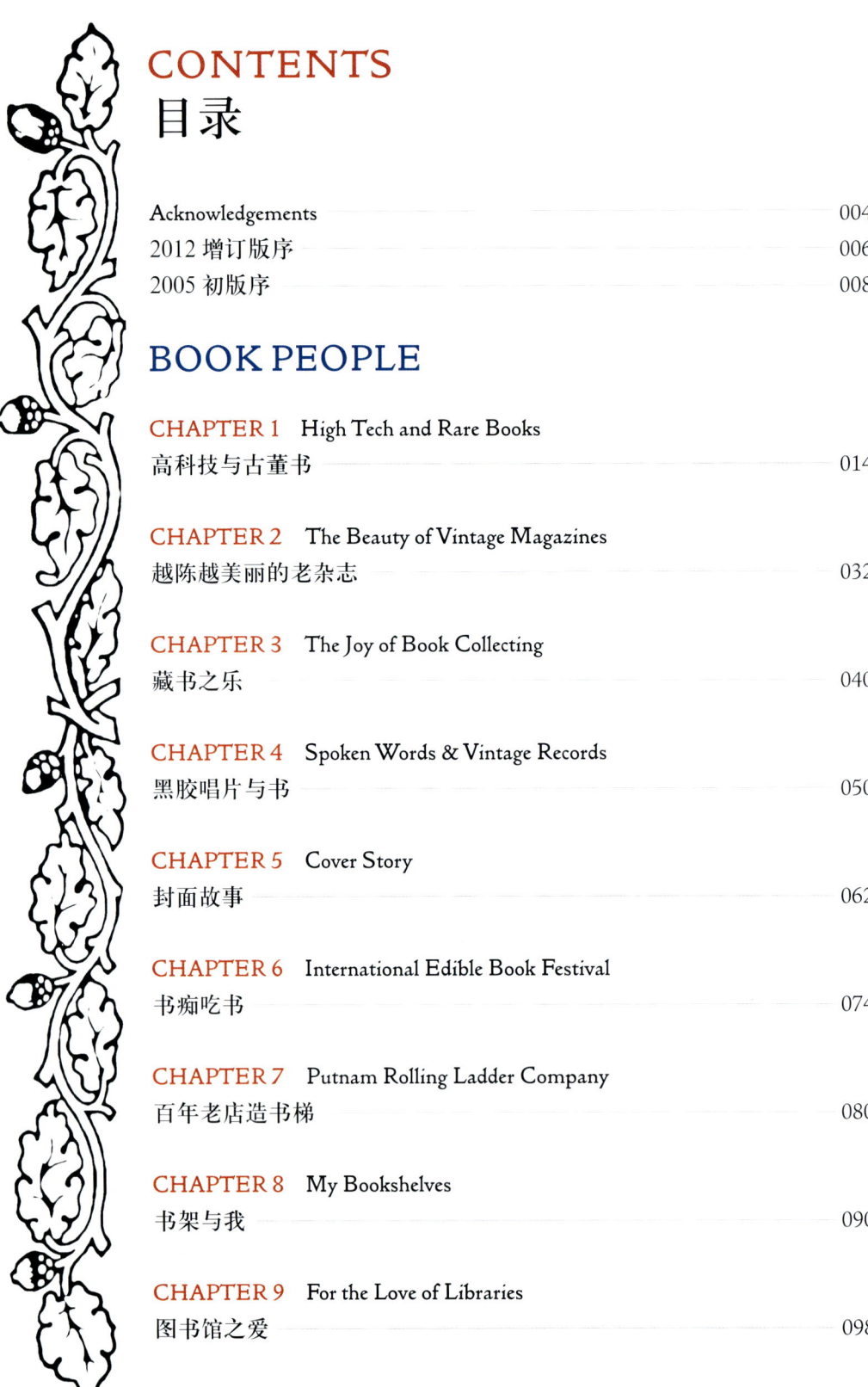

Acknowledgements — 004
2012 增订版序 — 006
2005 初版序 — 008

BOOK PEOPLE

CHAPTER 1   High Tech and Rare Books
高科技与古董书 — 014

CHAPTER 2   The Beauty of Vintage Magazines
越陈越美丽的老杂志 — 032

CHAPTER 3   The Joy of Book Collecting
藏书之乐 — 040

CHAPTER 4   Spoken Words & Vintage Records
黑胶唱片与书 — 050

CHAPTER 5   Cover Story
封面故事 — 062

CHAPTER 6   International Edible Book Festival
书痴吃书 — 074

CHAPTER 7   Putnam Rolling Ladder Company
百年老店造书梯 — 080

CHAPTER 8   My Bookshelves
书架与我 — 090

CHAPTER 9   For the Love of Libraries
图书馆之爱 — 098

CHAPTER 10　The Charm of Book People
书人的魅力　　　　　　　　　　　　　　　　108

CHAPTER 11　84, Charing Cross Road
查灵歌斯路 84 号　　　　　　　　　　　　　118

BOOK PLACES

CHAPTER 12　Encounters with Books Everywhere
随处与书相逢　　　　　　　　　　　　　　　138

CHAPTER 13　Airport Bookshops
机场书店　　　　　　　　　　　　　　　　　150

CHAPTER 14　Bookstore Scenes in Film
电影中的书店风景　　　　　　　　　　　　　156

CHAPTER 15　Exploring Antiquarian Book Fairs
古书嘉年华　　　　　　　　　　　　　　　　174

CHAPTER 16　The Excitement of Book Auctions
书籍拍卖的变与不变　　　　　　　　　　　　190

CHAPTER 17　The Morgan Library
摩根图书馆　　　　　　　　　　　　　　　　198

CHAPTER 18　Randall House Rare Books
蓝道之家古书店　　　　　　　　　　　　　　228

CHAPTER 19　A Book Lover's Shangri-La
书迷的香格里拉　　　　　　　　　　　　　　238

CHAPTER 20　Gold Cities Book Town
爱书人的金矿　　　　　　　　　　　　　　　250

后记　　　　　　　　　　　　　　　　　　　280

Book People

All of both sexes and of every rank or position who had any kind of association with books, could most easily open by their knocking the door of our heart, and find a fit resting-place in our affection and favour.

—— Richard de Bury, *Philobiblion*

凡是与书相关之人，不论性别、阶级、职位，都最容易敲开我们的心扉，而且获得我们的热情与偏爱。—— 摘自理查·德伯利《书之爱》

CHAPTER 1
High Tech and Rare Books
高科技与古董书

薄薄的一张CD，便完整复制出一本古书。每个细节都呈现在读者眼前。油墨的深浅、色彩的浓淡，完全反映原版本的样态。即使虫蛀、折痕、褪色……也无所遁形。高科技与古董书这两个看似对立的范畴领域，其实早已是密不可分。

拜访某些高档的欧美古董书店与精致的公私立图书馆，总是能见到一些具有数百年历史的珍本书籍。有些印刷精良，字体千变万化；有些色彩斑斓，图案别致；有些装订讲究，封面甚至还镶上珠宝。特别是某些装饰性极强的中世纪手抄本祈祷书，更是华丽夺目，让人油然心生一股庄严肃穆的宗教情怀。

另外一些天文、医学、动物学等不同领域的古老书籍，则透过文字与图案，展示了人类文明史的演进。这些书籍历经数百年之后，依然带给现代人感官与智识上无限的惊喜与享受。每次我在熟识的书商那里翻阅那些摩洛哥皮装订、羊皮纸印刷的古老书册时，书页中泛出的书香与时间感总是令我怦然心跳。对于我这种无可救药的老派爱书人来说，爱的不仅是书的内容，还有书的形体、书的气味与书的历史。

能看不能读的古董书

只可惜不少古董书都成了图书馆的典藏品，被关在恒温恒湿控制的密室之中。没有经过特殊申请管道，一般人是无法一亲芳泽的。有些极品中的极品，更成了艺

约翰·瓦纳克是国际知名的数字出版、网络软件公司Adobe Systems, Inc.的创办人，同时也是位古董书收藏家。他并于1997年成立了Octavo公司，将一些珍贵的古籍数字化，使得爱书人与书有另一种接触的渠道。1998年12月份的藏书杂志Biblio特别专文报道瓦纳克与Octavo，并以书房中的他当作封面图。

品，被紧锁在玻璃展示柜里，一旁还有保全人员虎视眈眈地守护着。记不清有多少次了，我特地走访纽约的摩根图书馆（The Morgan Library & Museum）及南加州的亨廷顿图书馆（The Huntington Library），为的也就只是去"瞻仰"躺在柜中的古登堡《圣经》。这部15世纪时由西方最早活版印刷术印制的《圣经》，编排精美，书页边缘还带有色彩鲜丽的手绘图饰。每回隔着玻璃尽情欣赏时，我总不禁叹为观止。然而，一次却也只能看到摊开来的那两页，真是恨不得能亲手一页页地翻阅，好好看个够！当代著名侦探小说家劳伦斯·布洛克（Lawrence Block）那本《画风像蒙德里安的贼》（The Burglar Who Painted Like Mondrian）的书中，一位雅贼专门瞄准各大图书馆古董书下手，其振振有词的理由就是"不满图书馆不让这些书流通"。不少人的确对图书馆的严密保护措施颇有微词，认为这无异减低了书本的实用价值。然而，坦白说，要是真让我有机会手捧古登堡《圣经》，只怕会有很大的心理压力，唯恐自己笨手笨脚、一不留意毁损了书页，那可不成了千古罪人？毕竟全世界目前仅存四十多本而已。阅读欧美古董书还有另一个麻烦，那就是语言的障碍。英文自然没问题，偏偏拉丁文、德文、意大利文等

19世纪法国画家皮埃尔·约瑟夫·勒杜泰（Pierre-Joseph Redoouté）是历史上最知名的植物画家之一。"玫瑰"是勒杜泰最擅长的绘画主题，他在1817年至1824年间所出版的三册版画集《玫瑰》（Les Roses）成为最受欢迎的作品，如今要见到完整的全集极为不易，但我们可以透过薄薄的一片CD-ROM，欣赏书中所有色彩缤纷的美丽玫瑰图像。*Images courtesy of Octavo Corp. and Library of Congress*

杰拉尔杜斯·墨卡托（Gerardus Mercator，1512～1594）为弗兰德斯（现为比利时）地理学家、数学家、制图师，其所提出的"墨卡托投影法"对地图制作及领航有深远的影响。墨卡托从1537年开始制作许多世界地图，其中又以晚年至死后一年（1595）所出版的三巨册《宇宙地图集》（*Atlas sive Cosmographicae Meditationes de Fabrica*）最为著名，他也是史上率先使用 Atlas 这个字来表示"地图集"的始祖。图中所列为《地图集》中的亚洲区地图。
Image courtesy of Octavo Corp. and Library of Congress

不同语文出现的机率却很高，以致我经常只能望文兴叹，怨恨此生无法多懂几种语言。

科技与古籍齐飞

我的沮丧与困扰在高科技的辅助下，终于稍得纾解。这一切得感谢约翰·瓦纳克（John Warnock）、感谢他在1986年伦敦的一个古董展上，无意间被一本1570年初版的欧几里得的《几何原本》（*Elements*）的英译本给吸引住，感谢他的妻子从旁鼓励他花了七千美元买下这本书，使他自此迷上古董书并成了藏书家，也因此了解古董书因为稀有、昂贵、难以保存等问题而无法普及大众的困境。瓦纳克是一个相信"独乐乐不如众乐乐"的藏书家，他希望一般人都能分享他对古董书的喜爱，一个造福爱书人的计划于焉诞生。

瓦纳克者，何许人也？他正是知名的数字出版、网络软件公司 Adobe Systems, Inc. 的创办人，PhotoShop、PageMaker、Acrobat 等畅销软件都是这家公司的产品。瓦

英国著名的诗人、画家、版画家、印刷师威廉·布莱克（William Blake，1757~1827）最最有名的诗画集莫过于《天真与经验之歌》（Songs of Innocence and of Experience），而其中又以《虎》（Tyger）这一篇拔得头筹，单单是开头前两句就让世人领略了诗的魔力：

> Tyger, Tyger, burning bright,
>
> In the forests of the night.

这首诗也是徐志摩的诗作《猛虎集》命名的灵感来源。布莱克韵律感十足的诗，搭上他个人所绘的淡彩画，创造出听觉与视觉上的绝佳美感，也使得《天真与经验之歌》成了爱书人最想瞻望的珍本书之一。*Image courtesy of Octavo Corp. and Library of Congress*

纳克在1997年成立了Octavo公司（Octavo，意为八开本），把他对于科技与古书的爱结合在一起。

  Octavo的主要任务是将古籍数字化，这个数字化的过程并非像众所皆知的"古登堡计划"（Project Gutenberg），将已成为公共财产的无版权著作的内容储存于网站中，供读者免费阅读、搜寻与下载。读者在此看到的只是文本文件，且可能因为打字输入的人为疏忽而有错误。Octavo的做法是从各个学科领域选定图文独具代表性的古籍，佐以先进的高解析影像技术，以特制的摄影机

高科技与古董书 | 017

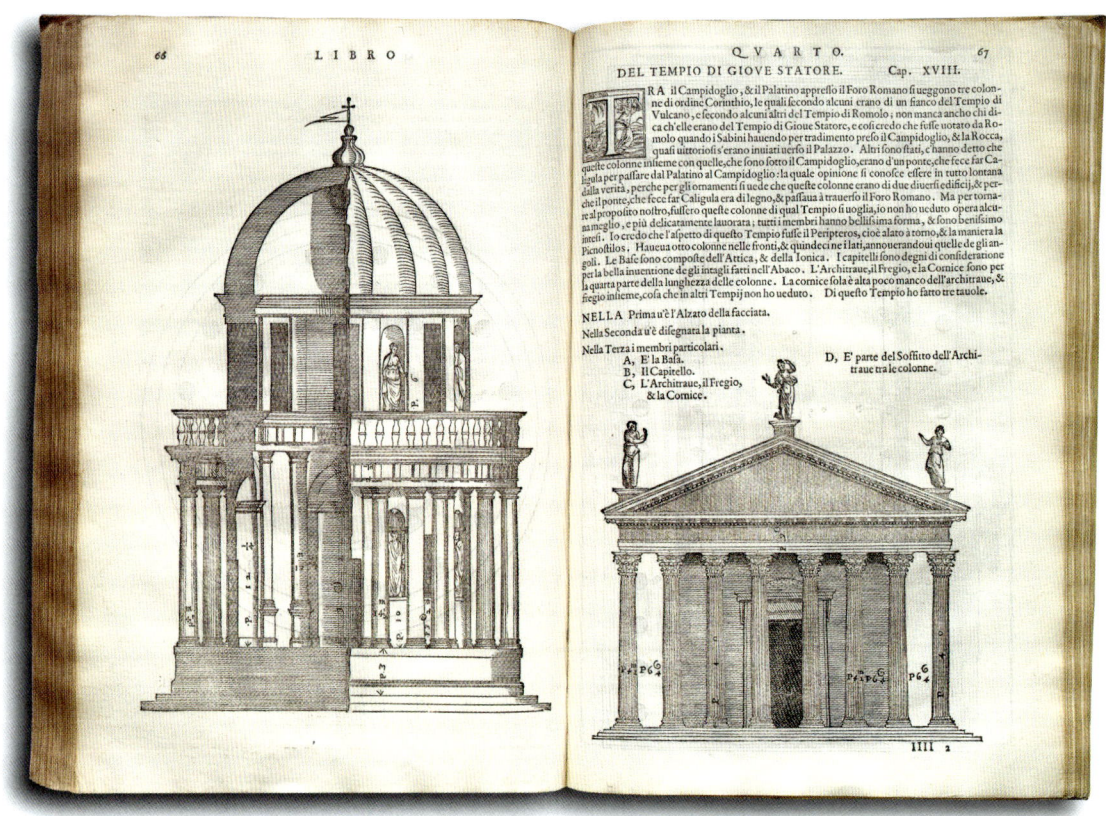

16世纪意大利文艺复兴时期著名建筑师帕拉帝欧（Andrea Palladio, 1508~1580）于1570年所出版的《建筑四书》（*I Quattro Libri dell'Architettura*）是西方最著名的一本建筑论述，主导西方建筑史长达二百五十年，这本书几乎被翻译成所有西方的语言，即使到现在都还以不同版本出现。书中清楚道出帕拉帝欧个人的建筑原则并提供实用的建议，再佐以他自己设计的二百一十七幅细致木刻版画。

Image courtesy of Octavo Corp. and Library of Congress

配合完善的接口设备逐页拍摄，文字与图片档案经由繁复的编辑过程后，压缩储存于 CD-ROM 之中。

这样薄薄的一张 CD 片，便能完整地复制出一本古书的所有面向。除了每页的文字与图片之外，还包括封面、书名页、目录页、版权页，其高解析的逼真效果让书页中的每个细节都一一地呈现在读者眼前。油墨的深浅、色彩的浓淡，完全反映原版本的样态。即使书中原有的虫蛀、折痕、褪色、水印或是笔记的痕迹也无所遁形。若不特别留意，打印机打印出来的书页简直几可乱真。

Octavo 的数字版本除了忠实拷贝原书外，还具备其他超强的功能，例如读者可以键入语词快速搜索文本，也可针对任一范围特写放大数倍，使得最细微的笔触都一览无遗。某些非英文版本甚至还附带英文翻译，有些版本更聘请专家作精辟导读和评论。

以 1896 年的《乔叟作品集新印》（*The Works of Geoffrey Chaucer: Now Newly Imprinted*）为例，这个版本由英国知名的作家、画家、设计师威廉·莫里斯（William Morris）所创

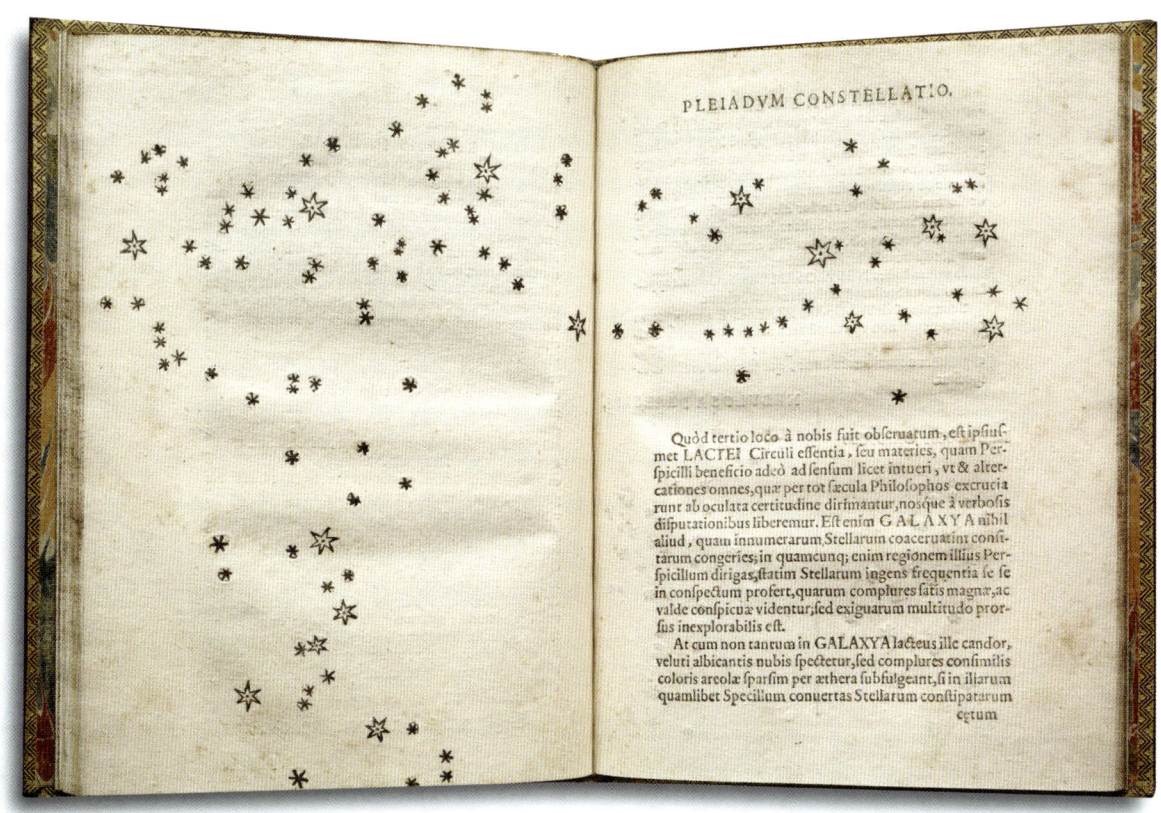

办的"凯姆斯考特印刷坊"(The Kelmscott Press)编辑、出版与印制,莫里斯将书籍视为艺术品般对待,亲自设计书中的装饰花边、字体与版型,并委请爱德华·伯恩-琼斯(Edward Burne-Jones)设计书中的八十七幅插画;印刷用的纸张(手工纸与皮纸)、墨水都是莫里斯严格精选,一共只印了约四百四十本。此版本的书被不少人誉为19世纪最美丽的书,后人通称为"凯姆斯考特乔叟"(The Kelmscott Chaucer)。世界知名的版本目录学专家、前任大英图书馆古籍维护部负责人尼可拉斯·巴可(Nicolas Barker)专门为 Octavo 的数字版写了导读与评论,对"凯姆斯考特乔叟"的发想、编辑、印刷、装帧、营销、影响与批评,有完整的叙述与分析。此数字版扫描的书最早是伯恩-琼斯所拥有,书出版后就赠送给他的女儿,之后数度易手,数字版不仅把书的流传史都一一详述,还把拥有者夹在书中的一些物件都以图文方式展现,例如伯恩-琼斯与莫里斯的合照、伯恩-琼斯给女儿的亲笔信、他为书设计的草图等等。书的生命因为一片 CD-ROM 而得到了永生。

知名的意大利天文学家伽利略(Galileo Galilei,1564~1642)的《星空使者》(Sidereus Nunclus)是他使用自制望远镜观测星空后所写下的记录,这本天文学的不朽名著,不仅证实了哥白尼的日心说,还提出了木星有四个卫星的观察。Octavo 数字版所依据的版本是来自创办人瓦纳克的收藏。*Image courtesy of Octavo Corp. and the Warnock Library*

高科技与古董书 | 019

靠近一点，靠近一点，你可以再靠近一点，当距离这页书十多厘米时，你可以看见每行字下有淡淡的铅笔底线，书中的所有文字、图像及纹饰，全是人工一笔一笔勾勒出

来的。这本金碧辉煌的祈祷书，是极品中的极品，产于1524年的法国，现今存放于美国国会图书馆的古书区。*Image courtesy of Octavo Corp. and Library of Congress*

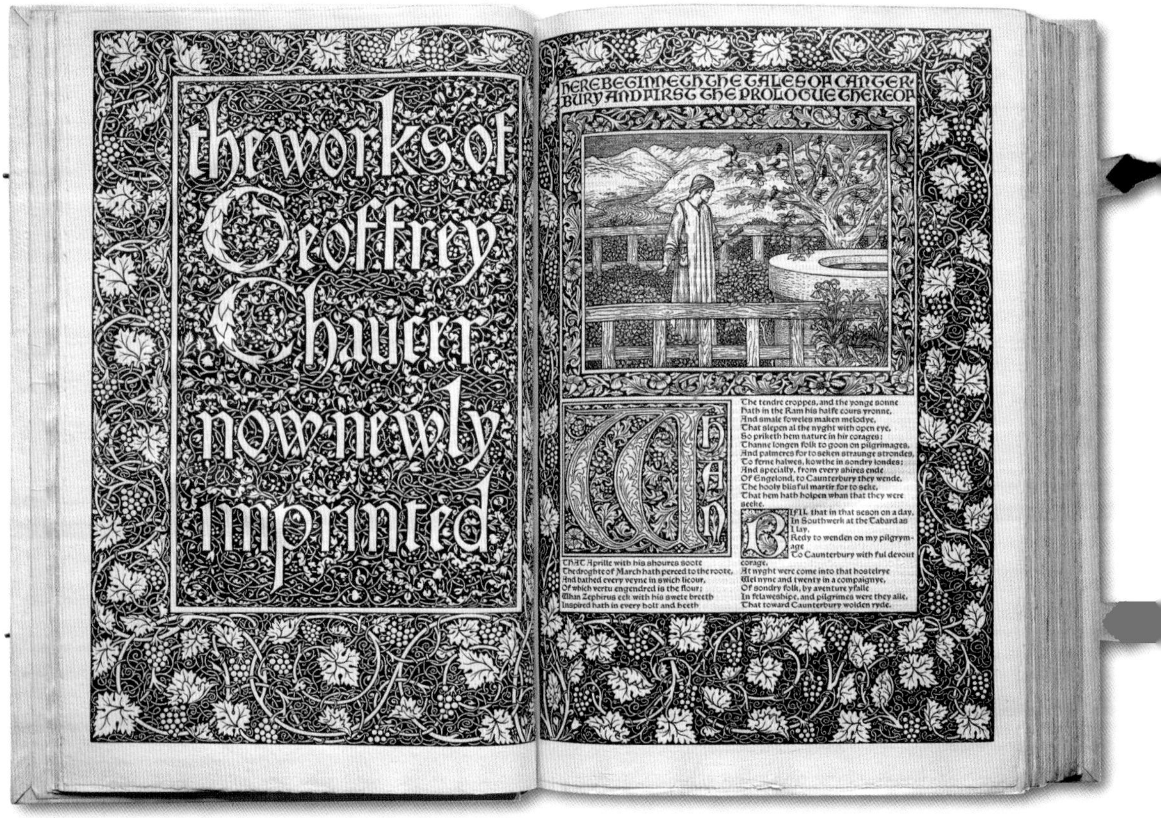

The Works of Geoffrey Chaucer now newly imprinted

Here beginneth the Tales of Caunterbury, and first the Prologue thereof

Whan that Aprille, with hise shoures soote
The droghte of March hath perced to the roote,
And bathed every veyne in swich licour,
Of which vertu engendred is the flour;
Whan Zephirus eek with his swete breeth
Inspired hath in every holt and heeth
The tendre croppes, and the yonge sonne
Hath in the Ram his halfe cours yronne,
And smale foweles maken melodye,
That slepen al the nyght with open eye,
So priketh hem nature in hir corages;
Thanne longen folk to goon on pilgrimages,
And palmeres for to seken straunge strondes,
To ferne halwes, kowthe in sondry londes;
And specially, from every shires ende
Of Engelond, to Caunterbury they wende,
The hooly blisful martir for to seke,
That hem hath holpen whan that they were seeke.

Bifil that in that seson on a day,
In Southwerk at the Tabard as I lay,
Redy to wenden on my pilgrymage
To Caunterbury with ful devout corage,
At nyght were come into that hostelrye
Wel nyne and twenty in a compaignye,
Of sondry folk, by aventure yfalle
In felaweshipe, and pilgrimes were they alle,
That toward Caunterbury wolden ryde.

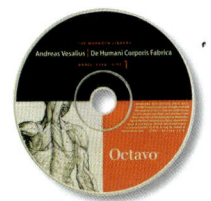 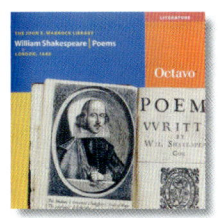   
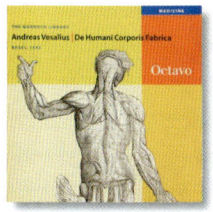 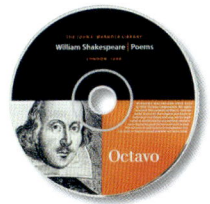 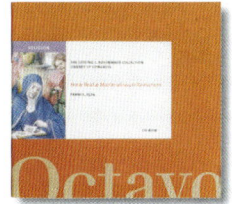  

轻而易举亲近古籍

截至目前为止，Octavo 已先将瓦纳克手上精彩收藏数字化，还与几个世界知名图书馆，如美国国会图书馆、纽约公立图书馆、柏克莱班克劳复图书馆、华盛顿莎士比亚图书馆等合作，产品包括了牛顿的《光学》（Opticks，1704）、哥白尼的《天体运行论》（De revolutionibus orbium coelestium，1543）、莎士比亚的《诗集》（Poems，1640）、维萨留斯（Andreas Vesalius）的《人体结构论》（De humani corporis fabrica，1543）、古登堡《圣经》（Biblia Latina，1455）、约翰·米尔顿（John Milton）的《论出版自由》（Areopagitica，1644）等数十个版本。读者可以到其网站中试读并购买，每部价格约在二十到四十美元间。一套 1623 年首度出版的莎士比亚剧本全集，按市价至少可以一百五十万美元以上，当 Octavo 数字版促销时，只卖十六美元二十三美分，实在很划算！

在计算机上欣赏这些数字化的古籍，当然无法产生用手触摸实体书时的那种亲密感觉。然而，一般高档古籍，到头来往往也"只能远观、不能亵玩"。Octavo 数字版的替代作用，因此益发重要。它们宛如赋予古董书新生命，让更多普罗大众领略其形体与内容之美。高科技与古文明的巧妙结合，在此又得到了另一个明证。

初稿发表于 2001 年 4 月

文字记录了人类的文明，从久远的龟甲、青铜、石头、泥块、竹简、缣帛、纸张，一直到现在的 CD 片，承载文字的容器随着时代而不断演变。我不禁好奇暗问：What's the next？

（左页）由英国作家、画家、设计师、工艺匠师威廉·莫里斯（William Morris）创办的"凯姆斯考特印刷坊"（The Kelmscott Press），将书籍视为艺术品般创作，印刷社的登峰造极之作《乔叟作品集新印》（通称"凯姆斯考特乔叟"）由莫里斯亲自设计书中所有花边、字体与版型，书中八十七幅版画出自他的莫逆之交爱德华·伯恩-琼斯之手。此书以罕见的白色猪皮装订，压图图案则取材自莫里斯的一本 15 世纪藏书。Octavo 数字版本是根据伯恩-琼斯亲赠给女儿的书，现今收藏于美国南方卫理公会大学布丽德威尔图书馆。Images on the opposite page courtesy of Octavo Corp. and Bridwell Library, Southern Methodist University

UPDATE 后续笔记

随着科技的长足进步,这些年来有愈来愈多的图书馆、企业、机构加入纸本书数字化的行列,许多年代久远、版权过了保障年限而成为公共财产的书籍,都已经被逐页扫描或拍摄放在网上,读者可以自由地在计算机上以纯文字、HTML、PDF、EPUB等许多格式浏览,甚至还可以针对不同的阅读器(Kindle、Nook、Kobo、Sony Reader、iPad、iPhone等)下载,实在非常方便。扮演先驱者角色的Octavo由于完成了阶段性任务,在2005年时停止了古籍数字化的营运,但他们制作出的高质量电子书还是广为流传,读者仍能从原有的网络上购买。此外,为了推广对古书之爱,富裕且慷慨的瓦纳克还将Octavo过去多年数字拍摄的所有古籍影像(约四百册,其

威廉·莎士比亚(William Shakespeare,1564~1616)所写的许多剧本在他生前并未出版,一直到1623年,他的友人才将所有能找得到的剧本合集出书,名为《威廉·莎士比亚先生的喜剧、历史剧和悲剧》(Mr. William Shakespeares Comedies, Histories, & Tragedies),内含三十六部剧本,其中十八部是首次出版。由于此全集是以对开本的形式印制,因此西方通称第一版为"第一对开本"(First Folio)。若非这个版本的出现,现今我们耳熟能详的剧本如《麦克白》(Macbeth)、《暴风雨》(The Tempest)、《驯悍记》(The Taming of the Shrew)很可能永久失传,因此"第一对开本"在西方文学有极其崇高的知名度与地位。另外,现今众人熟识的莎翁肖像皆源于Martin Droeshout为此书扉页所制作的莎士比亚版画像。2001年10月纽约"佳士得拍卖公司"创纪录以六百一十六万六千美元卖出一册"第一对开本"。对于此书感兴趣的读者,可以在网络上免费看到完整又清晰的版本。*Image courtesy of Octavo Corp. and Folger Shakespeare Library*

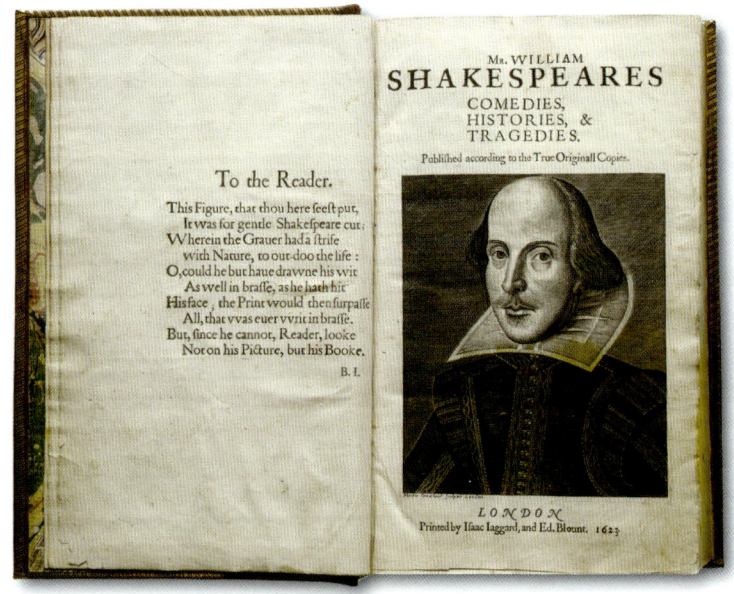

英国诗人、画家爱德华·李尔（Edward Lear）于1832年自费装订、出版了他自己创作的版画集《鹦鹉图鉴》（Illustrations of the Family of Psittacidae or Parrots），限量一百七十五本。这应是西方第一本单一鸟科绘本，现存不到一百册。Images courtesy of Octavo Corp. and Ewell Sale Stewart Library, Academy of Natural Sciences of Philadelphia

中约三百册并未制作成光盘），全数放在一个新辟的网站（rarebookroom.org）上，开放给大众免费欣赏，每一页影像的分辨率虽然不具光盘片中如此高，但已相当得好，可以放大到整个计算机屏幕也不模糊，多数网站上的画质都没有他们来的清晰。

想起早年写文章或演讲常需使用很多第一手数据，往往为了要查看某些书的特定版本或书的装订，我得到一些图书馆的特藏区亲自翻阅，有时甚至要跨州或跨国，运气若不好，碰到一些刁难的图书馆（员），真会让人恨得咬牙切齿。而今如果想看看路易斯·卡罗（Lewis Carroll）的原著、John Tenniel 绘制插画的《艾丽斯梦游仙境》（Alice's Adventures in Wonderland）的最早印刷版本，我不必搭飞机、不必出门，就能得到解答；我同样也能看到其他插画家如 Peter Newell、Bessie Pease、Gordon Robinson、Willy Pogany 分别在1901年、1907年、1916年与1929年所绘的版本；我甚至不必进大英图书馆，就能欣赏作者路易斯·卡罗1864年完成的手稿和亲绘的原始插图，这还是他送给故事灵感来源的真实女主角艾丽斯的圣诞礼物呢！看见他自己画的长脖子艾丽斯，比起后来的诠释者都要夸张至极，实在太有趣了。

 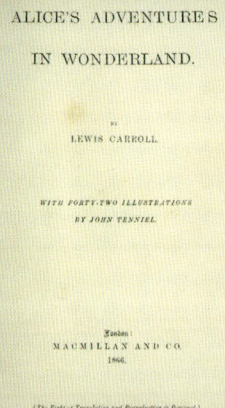  

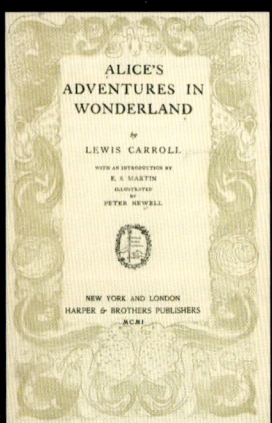  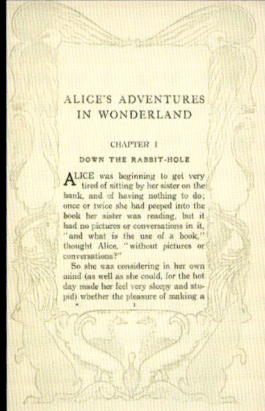 

 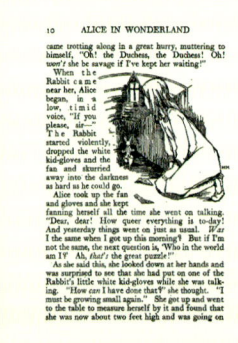  

在网络上可以浏览许多不同版本的古籍，例如图中页面是来自三位不同画家创作的《艾丽斯梦游仙境》绘本。上中下三排是由 John Tenniel、Peter Newell、Gordon Robinson 分别在 1866 年、1901 年、1916 年绘制插画的早期印刷版本。

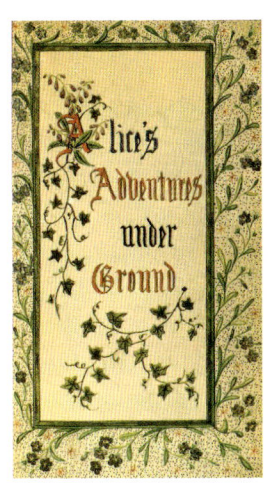   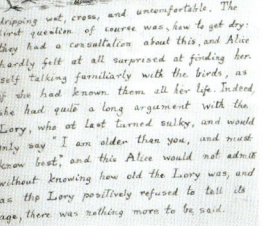 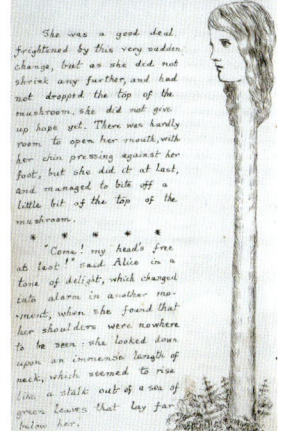

除了阅读文图以外，我若是想听听人声朗诵这本书，一样能上网直接收听，若是不喜欢某人的声音，还可以换另一个朗读者。信不信？到 librivox.org 这个完全由义工主导的免费有声书网站上，我就有六个选择呢！如此好事，对于无法阅读书籍的盲人和视力不佳者，更是一大福祉。总说天下没有白吃的午餐，但网络世界，还真让人觉得天下不仅有白吃的午餐，还附带早餐、晚餐呢！

提供免费"餐点"的数字图书馆（digital libraries）可不少，例如主文提到的"古登堡项目"，目前已有超过三十万笔的电子书。创办人麦克·哈特（Michael Hart）1971 年就开始把古籍数字化并且免费让人阅读与下载，早期的电子书都是他一个字、一个字敲键盘输入存盘的，据称到 1987 年为止，他共输入了三百多本书，电子书的创先者非他莫属，许多人因为受到哈特的精神感召而自愿加入此项目帮忙，"古登堡项目"这个世界最悠久的数字图书馆完全是靠志工所建立和维系的，日后许多网络上的自发团体，例如众所皆知的维基百科或前述的 librivox.org，以及以下要介绍的一些组织，相信也都受到哈特的启发。哈特与苹果电脑创办人乔布斯去世的时间相隔一个月，但是多数人根本不识前者，对我而言，就胸襟与理念而言，哈特比乔布斯更值得人们敬佩。

Google Books 可能是一般人所熟知的，他们据称已数字化一千五百万册书（2010 年数据），但仅有超出版权年限者的内容是完全免费开放，多数书仍在版权保护下，读者只能受限预览几行或几页的内容，然后被导引去其他

图中所见为《艾丽斯梦游仙境》的原始手稿，是作者路易斯·卡罗 1864 年送给故事灵感来源的真实女主角艾丽斯的圣诞礼物，其中的文字与插图都是出自路易斯·卡罗之手。从第一个页面可看出，他早先将这个故事命名为 *Alice's Adventures Under Ground*（直译为《艾丽斯的地下历险记》），而非日后出版所见的 *Alice's Adventures in Wonderland* 或是 *Alice in Wonderland*，1886 年 Macmillan 出版社根据路易斯·卡罗的原手稿出版了复刻本。1928 年、1946 年，这册手稿两度拍卖，每次都由美国知名的书商罗森巴赫（A. S. W. Rosenbach）得标，这件英国的珍宝竟流落到异乡。结果美国出现了一群热心人士，募集经费将此手稿买下，委请国会图书馆将手稿捐赠给大英图书馆，以表达国与国间的善意，而今此手稿已成了大英图书馆的珍藏品之一。

"因特网档案"目前在世界六个国家共设二十一个扫描中心,每天平均扫描一千本书,其网站平均每天有一百万次点击率、三十万本电子书被下载。*Images courtesy of Internet Archive*

网站购书,读者若因此购书,Google自然会抽成,这固然可说是一种服务,但也是一种生意,他们用此平台作为广告与生财的工具,毕竟他们还是一个商业组织。不少人不满Google对许多版权不明之书的处理,他们也担忧企业体如Google会垄断书籍数字化。然而全球还是出现了许多团体与机构分别建立数字图书馆,以期让大众能接收完全开放且免费的知识管道。例如以数字化多语言童书为主的"国际儿童电子图书馆"(The International Children's Digital Library,en.childrenslibrary.org);由英美十二个自然史与植物学图书馆联盟的"生物多样性遗产图书馆"(Biodiversity Heritage Library,biodiversitylibrary.org),以数字化他们所拥有的生物多样性图书与文献为主;由欧盟委员会赞助的电子图书馆,其网站(Europeana.eu)的两千万笔资料(包含书籍、绘画、照片、影片等)来自一千五百个单位。至于世界知名图书馆如美国国会图书馆、法国国家图书馆、大英图书馆等,自然也都将他们的馆藏数字化。

在所有的数字图书馆中,我最常使用的是"因特网档案"(Internet Archive)的网站,因为速度快、种类多、操作又容易。"因特网档案"是布鲁斯特·柯尔(Brewster Kahle)在1996年所创立的非营利组织,柯尔为麻省理工

以旧金山为基地的非营利性组织"因特网档案",由布鲁斯特·柯尔(Brewster Kahle)创立,旨在建立一个永久的庞大数字档案中心,储藏所有数字化的数据,并让大众能无条件免费的阅读、存取、搜寻与打印。

学院(MIT)电机系的毕业生,主修人工智能,他企图建立一个永久的庞大数字档案中心,储藏所有数字化的数据(包括文图、音乐、影像、缩微胶片,甚至不断推陈出新的软件、网页等),并让大众能无条件免费的阅读、存取、搜寻与打印,书籍数字化自然是"因特网档案"不可或缺的一项。以数字图书馆员自居的柯尔,不同于哈特完全采取义工制的方式经营电子图书馆,他出资聘请一批人大量扫描一些没有版权(或作者自动提供版权)的书籍放在网站上,在六个国家共设二十一个扫描中心,每天平均扫描一千本书。"因特网档案"同时也与其他单位结盟、串连,把许多数据库整合在一起,成了"图书馆中的图书馆",此网站已有超过三百一十万笔(2012年1月数据)电子书供人使用,属于目前世界最大的电子图书馆之一。

对于多数免费的电子书,我们总是不能太挑剔或有过高的期望值,特别是含图像的电子书,分辨率多半不高,效果往往不是那么好,审美角度上就大打折扣。此外,书籍数字化经常因为人为的操作而发生疏失,例如漏了某些页面、或是页面顺序颠倒、或是页面呈现不完整等。罗伯·虎克(Robert Hooke)1665年的著作《显微图》(Micrographia)里有折叠的拉页展示显微镜放大几十倍后的昆虫(苍蝇、跳蚤等)图像,但我看一些网站上的扫描

高科技与古董书 | 029

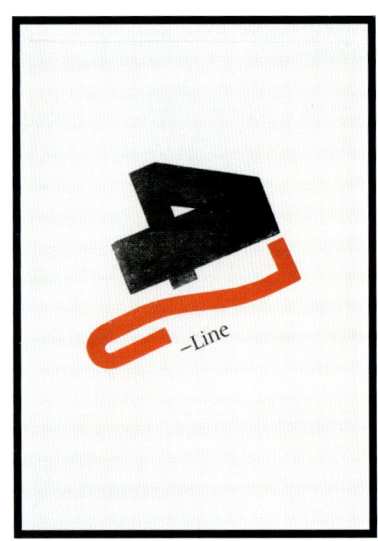

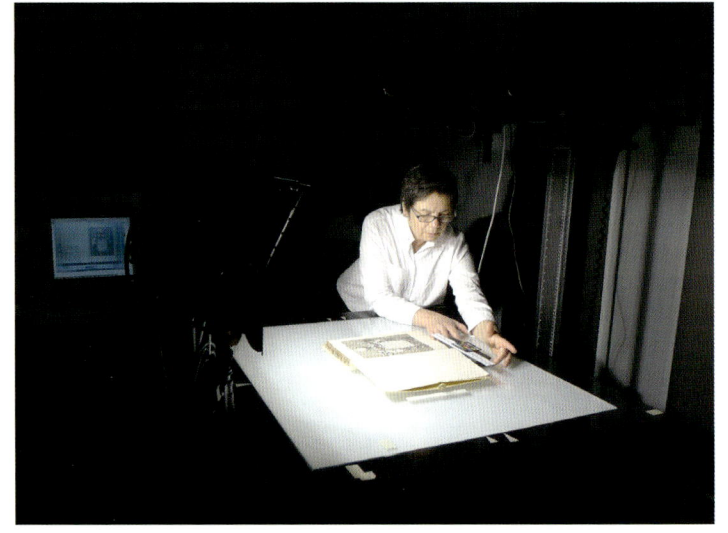

位于美国奥克兰市的"四十二行"（42-line.com）专精数字化珍贵古籍与文件，拥有多年经验的负责人君洁亲自在工作室操作与计算机联机的瑞士品牌 Sinar 专业摄影机。君洁的办公室挂着一幅既摩登又古朴的版画，上面印着公司的名称，这是她 2010 年得到的礼物，由美国知名的手工印刷师、字体设计师 Jack Stauffacher 亲自设计并印制、限量六张。*Courtesy of 42-line.com, photo by E. M. Ginger*

人员却未将页面完整摊开呈现，这也是为什么还是有人会愿意花钱买类似 Octavo 的古书光盘片，因为他们所扫描的原版书都是由专家经过比较与筛选后所挑选的精品，操作的机器也是最高档，设定的分辨率也超高，一页有时可达 200Mb 大，毕竟完美的扫描需要技术、经验、资源等多方的结合。

曾经在 Octavo 任职八年的君洁（E. M. Ginger），在公司结束后自立门户开工作室"四十二行"（42-line.com，"四十二行"一词取自古登堡发明的活字印刷术最早生产的《圣经》，因为每页平均四十二行文字，又称为"四十二行圣经"），专门提供高质量的数字服务，一些中小型图书馆特藏区、藏书家或古书商都与她合作，例如旧金山大学格力森图书馆（Gleeson Library, University of San Francisco）的古书部门，韦斯利学院（Wellesley College）特藏区。英美一流的古书商约翰·温铎（John Windle Bookseller）也委请君洁制作电子版的目录；以出版艺术书著名的德国出版社 Taschen 则经由"四十二行"的服务，把古籍数字化成电子书，再由电子书输出成为复刻版的实体书，其中包括 1847 年爱尔兰数学家、土木工程师奥利佛·本恩（Oliver Byrne）的著作《欧几里得的〈几何原本〉前六卷》（*The First Six Books of the Elements of Euclid*），此

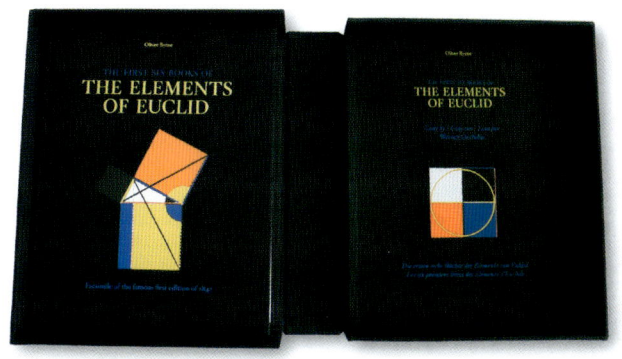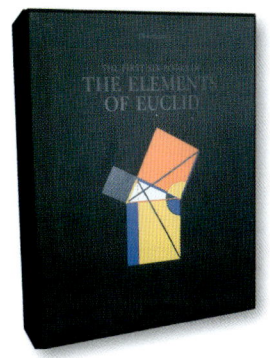
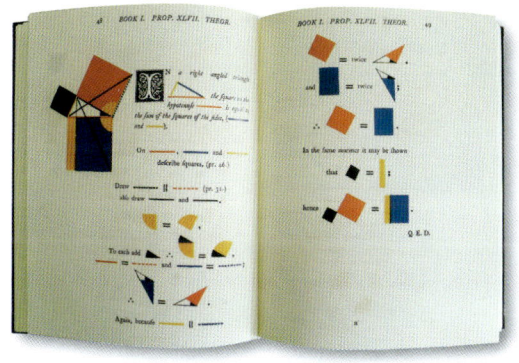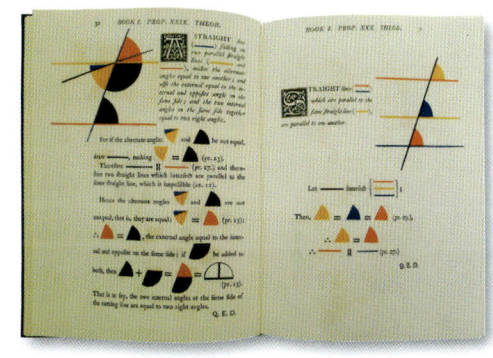

书的原版则是由古书商约翰·温铎所提供；高科技与古董书这两个看似对立的范畴领域，其实已是密不可分。

　　无论是免费或付费、无论是古书或新书，我们阅读数字版的管道不仅多且便利，但大家的时间与精力却又极为有限，面对一堆良莠不齐的电子书，如何在质与量上都有令人满意的收获，又成了考验我们的另一大课题。

这是奥利佛·本恩（Oliver Byrne）的著作 The First Six Books of the Elements of Euclid。此书以文字加上红黄蓝黑四色图形与符号来解释欧几里得的前六卷《几何原本》，不仅对古希腊数学家欧几里得的几何有新的诠释角度，其极简的线条与色块构图和优美的字体，也启发了许多设计师、艺术家与建筑师，如包豪斯学派（Bauhaus）与蒙德里安（Piet Mondrian）等。2006年纽约"佳士得拍卖公司"卖出一册，价格（含佣金）为一万两千美元。图中所示的复刻本是由德国出版社 Taschen 于 2010 年 5 月出版，另搭配一小册解说放在特制的黑色布面盒套中，定价仅六十美元。

INFORMATION

高科技古董书相关网站

www.octavo.com
www.rarebookroom.org
www.gutenberg.org
www.42-line.com
www.archive.org
www.europeana.eu
www.librivox.org
www.bl.uk/onlinegallery

CHAPTER 2
The Beauty of Vintage Magazines
越陈越美丽的老杂志

老杂志早已成为欧美人士送礼时最佳的选择之一。有的旧闻读起来，反倒像新闻；一些早期封面或内页，现今看来更像艺术品般精美。时间为这些泛黄的老杂志洒上了一层金粉。

在一般书店里，我们经常可以在书架上翻到三五年前出版的书籍，但是杂志、报纸却都只限于当期、当日的。多数的人，每隔一阵子，往往也都会将过期的报刊杂志，当成破铜烂铁般出清。毕竟，少有人家中有充足的空间来存放这些被认为讲求时效、寿命短暂的刊物。

然而过了二三十年后，倘使再有机会重新审视当初那些原本被视为占地方、过时了的期刊，却可能勾撬起无限

美国旧金山的"杂志店"直接以贩卖的主体作为店名，让人看了一目了然。老杂志的封面成了此店橱窗的当然陈设品。

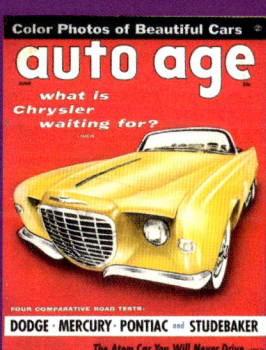
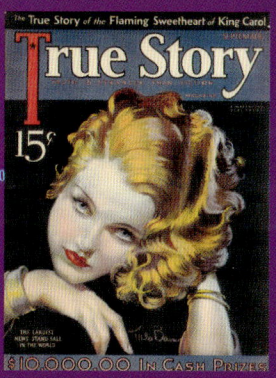

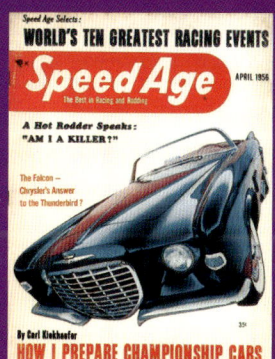

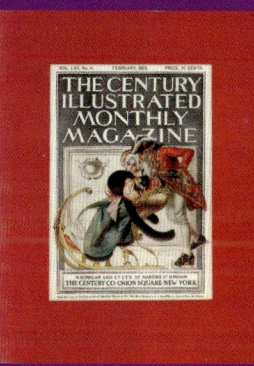
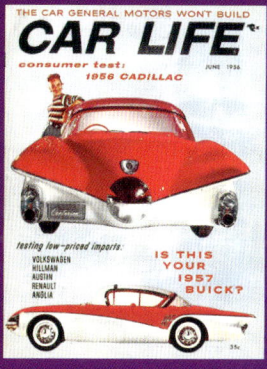
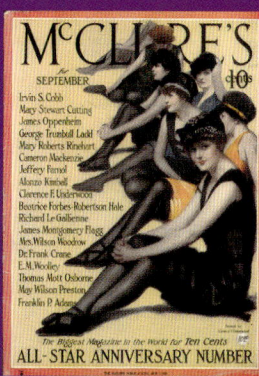
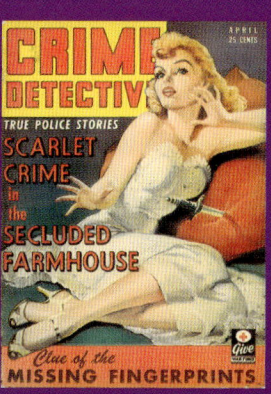

许多老杂志与旧报纸的封面图案或内页设计，现今看来像艺术品般精美。时间往往为这些泛黄的老杂志与旧报纸洒上了一层金粉，让它们显得熠熠生辉、楚楚动人，也难怪它们成了不少欧美人士送礼的最佳选择之一。

旧金山的"杂志店"贩卖数年前至上百年的陈年老杂志、老照片与老海报等印刷品,店中收藏种类繁多,令人目不暇接。

的回忆。有的旧闻读起来,反倒像新闻;一些早期的封面图案或内页设计,现今看来更像艺术品般精美。时间往往为这些泛黄的老杂志洒上了一层金粉,让它们熠熠生辉、楚楚动人。一些古董书店,因此常顺便开辟有老杂志专区。某些店,甚至干脆就仅以此为主题。

走访一些大城市,我总会发现几家杂志专卖店。

(上)"杂志店"经理史东佳特拥有"性学博士"文凭,还通过邮购,经营绝版情色书籍生意。影响所及,"杂志店"的情色、塑身刊物也所在多有,闹热滚滚。

(左)许多人喜欢把视觉效果佳的老杂志和绝版海报裱框,挂在墙上当装饰品。

印象最深刻的,当属美国旧金山的"杂志店"(The Magazine),这家店就直接以贩卖的主体作为店名,让人看了一目了然。此店中,除了种类繁多、各式各样的当期杂志之外,还大量贩卖从数十年到百年前的老杂志,以及老照片、老海报等印刷品。由于我和已在那儿工作了九年的经理伊凡·史东佳特(Ivan Stormgart,有关此人介绍,请参考《书店传奇》第五章)相当熟识,因而得以欣赏店中许多珍贵的收藏品,更有幸在他的导引下参观了不对外开放的地下室库存区。

越陈越美丽的老杂志 | 035

"杂志店"拥有相当多偏向肉欲与视觉效果的情色杂志和图片,另外还有1940年代、1950年代歌颂强壮体格、健美体魄的"塑身"书刊。

　　杂志店拥有一些通俗的新闻、时尚、娱乐类杂志,包括1920年以前的《国家地理杂志》(*National Geographic*)、1860年的《哈泼周刊》(*Harper's Weekly*)、50年前的《生活》(*Life*)、《时尚》(*Vogue*),以及因美国民俗画家诺曼·罗克韦尔(Norman Rockwell)封面插画著称的《星期六晚报》(*Saturday Evening Post*)等等。早期关于侦探小说、跑车、旅游这些特定主题的老杂志,也一并在陈售之列。

　　由于史东佳特是拥有文凭、不折不扣的正牌性学博士,除了杂志之外,自己还独立经营书籍邮购,其主题就

是"性",专门出售各种绝版的情色文学、画册与偏向学术探讨的严肃性学书籍。他对性、对人体向来抱持开放态度,杂志店因此还拥有相当多偏向肉欲与视觉效果的情色杂志,以及1940年代、1950年代歌颂强壮体格、健美体魄的"塑身"(body building)书刊。

怎么买?谁在买?

每次来到这家店,我总有一种美不胜收的感觉。可惜截至目前为止,他们还没有架设网站,无法让人一窥究竟。不过,有心人士却也不必捶胸顿足,因为有几家类似的专卖店,早已率先在网络上做起生意了。

美国宾州的 Crinkley Bottom Books 便在其网站中一一列出了每份老杂志与旧报纸的出版日期、重点主题、品相与价位。可惜的是,只有文字描述,而看不到个别的封面图案;纽约市的 Gallagher Paper Collectibles 则选择一些广受欢迎的老杂志在网站中贩卖,每种都有封面显示,偏偏却没有列出价位与重点主题;另一家位于英国,已有六家连锁店的"陈年杂志公司"(Vintage Magazine Company),总共存有二十五万份老杂志、十万份旧报纸、五万张冲印底片,外加众多的电影、音乐海报等,不过,除了某些海报列出价位与图片外,多数杂志只列有出刊日期。由于一般杂志店的收藏种类繁多、单价低廉,当然不可能期待店家对每本杂志都详加介绍,不过,只要有兴趣,写封 email 去询问,他们多半都会热心回复的。

2000年冬天的一个午后,我人正好在旧金山的"杂志店",经理伊凡·史东佳特兴奋地对我说:"Today is your lucky day!"原来店中来了位稀客——马丁·史东(Martin Stone)。马丁何许人也?此君为英国人,后来移居法国,欧美众多书商咸认为马丁是大西洋两岸最了不起的"书探"(book scout,泛指替书商与藏书家追踪他们所需要书籍的探子)。生性骄傲、眼界甚高的国际知名古董书商彼德·豪尔(Peter Howard)是美国柏克莱"意外惊喜书店"(Serendipity Books)的主人(有关此人与此店的详细介绍,请参考《书店传奇》第四章),他不仅与马丁长期合作,而且还替他出版了一本摄影集,里面除了有一册由彼德·豪尔执笔的马丁小传外,最主要是摄影师掌镜拍摄的二十二幅单张的马丁独照。这套装订、印刷讲究的摄影集,限量版仅有十五册,每册售价高达五千美元!由此可知马丁在古书界的地位了,也难怪伊凡一看到总是在路上跑、神出鬼没的马丁,就如此热情地与他拥吻。习惯穿西装、打领带、头顶小礼帽的马丁,因其专业与奇异的人格特质,也成了不少书中故事的主角。

除了老杂志以外,"杂志店"还是有一个专柜陈列当期的杂志。新旧并存,也是吸引更多顾客的好方法。

除了收藏家及喜欢把美丽封面裱框制作成装饰品的室内设计师以外,到底老杂志的市场何在?都是些什么样的人在买呢?或许有人会这么问。

事实上,老杂志早已成为欧美人士送礼时最佳的选择之一。买一本五十年前的汽车杂志给一个古董车迷,保准他喜出望外;送奥黛莉赫本迷一本 1961 年出版,封面印着《蒂凡尼早餐》(Breakfast at Tiffany's)剧照的电影杂志,肯定让接受者感动落泪;在朋友生日时,送一份他出生时出刊的新闻杂志,例如《时代周刊》(Time)、《生活》(Life)等,相信他一定有兴趣知道自己呱呱坠地时,这个大千世界同时发生了什么事?一份如此别致又有格调的礼物,说不定只需五块美金,真是物美价廉。生日、圣诞节、新年送礼,其实还可以有另外一种选择!

初稿发表于 2000 年 12 月

Note

美国旧金山"杂志店"从 2010 年起已架设网站,虽然在网站上并未能查询店内的所有物件,但却能看到他们

不定期列出的一些重点推荐。此外,他们也和许多书商、杂志商一样,加入 eBay.com 的网上商店与拍卖。我在这些年中,几次为了找资料写文章,曾得到他们的协助,非常庆幸这家创立于 1973 年的店还是在市区继续对外经营,让怀旧的人有个浏览的好去处。从我初访此店到现在,一晃眼已是十来年,写到此不免就意识到时间的飞逝,只期望自己就像陈年杂志,愈老愈美丽。

旧金山"杂志店"地下室的库存空间区很惊人。一本本上了年纪的老杂志安静地躺在角钢搭建的书架上,等待有缘人将它们买回家。我一度对美国作家楚门·卡波提(Truman Capote)的作品与生平感兴趣,因此写了几篇关于他的文章。为了找寻早年有关卡波提的报道与图片,我特别走访"杂志店",很幸运地得到他们的许可,进入这个一般人不许参观的禁地,甚至还架设起临时工作台,拍摄一些老杂志的照片。*Courtesy of Martin Rosen*

INFORMATION

杂志店
The Magazine
920 Larkin Street,
San Francisco
CA 94109, USA
TEL 1-415-441-7737
www.themagazinesf.com

Vintage Magazine Company
www.vinmag.com

Gallagher Paper Collectibles
www.vintagemagazinesnyc.com

Crinkley Bottom Books
www.pastpaper.com

CHAPTER 3
The Joy of Book Collecting
藏书之乐

一本书的生命不仅仅取决于文字所散发出的能量与魅力，还有形体所承载的历史感与美感，如此浪漫、怀旧的情怀，又如何能用理性去解释与分析呢？

记得2000年夏天，我在旧金山和几位美国诚孚众望的古董书商聚餐时，席间温铎先生眯着眼睛轻声这么问："在座有没有人留心最近史蒂芬·金的电子书？"前一阵子惊悚作家史蒂芬·金因为在网络上出版电子书《子弹列车》（*Riding the Bullet*）、《植物》（*The Plant*）而引发热烈讨论。几位老先生却对这问题无动于衷，手持着刀叉、摇摇头，继续享受眼前佳肴。生性幽默的葛雷瑟先生将杯中红酒一饮而尽，促狭地说道："电子书该怎

人生一大乐事，莫过于能和一些有经验又有热诚的古董书商们共聚一堂，听他们逸兴飞扬地大谈买书、卖书、藏书的趣闻。我有幸结识美国旧金山几位一流的古董书商，不时得以分享他们的甘苦，并从中获取有关书的知识。画面中几位书商（由左至右顺时钟方向）为Peter Howard，Michael Good，Joe Luttrell，Bernard M. Rosenthal，Edwin V. Glaser。有关前四位书商的介绍，请分别参考《书店传奇》一书第四、第十二、第六章与书衣后勒口。

欧美在摄影技术发达前,出现了不少对动植物细腻描绘及描写的图文书,图片往往是版画或手工画,其中又以鸟类为最普遍、最受欢迎的主题。这些鸟类画家往往以动物的实际大小来作画,书籍并以巨幅尺寸呈现。这些栩栩如生、色彩瑰丽的图像成了藏书家的最爱。图中所见之巨书,是 1887 年由伦敦古书店"莎乐伦"(Henry Sotheran & Co.)出版的《锋鸟专论附录》(A Monograph of the Trochilidae, or Family of Humming-Birds),作者为英国鸟类学家约翰·古尔德(John Gould)与 R. Bowdler Sharpe。

么评断第一版(first edition)?难不成得看什么时间下载吗?"众人顿时笑成一气,话题很快就转向他们新近又经手了些什么好书。

形体重于内容

对于古董书商、藏书家而言,他们所感兴趣的不仅仅是书的内容,书的形体有时更为重要。以数字化方式储存的电子书绝对难以挑起他们的激情,纸本书还是他们关注的焦点。当然啦,如果能拥有中世纪的羊皮卷、手抄本或古埃及的纸草书就更好了!只不过这些更早期的稀有书,大都已永久存藏于各大图书馆或博物馆里,极少在市面流通。对于传统实体书的执着,自然很容易被理解,毕竟人

书衣的作用，原是避免书籍封面在贩售过程受到污损，以保护功能为导向，多半没有什么设计。它们的寿命在读者收到书后，往往就结束了。然而，1920年代之后，书衣在西方出版界变得普遍且具装饰性，上面多半还附上作者简介、照片及书介、书评的精彩片段。原本微不足道的书衣最后却演变成吸引读者目光的焦点，并被视为书籍不可或缺的一部分。图中所示的典雅书衣复制图像，来自海明威于1926年出（初）版的第一本长篇小说《太阳照常升起》。2001年11月伦敦"苏富比"拍卖会上，一本有着书衣的首版《太阳照常升起》，最后成交价为两万两千一百英镑。*Courtesy of Mark Terry*

类已经习惯它们千百年了。然而，西方书商与藏书家对纸本书的某些痴迷与讲究，却让很多局外人觉得不可思议。

比方葛雷瑟先生所提的"第一版"，总是被特别强调，往往比第二版或第三版更珍贵。一本杰克·伦敦（Jack London）于1903年首印出版的成名作《野性的呼唤》（*The Call of the Wild*），价位可以高达一万五千美元，次年第五版的价格却骤降到一百美元左右。1960年以后的较新版本，在古书市场则多如过江之鲫，以五美元的低廉价位买到手，绝非难事。这几个版本内容其实都相同，何以价钱竟有天壤之别？

插图本、签名本、题赠本

对于不少书痴（特别是收藏家）而言，一本书的第一版（多半指的还是第一版第一刷）象征了它问世时最原始的样貌，这通常也是作者最在意的一版。握有这么一本书，许多读者觉得可以更为接近作者。这种心态也促使很多人更进一步收藏书籍出版前的校样、打字稿、手稿等。从这些文稿中，有时的确可以察觉作家的创作轨迹。如今多数人以电脑写作，文章的初稿转变为定稿的过程已无法辨识。这对书商与藏书家来说，一则以喜，一则以忧，忧的是手稿愈来愈难寻，喜的是他们手中既有的收藏愈显珍贵。

这是 1937 年托尔金（J. R. R. Tolkien）于英国出（初）版的作品《魔戒前传——哈比人历险记》（*The Hobbit*）的书衣复制图像，封面、封底的蓝绿黑白四色插画由作者亲手绘制。伦敦"苏富比"于 2001 年 12 月 13 日拍卖一本有着原始书衣的初版书，成交价为两万八千六百八十英镑。2003 年 7 月 10 日拍卖另一本，书衣的保存状况比前一本差，但是成交价却高达四万八千英镑，主要是因为书中扉页有着托尔金给他至亲阿姨的题献。

Courtesy of Mark Terry

在藏书的世界，老版本固然好，但是如果新版本增添了重要的元素，一样也可能博得爱书人青睐。例如 1930 年芝加哥湖畔出版社（Chicago Lakeside Press）出版的梅尔维尔（Herman Melville）名著《白鲸》（*Moby Dick*），虽然距 1851 年首度问市已近八十年了，却由于新版本是由美国当代杰出艺术家洛克威尔·肯特（Rockwell Kent）设计版面，并特别创作了近三百幅的木刻版画作为插图，且仅限印一千套，所以也成了梅尔维尔迷与肯特迷争相收藏的珍品。现今在古书市场，这一套三册的精装本书，索价要超过一万美金。

此外，一本书的归属若有渊源或典故，例如书扉上有作者本人的签名、题赠、注释、藏书票，或曾经为某位名人所拥有者，就算它不是第一版、书况不佳，也可能身价百倍，令人垂涎三尺。1906 年一本重印的《野性的呼唤》，虽然装订松散、封面老旧、内页还有诸多污渍，但因为内有杰克·伦敦书写给朋友的短句与签名，定价为美金七百五十元。这本书若是少了他的笔迹，我想书商大概会弃之如敝屣，更没胆子标上这个价码。

《红字》（*The Scarlet Letter*）的作者霍桑（Nathaniel Hawthorne）手边曾有一本梅尔维尔致赠的《白鲸》，里面有他的亲笔签名，并表达他对霍桑才华的敬意。众所皆知的，两人曾经发展出极佳的友谊。文学史家也认为《白

对于大多数藏书家而言,书的外在美与内在美都同等重要。这一本装饰性极强的彩绘书,是专门为英国桂冠诗人丁尼生(Alfred Lord Tennyson)的著名诗篇《白日梦》(*The Day Dream*)所设计的。

鲸》曾受到霍桑相当的影响。这本与两大文豪产生亲密关联的书,一度辗转流入纽约一家书店,被不识货(或不小心)的店员以几美元贱卖给一位来访的英国作家约翰·郡可沃特(John Drinkwater)。当郡可沃特在伦敦寓所与20世纪初最具影响力的美国书商罗森巴赫(A. S. W. Rosenbach)闲聊谈到自己这一斩获后,罗森巴赫开始坐立不安,他实在太想占有这本书了。于是开出二十倍的价格,对方居然答应割爱,着实让他喜出望外。罗森巴赫曾在《书与竞标者》(*Books and Bidders*)一书中鲜活地描述这段轶事。我每次翻阅到此时,总能想象当时他眼睛发光、心跳加速,对那本《白鲸》产生无限饥渴的模样——特别是我所捧读的这本书,也有他六十年前以钢笔题赠给友人的祝福语。

同一本书中,罗森巴赫还提到经手过的另一精品。那是19世纪初英国浪漫派诗人雪莱(Percy Bysshe Shelley)送给未来妻子玛莉·雪莱(Mary Shelley)的诗作《仙后麦布》(*Queen Mab*),他在书里用铅笔写着亲昵的字句:"你瞧,玛莉,我一直都没忘记你。"书中他处又可见到玛莉

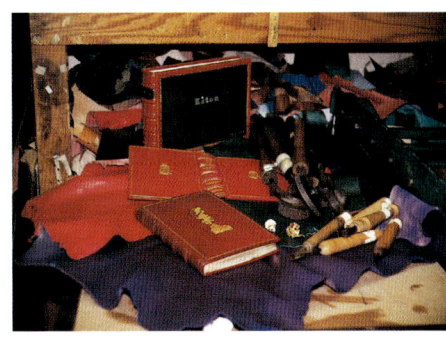

一本书的收藏价值往往还取决于其装订。西方书籍的装订可以非常讲究,书架上这些精装本的封面材质为上色、打磨后的羊皮或牛皮,其上还镶嵌不同颜色的图案,或是压上金色的纹饰,这些过程全得经由手艺精良的工匠来执行。

写着:"这本书对我而言是神圣的,其他人都不准翻阅。我可以在里面恣意随笔,但是我该写什么呢?我对作者的爱超越任何文字传达的力量,而我又与他是分离的。凭着至亲与唯一的爱,我们已互相许诺,就算我不会是你的,我也永不会是别人的。"

由于雪莱已婚,两人恋情不容于社会,结果一起私奔到意大利。玛莉当时未满十七岁,而雪莱也不到二十二岁。后来两人结婚,玛莉·雪莱并写出旷世名著《科学怪人》(*Frankenstein*)。罗森巴赫第一次触摸这本有着两位文坛金童玉女字迹的诗集时,激动得全身颤栗不已。凡是文学的爱好者,谁不会有相同的反应呢?1914年时,他以一万两千五百美元卖出这本诗集。

书衣之爱

一本书是否有市场价值,除了取决于前述因素外,有一项最让许多人觉得荒谬至极的,就是缠绕在书身外的一长条纸张,英文称之为"dust jacket"或"wrapper",中文俗称"书衣"、"防尘护套"或"护封"。西方史上

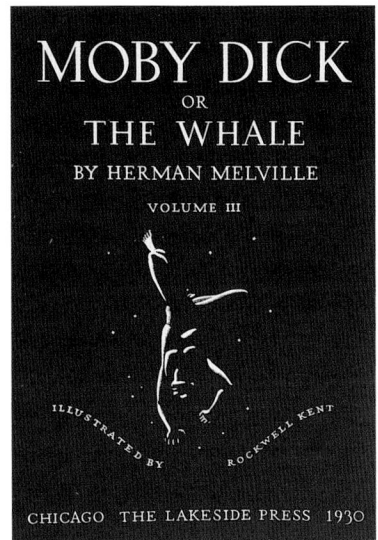

插画往往可以赋予旧书新生命。美国著名艺术家洛克威尔·肯特于1930年为新版《白鲸》所创作的近三百幅的木刻版画插图即是一例。肯特刀法干净利落，线条细腻生动，早富盛名，遂让梅尔维尔的这部经典作品价值更显珍贵。这一版本，日后也成为众多书迷竞相搜罗的珍品了。

最早有书衣的记载始于约1830年代的英国。这张纸的作用，原是为了避免书籍封面在贩售过程受到污损，以保护功能为导向，多半没有什么设计。它们的寿命在读者收到书后，往往就结束了。很多书根本一开始就不附带这玩意儿。然而，1920年代之后，书衣变得普遍且具装饰性，上面多半还附上作者简介、照片及书介、书评的精彩片段。原本微不足道的书衣最后却演变成吸引读者目光的焦点，并被视为书籍不可或缺的一部分。

一本值得收藏的书是否含书衣，价格往往可以差到几倍，甚至几十倍。诺贝尔文学奖得主约翰·斯坦贝克1929年出版第一本小说《金杯》（*Cup of Gold*）时，还是个默

美国作家斯坦贝克初出道时默默无闻，1929年8月，好不容易出版第一本书《金杯》，偏偏美国历史上最著名的华尔街股市大崩盘就发生在10月，从此引发经济大恐慌，可以想见《金杯》的销路不佳。这本书是诺贝尔文学奖得主斯坦贝克唯一的历史小说，第一版只发行了一千五百三十七本，第二版一直到1936年他出版了受欢迎的小说《薄饼坪》（*Tortilla Flat*）后，才有机会上市。而今一本第一版的《金杯》已成为了人人渴求的珍本，尤其是带有原始书衣者。*Courtesy of PBA Galleries*

默无名的作家，出版社第一版只发行了一千五百三十七本。这个版次的书现在可是奇货可居，即使没有书衣，至少也要六百美元才买得到。但若是加了书衣，却值一万美元。很多收藏家在拍卖场经常为了一本书抢得你死我活，倒不是因为他们书房中没这本书，而是因为拍卖的书有着他们所欠缺的那一张书衣！

书况、书况、书况！

西方人在买卖房地产时经常挂在嘴边的是："location, location, location！"（地点、地点、地点！），表示房子的主要价值在于地点。藏书界也有一句口头禅："condition,

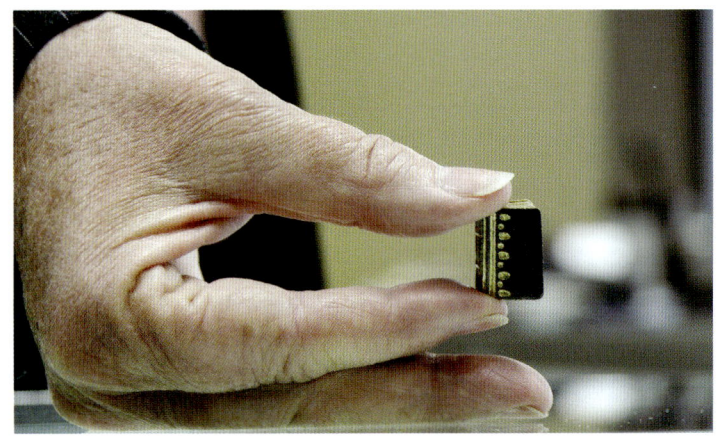

西方有些人专爱收藏这类比拇指还短的袖珍迷你书（miniature book），甚至还成立俱乐部。这些迷你书确确实实有文字或图像，只不过视力不佳者，恐怕得用放大镜才行。

condition, condition！"（书况、书况、书况！），指的是书籍保存的状况当力求完好，中文多半用"品相"来表达"书况"之意。一本书除非曾经拥有辉煌的归属历史，否则缺页、折角、泛黄、褪色、污渍、凹痕之类的瑕疵愈少愈好。当然，这些要求同样也加诸于外层的书衣。很多人以为书籍的价值在于内容，这种对书籍表相几近吹毛求疵的行径，纯属本末倒置的做法。但是，对于多数的藏书家而言，书的外在美与内在美同等重要。面对一本包装精美的三流小说和一本破破烂烂的世界名著，他们同样都兴趣缺缺。

印刷术发达之后，虽然使得机器复制的书籍不再像早期手抄本般珍贵，但是同一批书在历经数十、数百年后，却因拥有者的身份、使用习性与所处时空变动，而让它们呈现不同的样态。对于藏书家而言，一本书的生命不仅取决于文字所散发出的能量与魅力，还有形体所承载的历史感与美感，如此浪漫、怀旧的感性情怀，正如罗森巴赫所言，如何能用理性去解释呢？

在我看来，搜书和求偶有诸多类似处。想找到一本极品书籍，就像要觅得一位外貌俊美、内涵丰富、还得系出名门的对象般困难。不过正如"情人眼里出西施"的道理一般，每个书商与收藏者的方向、品位和判断力都不尽相同，这也使得大家都能在藏书的天地自得其乐、乐无穷了！

初稿发表于 2001 年 1 月

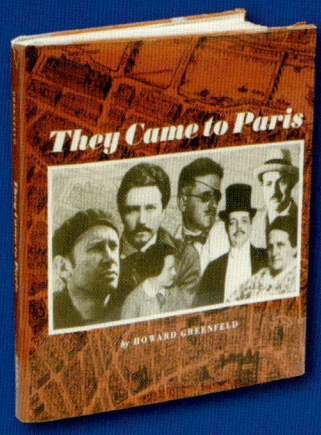 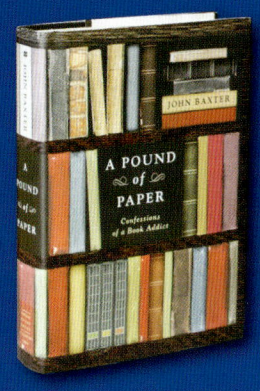 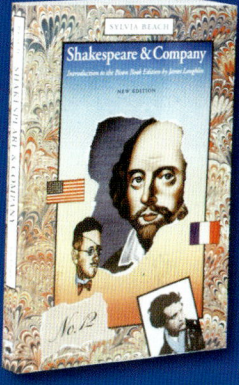 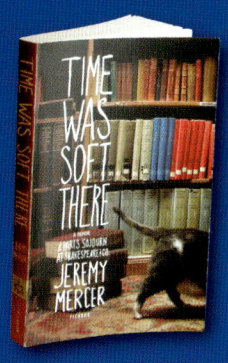
 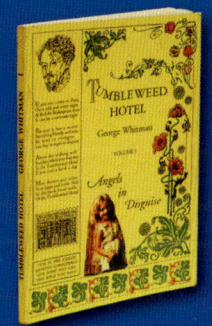 
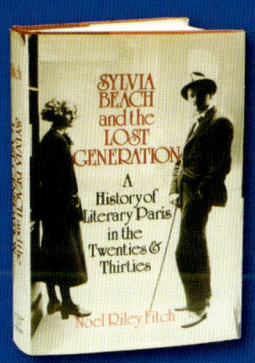 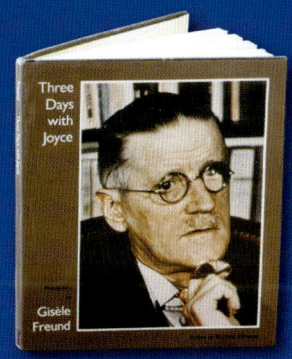 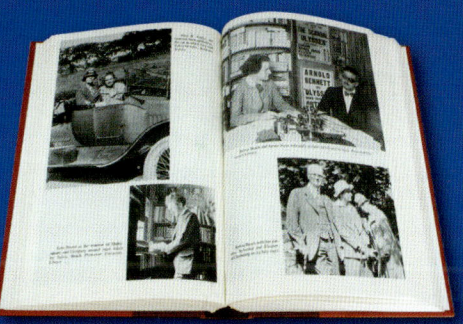

藏书贵在能有主题、有品位、有创意。对我而言，收藏书籍既非为了保值，也非为了炫耀，不过是因为喜欢，也为了记忆寻书、买书过程中的生活片段。藏书不必花大钱，有限的金钱一样可以玩得开心。例如我特别喜欢20世纪初创立于巴黎的"莎士比亚书店"，喜欢书店主人西尔维娅·毕奇（Sylvia Beach），喜欢她勇敢出版乔伊斯的《尤利西斯》，喜欢后人争相使用"莎士比亚书店"名号的景况，因此我收藏了不少与这书店及店主人相关的书。我最爱的一本是第二排最右边的《尤利西斯在巴黎》，封面与封底是乔伊斯与西尔维娅·毕奇在书店中的半身合照。这本只有二十四页的小册，内容抽自西尔维娅·毕奇的传记。在1956年传记出版前，私下印来作为作者与出版社朋友的新年贺礼。

CHAPTER 4
Spoken Words & Vintage Records
黑胶唱片与书

我早已将电唱机淘汰掉了,书房中却依然存留成叠黑胶唱片。看到它们,总让我想起少年时,一边播放喜爱的音乐,一边阅读世界名著时的愉悦时光。

在走访西方二手书店与古董书店的过程中,我经常发现某些店中,都会摆着为数不少的二手黑胶唱片。这些唱片,严格说起来,其实该称之为"读片"。因为其内容并非以音乐或歌唱为主,而是人声诵读的文学作品,例如诗集、小说、散文或戏剧等。这类型唱片被名之为"Spoken Word",在唱片史与文学史上,其源起都是一则传奇。

传奇的开端

1952年1月,两位才刚从纽约市亨特学院毕业,年仅二十出头的年轻女孩玛丽安娜·罗尼(Marianne Roney)与芭芭拉·科恩(Barbara Cohen)在上东城九十二街一个诗集中心里,听到威尔士诗人迪伦·汤马斯(Dylan Thomas)朗诵自己的作品后,深深被他特殊的声音与创造出的氛围所吸引。于是,她们向后台递了张字条,表明有意与诗人洽谈生意,希望能有幸录制他的诗歌朗读。当时,两位小女生并未在字条上署上全名,而只签了姓名的第一个字母。主要担心的是:因为她们的女性身份,而无法被严肃看待。毕竟那可是半世纪以

1952年初,两位才刚从纽约市亨特学院毕业的年轻女孩创办了"凯德蒙唱片公司",成为第一家以出版Spoken Word为主的商业唱片公司,并且创造了唱片史与文学史上的传奇。

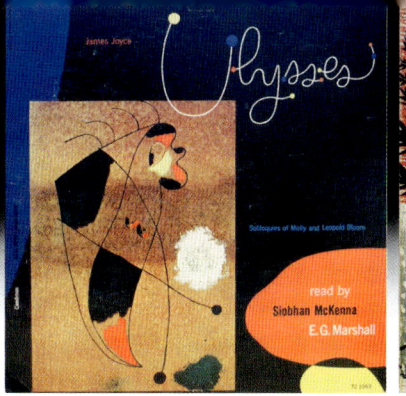

前的保守年代。

一个星期之后，罗尼与科恩在文人雅士惯常聚集的雀儿喜旅馆（Chelsea Hotel），以五百美元外加百分之十版税的条件，说服了诗人替她们录音。接下第一笔交易后，两人才赶紧替新公司命名为"凯德蒙唱片公司"（Caedmon Records，Caedmon 是指 7 世纪时第一位使用英文而不是拉丁文写诗的英国诗人 St. Caedmon。）

同年 2 月 22 日下午，酗酒成性、经常酩酊大醉的迪伦，在极少有的清醒状态下，以他迷人的声音为"凯德蒙"录下了精彩的《一个孩童在威尔士的圣诞节及五首诗》（*A Child's Christmas in Wales and Five Poems*）。这张四十五分钟的故事与诗篇朗诵唱片，是双方首次录音成果。迪伦也因此成为引领 Spoken Word 的祖师爷，并风靡了成千上万原本不认识他作品的读者与听众。"凯德蒙"更成了第一家以出版 Spoken Word 为主的商业唱片公司。

此后，田纳西·威廉斯、T. S. 艾略特、e. e. 卡明斯、海明威、亚瑟·米勒等赫赫知名的文学家，都相继"献声"于"凯德蒙"，将他们的文字作品以自己的原音呈现。国际巨星理查德·伯顿（Richard Burton，著名莎翁舞台剧及电影演员，与女星伊丽莎白·泰勒两度结婚又离婚）则为 17 世纪英国诗人约翰·多恩（John Donne）及 19 世纪汤马斯·哈代（Thomas Hardy）的诗作发声。如此看来，现今录制成卡带的所谓有声书，其实该算是后生晚辈了。

某些 Spoken Word 系列的唱片封套极具美感，例如"凯德蒙唱片公司"就以米罗的画搭配乔伊斯名作《尤利西斯》（*Ulysses*）。不少人专门收藏唱片的封套，甚至将它们装裱起来，当作艺术品陈列。

"乡村音乐"之爱

诗歌朗诵唱片滥觞于迪伦·汤马斯，他酗酒成性，极少清醒，却拥有一副迷人嗓音。原本无心插柳的一件事，竟开出了一株摇钱树。这张唱片灌录的十首诗中，除了第一首为迪伦的创作外，其余九首是他朗读他人的作品，包括奥登（W. H. Auden）、艾略特、哈代及一些迪伦个人喜爱的诗人。唱片封套上的木刻版画传神地表达出迪伦的神态，由知名版画家弗拉斯科尼（Antonio Frasconi）特别制作。

　　能亲耳听到自己喜爱的文学作品经由作者本人诠释，自是另一番享受。虽然不少录音已转成卡带或CD，但我对黑胶唱片依然保有高度兴致。每次到二手唱片行，都会查看是否有Spoken Word的专区，在这个过程之中，竟也扩展了我对唱片的认知，且结识了好些发烧友。2002年夏天，当我拜访过位于旧金山湾区北方磨坊谷（Mill Valley）的一家二手唱片后，更是让我惊觉到，收藏黑胶唱片者与藏书者的行为及心态，竟然有许多相似之处。

　　磨坊谷是距离旧金山不到十五分钟车程的一个富裕小镇。这里最吸引我的是设计精巧的图书馆，里面有巨型壁炉，室外有露天阳台，透过落地窗还可以看到穿流而过的小溪；另一个吸引我的地方，则是那家专卖二手唱片的"乡村音乐"（Village Music）。小镇上的这家"乡村音乐"，其实威名遍及全世界，来访的世界级知名人物，犹如天上繁星之多。摇滚巨星米克·贾格尔（Mick Jagger）曾经赶在巡回演唱会出发之前，乘坐黑头大轿车神秘造访此店；蓝调之王比比金（B. B. King），某日竟然随意地坐在该店地上翻阅唱片，并随着店中播放的前辈爵士乐手刘易斯·乔丹（Louis Jordan）的音乐摇摆哼唱。此外，民谣歌后琳达·朗丝黛、大导演乔治·卢卡斯、影星马特·狄龙乃至旧金山市长威利·布朗等人，全都拜访过此处。理由无他，只因店里林林总总的唱片和怀旧的气氛。

　　无论你是否为黑胶唱片收藏者，走进"乡村音乐"都会让你目瞪口呆。除了最普遍的三十三转唱片外，还有早期只能录制几分钟的七十八转唱片与四十五转单曲小唱片。五十万张唱片分门别类地陈列在大约一百五十坪的店中，梁柱上面有着桃丽·芭顿等女星的实寸纸板人型，笑眯眯地向访客抛媚眼；墙面上密密麻麻地贴着歌手、音乐家照片；天花板上还悬吊着压有猫王、玛莉莲·梦露脸孔的唱片。单单是视觉上的享受，就已让人陶醉。这一切全是现任店主人约翰·戈达德（John Goddard）的杰作。

"乡村音乐"位于旧金山湾区小镇，门面素朴，与美国常见的商店并无太大差别，却由于店主人别出心裁的经营与搜罗二手黑胶唱片，吸引了来自各地的顾客，包括摇滚、爵士、蓝调歌星都曾光临，连大导演乔治·卢卡斯也曾慕名一游。

处处相通的收藏者之心

青少年时就开始收藏唱片的戈达德，为了买唱片能打折，且能存钱买演唱会的门票，十三岁起，就在这家成立于 1940 年代的唱片行打工。大学毕业后不久，因为不喜欢听命于他人，对于唱片经营也累积出个人的想法，正巧当时店主要退休，于是他在 1968 年收购了这家店，并且扩大经营。

五十八岁的戈达德自然历经了卡带与 CD 先后成为主流的过程，但是唱片依然是他的最爱。从头到尾，他始终固守着唱片这块疆域。和他一样死忠的人不在少数。有

（上）"数大即是美"这句话在二手唱片行"乡村音乐"可以得到明证。无论你是否为黑胶唱片收藏者，都会对店中五十万张唱片及绝佳的怀旧气氛发出赞叹。

（下）音乐知识丰富、态度却不高傲的店主约翰·戈达德是唱片行的灵魂人物。

些人认为，老唱片音质比较圆润温暖、有人味；有些人喜爱沉浸在怀旧的气氛中；有些录音则是根本只保留于唱片中，不曾转换成卡带或CD。由于这种种的因素，使得古董唱片市场保有一定的规模。这和藏书的道理是相通的。即便文字与图像能以有声书、电子书等形式储存，纸本书

压有猫王、玛莉莲·梦露面容的唱片自天花板上悬挂下来,成了唱片行的最佳装饰品。

依然不失其魅力——两三百年前出版的书和最近重印的版本,就算内容完全相同,排版、印刷等设计,多半有所变动,且书页的触感、气味,也会因为岁月的变化而大不相同。

　　此店的分类也颇具特色。除了一般以音乐类型与歌手姓氏分类外,门口附近还有"乡村音乐名人堂"(Village Music Hall of Fame)及"个人偏好"(Personal Favorites)两区。前者是一些经典代表作,后者是戈达德依自己当下的心情与喜好所圈选的唱片。另外一区姑且称之为"光封面就够了"(Sometimes a Cover is Enough),这区的特色不在于唱片是否好听,而在于封套是否好看或怪异、设计是否令人眼睛一亮。有些人专门收藏这些唱片封套,甚至将它们装裱起来,当作艺术品般陈列。这也让我联想起一些藏书家,除了以书籍版本、内容为收藏目标之外,有些人还喜欢收藏精装本外围那层薄薄的书衣。

　　"女性音乐"(Women's Music)是店中另一个有趣

杂志虽然只是"乡村音乐"店中的配角,但还是有不少人专程为此而来。

的分区,其中的唱片以宣扬女性意识为主。这区的成立,主要是自从 1970 年代起女性主义盛行之后,不少书籍与音乐也以此为主题。一些光顾唱片行的女性顾客,于是向戈达德反映开辟专区。在"顾客永远是对的"这一信念下,向来不喜欢以性别区分音乐的戈达德,还是顺应了民意。然而,为了公平起见,他也开辟了"男性音乐"(Men's Music)区,里面专门放置男同性恋,以及强调男性意识为主的音乐。

"乡村音乐"当然少不了也贩售音乐类的杂志、画

女歌星桃丽·芭顿的实寸纸板人型,笑眯眯地向"乡村音乐"的访客抛媚眼。

报、大型海报。另外还有休闲类的杂志如《国家地理杂志》、《生活》杂志及戈达德所喜爱的科幻小说。其中又以1950年代至1960年代唱片发达时期的出版品居多。在唱片行中,这些书籍虽然只算是配角中的配角,有人却专门来此买书,有些人则冲着海报而来。不管顾客买的是哪种商品、挑的是哪种音乐,性格十足的戈达德从不批评顾客的品味,"我哪有资格论断人家的喜好,我自己就收藏全套史蒂芬·金的作品。他的书在一些人眼里评价也不是顶高!"

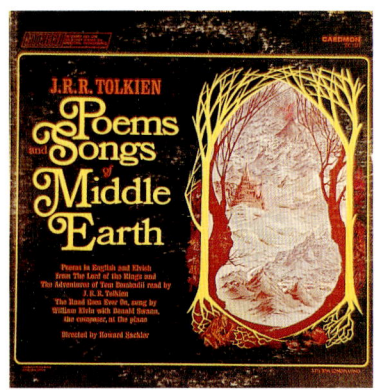

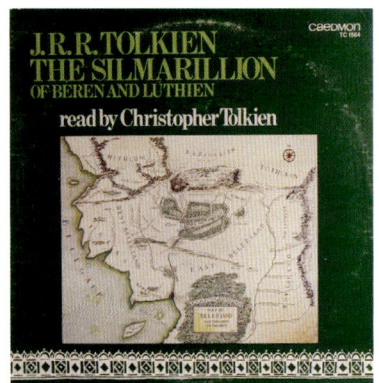

你如果是一个百分之两百的托尔金迷，那么这两张黑胶唱片应该在你的收藏之列。上边这张《中土诗歌》，是由托尔金亲自以英文及精灵语朗读，内容取材自《魔戒》以及《汤姆·庞巴迪历险记》（The Adventures of Tom Bombadil）中的诗歌，封套背面还附有名诗人奥登的感性简介。下边这张唱片《贝伦与露西安的精灵宝钻》则是由托尔金的儿子克里斯多佛朗读《精灵宝钻》（The Silmarillion）第十九章。这本书构思于1917年，其实才是真正的《魔戒》前传，但一直到托尔金死后，克里斯多佛才将其整理成书。

（右上）"乡村音乐"不仅卖唱片，还卖众多数十年以前的绝版杂志与海报。

戈达德的这一番话，不禁让音乐知识不甚丰富的我大为宽心，再也不用担心自己碰到的这位专家会如同电影《高保真》（High Fidelity）那位自视甚高的唱片行老板以及两位神经质店员，老是对品味不同或看不顺眼的顾客嗤之以鼻。我还记得自己逛书店生涯中，偶尔也会碰到一些自命不凡、态度高傲的书商，对于顾客提出一些不怎么高明的问题给予多方嘲弄。还好，这些人都只占极少数。

不论就经营层面与收藏心态上看来，黑胶唱片与书籍都具有极高的同质性，它们更成了极佳的组合。上了大学之后，我早已将电唱机淘汰掉了。书房中却依然存留成沓黑胶唱片，每每看到它们，总让我联想起少年时以着虔诚之心，一边播放喜爱的音乐，一边阅读世界名著时的愉悦时光。隐隐约约的这些记忆，大概就像有了些刮痕的唱片，在唱针回转触动下，不断沙沙发出的朦胧乐音，尽管遥远，却让人倍感温馨。

初稿发表于 2002 年 11 月

UPDATE 后续笔记

戈达德在2007年9月底结束了"乡村音乐"在磨坊谷东布来斯戴尔街（E. Blithedale Avenue）的店面，房租节节上升虽然是因素之一，但诚如戈达德在给顾客的公开信中所言"It's time"（时候到了），毕竟他已经营此店四十年，有过无数美好的经验与回忆，也到了该退休的时候。这个历史悠久的重要音乐地标虽然消失，但戈达德仍然保有二十多年来在原唱片行斜对面一个小商场内承租的储藏室，里面放了不少他保留或未处理完的唱片、海报、签名照、书籍和他长年收藏的漫画书。若是有人想前往参观或购买，只要事前电话或写信和他联络，他就会与来客约好时间在储藏室（兼工作室）碰面。除了预约外，戈达德从2009年起，每逢星期六中午十二点到下午五点固定留在储藏间，并对外开放给大众。

我在2011年9月底某个星期六的下午到了他的储藏室，发现空间虽然仅有原唱片行十分之一大小，但室内从天花板到地上以及墙面全都矗立着摆满了数万张唱片和书的架柜，架柜间的走道窄小到仅容一人走动，戈达德自己多半时间则坐在门口的高凳子上，与来客寒暄致意。他说现在继续此业，已经不是为了维生，纯粹是兴趣和消遣。

"乡村音乐"固然结束了原来的店面，不再天天营业，但店主戈达德依然保留了店名与对街承租了多年的储藏室，里面密密麻麻摆满了数万张唱片。戈达德退而不休，每个星期六下午固定会坐镇于此，与登门的唱片迷叙旧、交流。

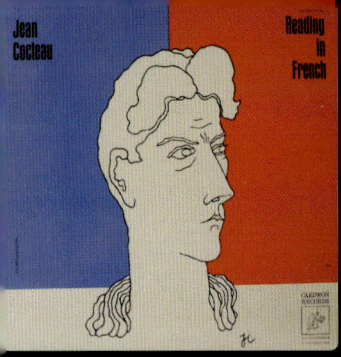 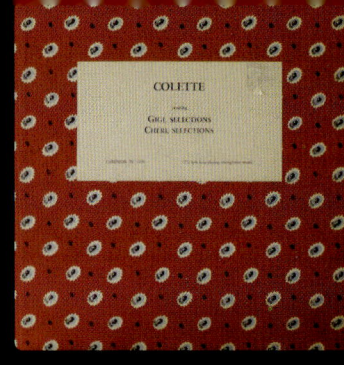 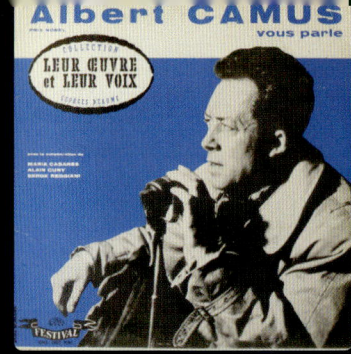

 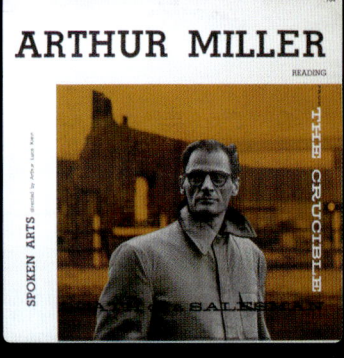 

这些封套,都是出自我近几年所收藏的 Spoken Word(黑胶"读片")。封面或封底多半会出现朗诵者照片,我非常喜爱其中那张蓝红为主色、黑色线条勾勒出的人像封面,那是多才多艺的法国诗人、艺术家考克多的自画像,版面由 Hiram Ash 所设计。美国女作家葛楚·史坦专辑的封套是由 Matthew Leibowitz 设计,封面画像则是史坦的好友毕加索所绘,原作现存美国大都会博物馆。我这些后期收藏的"读片",主要来自一位去世的古书商艾伦·米克瑞特。这些唱片封套外的塑料保护膜或封底都有艾伦亲手标的价格。看到它们,就让我忆起艾伦他还是喜欢与客人面对面交谈，以分享对音乐的知识和热情，因此绝不考虑上网卖唱片。虽然他也设了网站，但那不过是一个广告的媒介，让人家能查到他的电话与电邮，以方便和他联络。他的固执与坚持，对于唱片发烧友自然是个好消息，大家依然有个朝圣处，不致太遗憾。另外，一位曾替戈达德工作二十五年的员工 Gary Scheuenstuhl，于 2007 年底在邻近开了一家新的唱片行，希望磨坊谷能传承"乡村音乐"的历史，店名就叫"磨坊谷音乐"。

我自己这些年也陆续收藏了不少 Spoken Word（黑胶"读片"），其中包括了美国女诗人与作家玛丽安·摩尔（Marianne Moore）、葛楚·史坦（Gertrude Stein）、剧作家阿瑟·米勒（Arthur Miller）、法国作家加缪（Albert Camus）、诗人艺术家考克多（Jean Cocteau）、女作家柯蕾特（Sidonie-Gabrielle Colette）等，用他们的母语朗读自己的作品，以及英国前首相丘吉尔的演说，此外还有更多更多迪伦·汤马斯生前与死后发行的作品。我这些后期收藏的"读片"，主要来自一位去世的古书商艾伦·米克瑞特（Allan Milkerit，有关艾伦·米克瑞特的介绍，请参考《书店传奇》第十七章）。这些唱片封套外的塑料保护膜或封底都有爱伦亲手标的价格，看到它们，就让我忆起艾伦。

根据 2011 年 8 月 20 日英国《经济学人周刊》（*The Economist*）的一篇报道（*Back to Black: The revival of vinyl*），这几年黑胶唱片的销售量在欧美继续升高，单以西班牙来说，2005 年销量是一万六千张，2010 年则是十万四千张；美国在 2007 年约一百万张，而 2010 年销售近三百万张，2011 年更预期达到四百万张。从网络下载音乐已很普遍，但唱片并未停止生产，新的唱片往往也附上密码，让购买者能从网络下载其中的音乐，即便他们不见得会去放唱片听，甚至连电唱机都没有。正如同很多人虽已在网络上下载电子书阅读，但还不时添加一些实体书，家中的书架也未因此就变空或消失。不少书迷与音乐迷其实都还是希望收藏一些有重量、有设计、看得到、摸得到的实物。

唱片其实并非都是黑胶，我在"乡村音乐"就看到不同颜色的唱片，有些甚至是透明的。根据戈达德表示，黑胶的质量还是比较稳定，因此彩色唱片看起来虽然很炫，但生产的数量并不多。

INFORMATION

乡村音乐
Village Music
#5, 31 Sunnyside Ave, Mill Valley
CA 94941, USA
TEL 1-415-388-7400
www.villagemusic.com

磨坊谷音乐
Mill Valley Music
320 Miller Ave, Mill Valley
CA 94941, USA
TEL 1-415-389-9090
www.millvalleymusic.com

CHAPTER 5
Cover Story
封面故事

目前世界上大概有十来个人在贩卖复制书衣。其中一半的人,只是以"彩色影印"替代,效果、品质都不佳;另一半的人,虽然也以计算机扫描并加以修补,但他们所提供的书衣却都不超过一百种。然而,马克已经累积了超过一万种书衣。

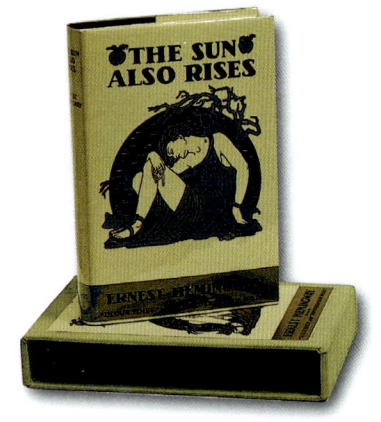

爱书人想拥有一本绝版名著的首印版,往往不是一件易事,就算在古书店或拍卖场看到,也不见得是个人财力所能负担得起的。有几家小型出版社为了满足爱书人,于是针对一些名著而出版复刻本,从书衣到内页,完全比照首印版本的原始样貌复制。图中所见的海明威成名作《太阳照常升起》(The Sun Also Rises),就是由名为"首印版图书馆"(The First Edition Library)的出版社所制作的复刻本,但随书所附的书盒却是原始版本所未有者。

人要衣装,佛要金装。对于一本书而言,封面就像是人的衣装、佛的金装一样。虽然英文里有句名言"Don't judge a book by its cover"(不要以封面评断一本书),指的是千万别由皮相判定内容,也就是中文里"不要以貌取人"的意思,然而,多数人逛书店选书、买书时,若非已经阅听过书评、书介,或经由他人口耳相传而寻找某本特定的书,那么书籍的封面往往就是吸引读者的最重要元素了。也难怪出版社除了绞尽脑汁想书名之外,更要千方百计找来美术编辑,企图为书籍设计出最能夺人目光的封面。

封面的封面

欧美书业的出版习惯,一般都是先出精装本(hard cover),再出平装本(paperback)。而精装本的硬壳封面外,往往还要加上一件活动的防尘纸封套,英文名之为"dust jacket"或"dust wrapper",台湾出版业俗称为"书衣"。这件书衣,其实可视为"封面的封面"。不少图书馆为了便于在书脊贴书号及上架,经常在进书之后,就把这件书衣给丢弃了,这些图书馆员眼中的累赘,却成了书

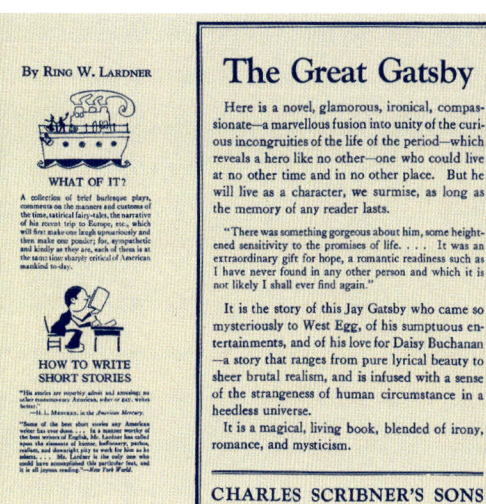 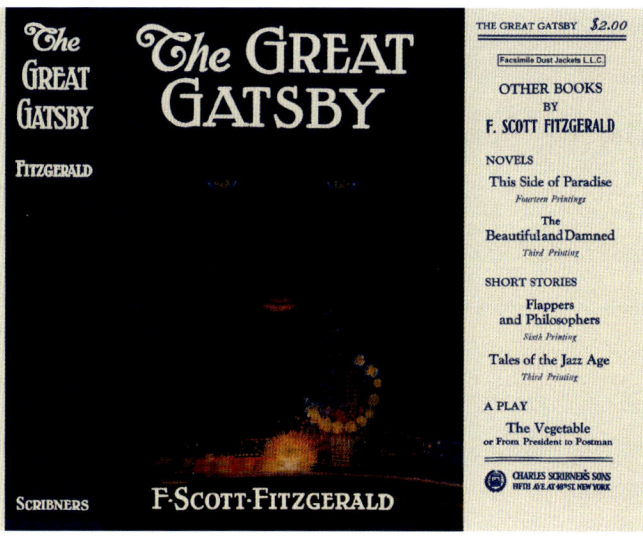

文学史上最富传奇性的一张书衣，当属1929年出版的菲茨杰拉尔德名著《大亨小传》。这张书衣，在小说完成前便已先创作出来了。由于深深喜爱图像中所具有的爵士时代颓废风格，菲茨杰拉德特别将此印象写进了小说之中，并且要求主编珀金斯："千万别把那张书衣让给别人！" Courtesy of Mark Terry

商们争相收购的宝贝。因为对于挑剔龟毛的藏书家而言，一本书若少了书衣，就像有缺口的瓷器，收藏价值不仅是大打折扣，有时甚至一文不值。

我所认识的一位旧金山书商艾伦·米克瑞特（Allan Milkerit），在因缘际会下便曾收购了上千张图书馆所淘汰的书衣，有些历史超过四五十年。艾伦最大的乐趣之一，就是为这些书衣找书，配成套之后，再以高价卖出。多数藏书家则没艾伦那么幸运。他们所面临的景况是，手边有书，却苦无书衣加盖；有时就算有书衣，却已面目全非。毕竟薄薄的一张纸，很容易就会脱落、毁损。除非使用者够细心，否则书衣被妥善保存的机率真是很低，特别是上了年纪的书籍。

20世纪美国文学史上公认最著名的一张书衣，当属菲茨杰拉尔德（F. Scott Fitzgerald）于1925年出版的经典之作《大亨小传》（*The Great Gatsby*，英文直译应为《了不起的盖茨比》）。这张书衣的正面是一双上了妆的女性眉眼，以及涂着口红的小巧樱唇，在一片似海洋又似天空的暗宝蓝色背景衬托下，几条细细的黑曲线宛如被风吹散的发丝。那张没有鼻子与轮廓的巨大脸庞，散发着某种神秘、冷漠、忧郁又飘忽的气息。书衣下方则是灯火通明的游乐场，整体构图营造出了既虚幻又写实的风格。

封面故事 | 063

你是007邦德迷吗?如果是,对《金手指》(Goldfinger)这一"衔着玫瑰的骷髅"图案的初版封面,也许会大感兴趣。这是复制品,要价二十美元而已。Courtesy of Mark Terry

千万别把那张书衣让给别人

根据数据显示,菲茨杰拉尔德对于《大亨小传》的英文书名并不满意,但却非常喜爱书衣。他在书作完成之前,其实已经看过书衣的设计(是初稿或定稿并无定论),并将其中的意象转换成书中文字。他曾在1924年,也就是出书前一年,写给斯克里布纳出版社(Charles Scribner's Sons)编辑马克斯韦尔·珀金斯(Maxwell Perkins)的一封信上焦虑地表示:"看在老天的份上,你千万别把那张替我保留的书衣让给别人,我可是已经把它写进这本书中了!"至于菲茨杰拉尔德将它写进何处?这图像所指,到底是书中提到的一个画有巨型眼睛的废弃看板,或是书中第四章后段里所描绘的漂浮的女人面孔?一直是文学史家争议的话题。

这张设计抢眼的书衣虽然颇得作者欢心,却被海明威奚落一番。认为它俗丽、没格调,让人很不舒服,所以阅读前就先把书衣扯掉了。海明威晚年在回忆录《流动的飨宴》(A Moveable Feast)一书中曾提到这段陈年往事。他还说,菲茨杰拉尔德向他表示,原本挺喜爱那书衣,后来却已没什么好感。这番话的真实性有多高不得而知,菲茨杰拉尔德可能只是客气,也可能是顺着海明威随口说说罢了。值得一提的是,被视为"失落的一代"最佳代言人的这两位，于 1925 年相识于巴黎，当时菲茨杰拉尔德已是颇具知名度的作家，海明威却还是个刚出道的穷小子，正在撰写第一本长篇小说，也就是日后的成名作《太阳照常升起》（*The Sun Also Rises*）。后来，菲茨杰拉尔德还推荐海明威给编辑珀金斯，因此《太阳照常升起》和《大亨小传》的编辑与出版社完全一样，两本书的书衣则由不同的人设计，所以风格大异其趣。《太阳照常升起》的图案较为古典素朴，想必海明威曾向出版社表达过他的看法。

《大亨小传》与《太阳照常升起》精装本第一版第一刷（first edition, first printing），堪称是藏书家眼中的"黑色郁金香"，更是众所垂涎的目标。这个版本若是缺了书衣而书况尚佳，在现今古董书界的行情，一册各可达三千五百美元左右。然而若穿有一件原始书衣，则价格将立刻飙涨数十倍。2002 年 10 月，纽约"佳士得"一次珍本书拍卖会上，就曾以十六万三千五百美元的天价卖出这么一本《大亨小传》。换言之，单是那张薄薄的书衣就值十六万美元。至于穿着书衣的《太阳照常升起》，价值虽然不如前者，但在 2001 年 11 月伦敦"苏富比"拍卖会上，还是卖到了二万二千一百英镑（约三万五千美元）。西方古书界这种"书衣主导书价"的奇特藏书现象，大概是一般读者所无法想象的吧。

由于同名电影《魔戒》（*The Lord of the Rings*）的卖座，托尔金的作品也跟着热销起来。这个书衣复制图像是来自 1955 年英国版的《魔戒Ⅲ：王者无敌》（*The Return of the King*）。加州一位书商在网络上单卖原版书衣（不卖书），标价为五百五十美元。*Courtesy of Mark Terry*

马克因为爱读而搜集侦探小说，因为追求收藏品的完整，而走上复制书衣这一途。电脑科技的发达，天时地利人和都有了，使得他由业余走向职业，成了世界上少数的"书衣复制人"之一。这一工作，满足了自己，也造福了同好，寓工作于娱乐之中，再没有比这更过瘾且愉快的了！

为书做衣服的人

对于多数的平民藏书家来说，别说是上万美元的书衣，就算是数千、数百美元也难以负担。不过，眼睁睁看着一本书少了书衣，实在令人扼腕叹息。旧金山市的马克·特里（Mark Terry）所提供的一项服务，让这些藏书家的"书衣情结"得到了某种程度的纾解。

我之所以知道马克这个人，主要是一两年前在"瓦哈拉书店"（Valhalla Books）厮混时，看到书架上摆着些海明威、斯坦贝克的首版书，而且书衣完好。更令人惊讶的是，价钱居然只要一百美元之谱。这简直令人不可思议！这类书动辄数千、数万美元，而且一定被锁在橱窗中展示，瓦哈拉怎么就把这些珍贵的书随意摆在开放书架上呢？更奇怪的是，书价怎会如此低廉？

店主乔·马席翁（Joe Marchione）向我解释，我看到的书确是首版，只不过外披的书衣是复制品。这些几可乱真的书衣都是马克·特里的杰作。马克有间工作室，专门复制、销售绝版书衣。乔说着说着，还随手掏出一沓目录，上面列有上千种马克所能提供的书衣。与书相关的行业，我大概都知晓，专以"复制书衣"为业，却是我头一遭听到。于是当我知道乔与马克是朋友，而且他的工作室就在旧金山后，我立刻央求乔替我安排会面。

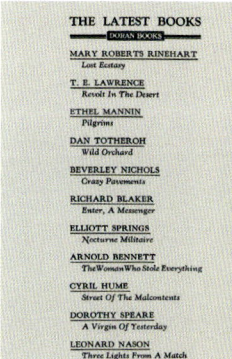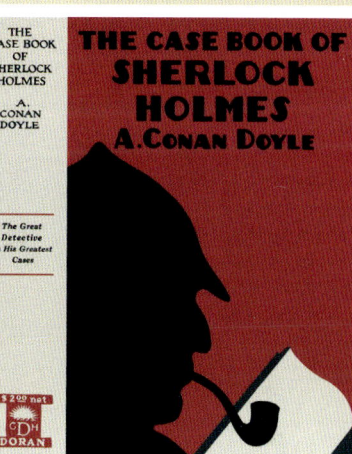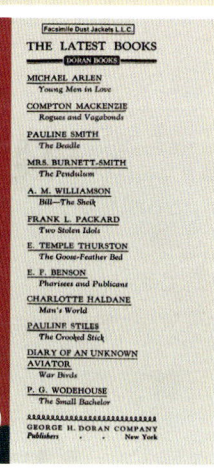

庇尽天下旧书尽欢颜

原本在印刷公司计算机排版部门任职的马克，自小就是个侦探小说迷。大约十年前起，他开始认真收藏绝版侦探小说，偏偏他也有书衣情结，而且爱死了书衣上的设计图案。由于预算有限，他发现自己根本无力购买某些穿有书衣的书，幸好搜藏书过程中，他结识了一些收藏丰富的书商及藏书家。他们慷慨地让马克利用公司的扫描仪与打印机复制他所欠缺的书衣。许多书衣由于年代久远，加上使用不当而产生褪色、泛黄、污渍、破损、皱折，深谙电脑功能的马克在屏幕上看到这些画面之后，手指竟情不自禁地在键盘上敲打起来，针对有瑕疵的地方，一一加以修饰，好恢复书衣原有的样貌。

《福尔摩斯案例辑》内含十二篇短篇小说，是英国最著名的男性侦探小说家阿瑟·柯南·道尔（Arthur Conan Doyle）生前出版的最后一本福尔摩斯（Sherlock Holmes）系列。1927年此书于英美两国同时出（初）版，上图那张书衣是英国版、下图的书衣是美国版。从书衣上可看出当时英国版的价格是每本七先令六便士，美国版则是二美元，有趣的是，那时英美的书价都出现在书脊的下方；此外，他们的书名也因英文使用的习惯有些许不同，"案例辑"在英国版中是"Case-Book"、美国版则是"Case Book"，删除了中间的分隔符。*Courtesy of Mark Terry*

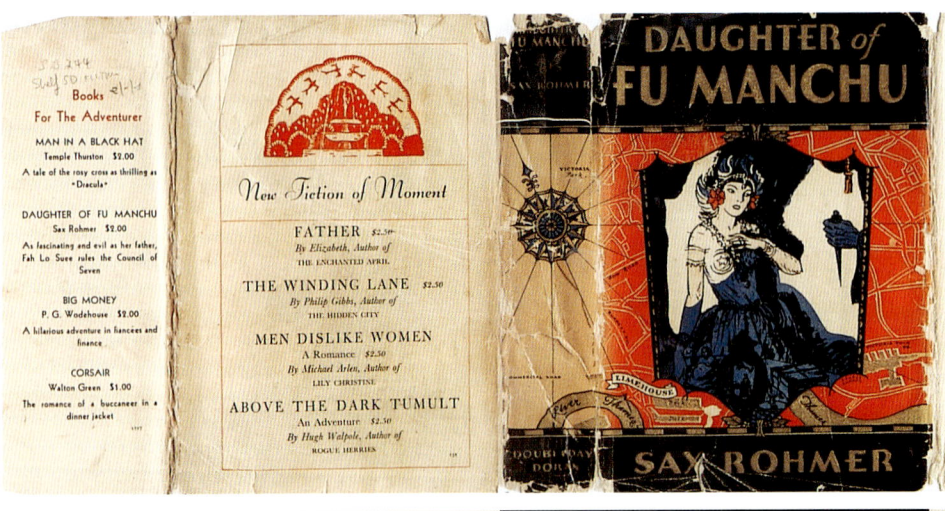

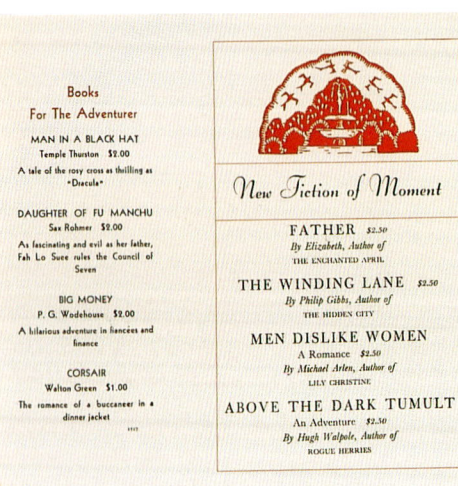 

这两张书衣可说是"整容前、整容后"的最佳写照。上图的书衣由于年代久远,加上使用不当,产生了褪色、泛黄、污渍、破损、皱褶的惨况。下图是经由马克巧手在电脑上修复后的漂亮成果。

马克将其成果穿到缺衣的书本上之后,心中油然浮出一股满足感。不久之后,这个修复书衣的做法,得到美国东岸麻州"黑与白书店"(Black and White Books)一位古董书商的赞赏,两人乃于1998年开始合作。马克买齐了计算机设备,利用正业之余,在家开始了他的书衣副业,书商则替他经销计算机修复后的复制品。2001年,马克任职的印刷公司改组,他因不喜欢被调到新部门,决定离开已工作二十年之久的出版业,专职计算机修图和复制绝版书衣,并且架设了独立网站,贩售这些书衣。

据马克所知,目前世界上大概有十来个人在贩卖复制书衣。其中一半的人,只是以"彩色影印"替代,效果、

这个书衣复制的案例更可以看出马克的功力。有位顾客将两张残缺不全的书衣（上图与中图）寄给马克，希望他能将书衣原形再现，而马克的成品（下图）也确实没让顾客失望。

品质都不佳；另一半的人，虽然也以计算机扫描并加以修补，他们所提供的书衣却都不超过一百种。而马克已经累积了超过一万种书衣，种类从他最喜欢的侦探小说延伸到文学、科幻、罗曼史等等类型小说。这些原始书衣几乎都是1950年代以前的产物，图像已属于公共财产，复制起来，并不会发生侵权问题。有些藏书家，花了数十年时间，始终找不到某张书衣，最后却在马克这里找到几可乱真的替代品，简直令他们热泪盈眶。有些人甚至激动地对马克说："真想亲吻你的双脚！"

2003年圣诞节前夕马克接到的一个特别订单，是一位顾客购买数张 *Death out of Thin Air* 的首版书衣，这本侦

封面故事 | 069

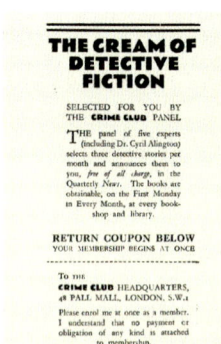
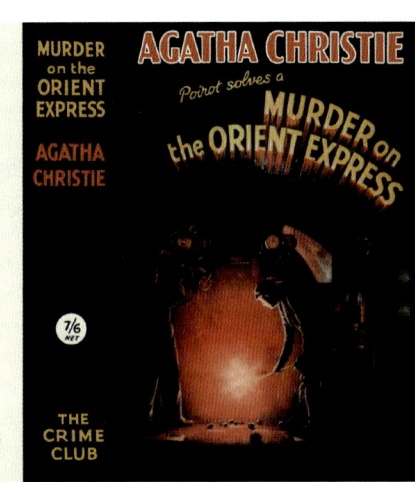
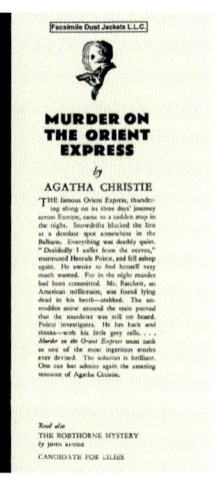
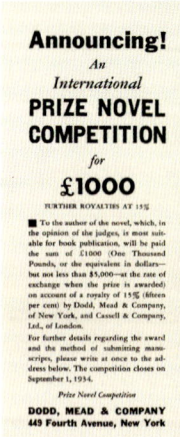

英国侦探小说家阿加莎·克里斯蒂的作品《东方快车谋杀案》的英国版书名为 Murder on the Orient Express，但美国版的书名却改成了 Murder in the Calais Coach。虽然英、美使用一样的语言，但是品位、习性却不同，除了书名可能相异之外，封面也往往各自设计，这两张封面你喜欢哪张？ Courtesy of Mark Terry

探小说由已故作家克莱顿·罗森（Clayton Rawson）用笔名史都华·汤（Stuart Towne）于1941年出版及发表，书衣背面所附的照片是一位魔术师从礼帽中变出一只兔子的趣味构图。作者罗森不仅以魔术师为他小说中的主人翁，在现实生活中他确实也是位魔术师，封底照片中那位被帽子遮去颜面的魔术师正是他本人。不过罗森最受知名的可能还是替不少名著设计封面，我最喜欢的是他替阿加莎·克里斯蒂美国版的《东方快车谋杀案》（Murder in the Calais Coach，英国版原书名为 Murder on the Orient Express）所设计的那张封面，罗森当然是自己著作的美术设计了。向马克订购书衣的顾客原来是罗森的儿子，小罗森希望将这张别具意义的书衣当作圣诞礼物致赠给亲朋好友。

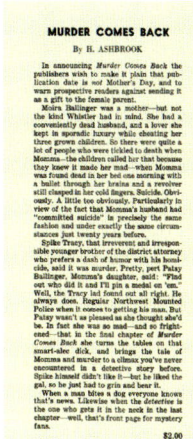

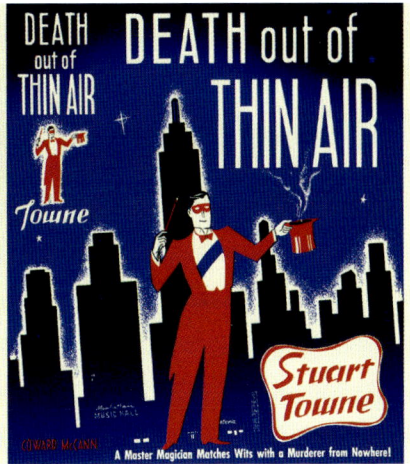

我所喜欢的美国版《东方快车谋杀案》的封面图案，由克莱顿·罗森设计。此人多才多艺，不仅能设计封面、写小说，还会变魔术。1941 年他写过一本推理小说 *Death out of Thin Air*，有着魔术师及大都会高楼造型的红蓝黑三色封面十分显眼，封底照片正从帽子中变出兔子来的魔术师，正是他本人粉墨登场的杰作。Courtesy of Mark Terry

挡不住的复制风潮

然而，并非所有的书商与爱书人都是以正面态度看待马克的作为，有些人认为他该被千刀万剐。理由之一是，他的书衣有鱼目混珠之嫌，会让人误以为真，甚至让不肖书商趁机欺骗无知顾客，而获得暴利。这项指控其实非常薄弱，原因是，马克在这些书衣的封面折口上都注明"复制书衣"（Facsimile Dust Jacket）的明显字样，所以不可能引起误会。

有些书商则以为，马克的廉价复制书衣可能会让顾客再也不愿意出高价购买拥有原始书衣的书籍了。马克对此颇不以为然。他举自己为例，即使坐拥数千张复制书衣，对于原始书衣的欲求却只有增没有减。这跟复制画再怎么逼真，收藏者若财力足够，还是会想买一幅原画的道理是相同的。更何况，这些复制书衣让一些原本"缺衣"的书，顿时卖相大增，其实也替书商创造了不少商机。

另外，也有些小心眼的藏书家认为，若是复制书衣唾手可得，那么，他们辛辛苦苦找来的原始书衣就变得没那么稀奇，分身将会降低了本尊的价值。这种想法其实也很幼稚，如今满街都看得到梵·高的"鸢尾花"复制画，可这根本一点无损原画的价值。更何况在高科技发达的今天，要想防堵复制，简直就像螳臂当车般可笑。不过这种"只准我有，别人不能有"的小气心态，大概是一般收藏

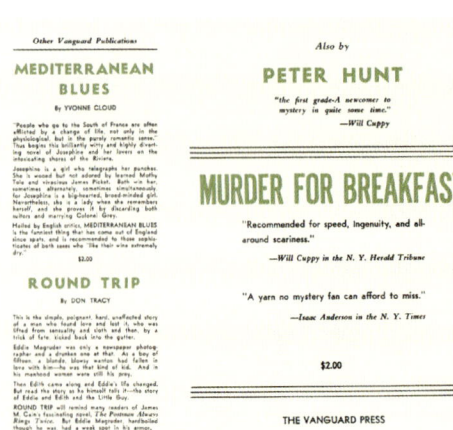

美国侦探小说家彼德·亨特（Peter Hunt）于 1934 年出版的小说《裸体者之间的谋杀案》（Murder among the Nudists），有一张相当抢眼的封面，画面上是一群赤身裸体的男女在原野中欢舞。而这裸露图像并非绘画，而是来自真实的摄影照片。如此的封面在今日看来都颇为前卫，更别说是在半世纪以前了，或许这和出版社的名号"先锋出版社"（Vanguard Press）有关吧！Courtesy of Mark Terry

家所共有的，颇可理解。

书衣复制这一行，要做到像马克的规模，其实并不容易。首先得上穷碧落下黄泉，四处打探何处有罕见的书衣，然后得冒着吃闭门羹的风险，征求书衣主人或图书馆员同意扫描，接着是在电脑上修复书衣。有时书衣上的图像、字迹模糊，甚至到了残破不堪的地步，马克还得想法子细心修整回原状。这整个过程极为耗时，宛如是个高难度的整容手术。而每张复制好的书衣，马克却仅索价二十美元，这种投资报酬率，实在不算高。但由于能将计算机技术与对书的热爱结为一体，他依然乐在其中。特别是马克因此有机会接触到许多梦寐以求的书籍与书衣，并和藏书主人、图书馆员、古书商等结为好友，这让爱书的他大呼过瘾，再没比这更愉快的工作了！

然而，马克最大的成就感，还是来自于为绝版书书衣建立起庞大的数据库，让有兴趣的爱书人分享他的成果。一张薄薄的书衣，因为原设计者的巧妙创意而隆重诞生，但光鲜亮丽的外貌毕竟不敌岁月的摧残，早晚都会受到损伤，马克·特里贴心的复制服务，让这些书衣的生命得以无限延续。这，确实是功德一件！

初稿发表于 2003 年 6 月

UPDATE 后续笔记

马克从事书衣复制已经十余年，他的数据库中所扫描的书衣数量不断攀升，2004年夏天有一万种，到2011年9月已高达五万种。这些年来，物价不知攀升多少，纸张、墨水当然也愈来愈贵，但马克只把每张书衣的价格调高一成，从二十美元变为二十二美元。不过靠着口耳相传与网络搜索之便，有愈来愈多的人知道他的存在并向他下单购买复制书衣，因此生意也愈来愈好。

马克常常得一个人带着扫描仪，四处拜访收藏家、古书商或图书馆以扫描原始图文件，回家后再由计算机上进行修补、复制，忙得根本少有时间把众多图档一一列在他的网站，所幸他的姐姐 Gail Urbina 于2009年加入了这个行业，协助他更有效地建档，目前网站上已有近八千张图片，而且还在不断增加中。生性憨厚慷慨的马克也决定未来所有的档案将不出售，而会捐赠给几个他曾经合作过的图书馆，以为下一代保留珍贵的资产，也公开给一般大众。另外，他还提供图档让一位他信任且长期合作的书商制作成海报在网络上（georgetownbookshop.com）贩售，让更多的人能欣赏到这些美丽的封面与书衣。

《美丽新世界》（*Brave New World*）是英国作家赫胥黎（Aldous Huxley）最为人所熟知的著作，这本书1932年初版的封面由艺术家 Leslie Holland 所设计，是20世纪让人印象最深刻的书衣之一，许多书迷也把复制书衣放大后制成海报。*Courtesy of Mark Terry*

INFORMATION

马克·特里书衣复制
Facsimile Dust Jackets LLC

1568 48th Avenue, San Francisco, CA 94122, USA
TEL 1-415-665-1068
www.facsimiledustjackets.com

CHAPTER 6
International Edible Book Festival
书痴吃书

人类与书本的关系，更扩及到味觉的接触。我们可以用味蕾来品尝它们的酸甜苦辣咸。一本书在如此情境下消逝，不仅不是一首悲伤的挽歌，反而成了一则美丽的回忆。

一本书除了在内容上可能引起我们心灵的感动外，还可能从视觉、触觉，甚至听觉与嗅觉这些面向让我们惊喜。想一想，浏览、把玩一本中世纪印刷术发明前的彩绘烫金祈祷书，目光所及、手指所触摸者，是由修道院教士一笔一画，一丝不苟地用手抄写、描绘于羊皮纸上的珍品。那历经数百年依旧瑰丽的色彩、结实羊皮纸的窸窣翻页声、陈年油墨所散发的幽香气味，的的确确牵动了我们不同的感官兴味。

书籍作为艺术创作的题材与媒介，可以产生诸多的可能性。其造型不仅具备审美功能，也可反映出创作者的政治或社会意识。这本以铁钉刺穿、绳索捆绑、无法翻阅的书被名之为"禁书"，是艺术家 Barton Lidice Benes 的杰作。*Courtesy of Center for Book Arts, New York*

曾经在台湾暂住、现定居于纽约市的法国女艺术家 Béatrice Coron，中文名为高培雅。她是一位书籍艺术家，喜欢以书籍和文字作为创作主题。左上与左下图的"书"，是她以剪纸方式所呈现，至于右边的这株智慧之"书"（树），则是她以激光镂刻不锈钢所制作，现今矗立在加州圣荷西圣塔特瑞莎公共图书馆（Santa Teresa Branch Library, San Jose）户外。*Images courtesy of Béatrice Coron*

书籍的感官之旅

大多数人虽然难以接触到这般昂贵的古书，但是现代设计、制作的精美书籍，其实也能达到类似的效果。书籍艺术（book arts）一直是西方文化中颇重要的一环，举凡装订、印刷、纸张与字体的选定，全都可以考究到极点。某些艺术家更是专门以书籍作为创作题材。他们希望自己所设计、制作出来的书籍，从造型本身即可被视为独立的艺术品，具有审美的价值，或者透过这个媒介，反映一些社会、政治的讯息；或者仅仅传递艺术家的某些意念。这些书的素材与表现形式有诸多可能性，它们通常都由手工制作或限量发行，并被通称为"艺术家做的书"（artists' books），以别于一般大量生产，以内容为主、包装为辅的传统书籍。这类艺术家做的书，明显是以吸引人们视觉为导向，因此也就成为爱书人及艺术爱好者的收藏对象了。

甚者，若是我们将"书籍"的定义扩大到所有承载图

（左）这个由门德斯（David Mendez）制作的火腿片笔记本，让人看了忍不住想翻开来，在上面涂抹一番，然后一口下肚。Photo by Paul R. Heydenburg

（右）由黑尼斯（Susan Hanes）制作的蛋糕"书"虽然美丽，但却不能持久，因此对于它将被肢解入肚，大家不必觉得心痛。Photo by Paul R. Heydenburg

文的容器，那么现今流行的电子书更是在声光影音的辅助下，提供人类听觉与视觉上的全新感受。

精神食粮大口大口吃

在所有的感官经验中，味觉与书籍的形体似乎是最扯不上关系的了。我们可以用眼睛看书、用手指翻书、用耳朵听书、用鼻子闻书，但若说要用一张嘴吃书、尝书，那却是难以想象的。众所皆知，蠹鱼喜爱吃书，小小一只虫儿可以悠游地藏身书页内，从封面一页页吃到封底，但那毕竟只是虫儿。

人吃书、吃纸页的情况倒不是没有发生过。正如20世纪初期，美国最知名的古董书商罗森巴赫（A. S. W. Rosenbach）所指出的，许多儿童书都曾被不懂事的小孩放入口中咬得稀巴烂，以致书况完好的首版童书格外稀有；侦探小说中也不时出现特工人员在情急之下，一口吞下书写秘密的字条以销毁证据的情节；在英国导演彼德·格里纳韦（Peter Greenaway）那部知名的影片《厨师、大盗、他的妻子和她的情人》（*The Cook, The Thief, His Wife & Her Lover*）中，那位粗暴蛮横的饭店老板杀害和他妻子有染的温文书商的残酷手段，就是把书页塞进他的喉咙之中。这些人吃书的情境，都是在无知或被迫的状况下发生，想来都不怎么令人愉悦，毕竟人非书蠹！

有趣的是，无论古今中外，"书籍"与"食物"这两个意象经常被联想在一起。中文最常听到的当然就是"精神食粮"、"咬文嚼字"、"啃书"、"食古不化"这些语词，把书籍、文字比喻成为可以吃的食物。中、英文也

（左）芝加哥的海沃特（Hellen Highwater）以最简单的素材——面包，做出简单造型的书。*Photo by Paul R. Heydenburg*

（右）你能看出这个由克雷格（Melissa Jay Craig）制作的螺旋装订书是由什么材质构成的吗？*Photo by Paul R. Heydenburg*

同时都用"吸收"（assimilate, absorb）、"消化"（digest）、"狼吞虎咽"（devour）、"咀嚼"（chew）等动词来描述不同程度的阅读状态。某些西方爱书人且自拟为"吃书者"（book-eater），指的是自己读书又多又快。不过，模拟终归是模拟，除非是具有特异功能之士，否则真要把一本书当成一块可口多汁的牛排般咀嚼下咽，实在非一般常人所能为也。然而，近几年国际间却出现了一个令人侧目的"吃书节"活动。

事情缘起于一位活跃于美国书籍艺术圈的创作者、收藏家兼评论家朱迪思·霍夫伯格女士（Judith A. Hoffberg）。1999年感恩节时，她与三位书籍艺术家相聚，当火鸡伴随其他美食、美酒下肚之后，霍夫伯格突然心生一念，若是书也可以吃，不知这群艺术家们都会制作出什么样的书来？这个奇想当场引发在座人士的莫大兴趣。接下来的一个月里，霍夫伯格积极联系世界各地的朋友们，也得到了热烈的回响。她于是选定千禧年的愚人节为首届"国际吃书节"（International Edible Book Festival），鼓吹爱吃又爱书的个人与团体，以食材制作出与书相关的物件，在4月1日这天下午2点到4点（以每个人的时区为主），对外将成果公诸于网站上或在特定场所，然后在4点整下午茶时段里，动手将它们祭入五脏庙之中。住在纽约的法国女艺术家高培雅（Béatrice Coron）则为此设立了专属网站，列出参予者所提供的图片，让世界上有兴趣的人都能浏览。

首届吃书节有来自美国七个州的个人与组织参与盛会，其中包括极负盛名的"纽约书籍艺术中心"（Center

这是高培雅在 2004 年"国际吃书节"的作品,她用饼干烘培出一个故事,色彩协调,造型生动,跟真实绘本几乎没有两样。Courtesy of Béatrice Coron

for Book Arts, New York)、"芝加哥书纸艺术中心"(Chicago Center for Book and Paper Arts),还有来自澳洲与法国的艺术家也共襄盛举。这个主题鲜明、兼具趣味与艺术性的活动,接下来几年里,吸引了不少图书馆、艺廊及书店参与。亚利桑那州的一家图书馆,更在第 2 届吃书节时举办竞赛,从儿童、青少年及成年三组中选出各种佳作。2004 年已有十四个国家的人士,在自己的居住地欢度第 4 届国际吃书节。

"愚人节"里的"吃书节"

把"吃书节"订在愚人节这一天,自然是带有幽默与趣味色彩的。观看网络上的档案照片,参与者的创意与巧思确实令人赞叹。有别于以纸本、油墨为原料的传统书籍,历届吃书节的成品运用了广泛的素材:巧克力、糖霜、奶油、吉士、海苔、土司、饼干、糖果、蛋、果冻、鱼子酱、通心面、各色水果与蔬菜。这些烹调精美的"书",其实也可以被视为"书籍艺术"的另类展现。若非因为它们不能长期保存,还实在让人舍不得将它们肢解后吞下肚去。但也正因为它们的可食性,"书"的定义又变得更广了。人类与书的关系,更扩及到味觉的接触。我们可以用味蕾来品尝它们的酸甜苦辣咸。一本书在如此情境下消逝,不仅不是一首悲伤的挽歌,反而成了一则美丽的回忆。

每个人或多或少都有些恋物癖。许多书痴对于实体书的爱恋,不仅止于书籍内容所传递出的形而上意涵。事实上,他们对于书籍的形体本身,乃至因书而可能引起的所

"哥伦比亚学院芝加哥书与纸艺术中心"的成员,从第一届的"国际吃书节"开始,就积极参与这项有趣的活动,他们的参与,成为这项幽默活动的最大动力之一。*Photo by Paul R. Heydenburg*

有相关意念与事物,无不抱持有高度的兴致。他们希望以各种方式和书籍产生亲密的关系,这种关系甚至可以强烈到主导了恋物者的生活方向。

格里纳韦的另一部电影《枕边书》(*The Pillow Book*),就把这种恋物情结做了淋漓地诠释。片中那位自小崇敬书写的女孩,迷恋文字、书法,迷恋纸页、墨汁的气味与触感。这些元素若能同时在人体呈现,更加能够引起她的快感。为了追逐这份快感,她刻意寻觅具有合适肤质的人体来书写,最终竟完成十三本书——这世上真就有这样一类的爱书人,他们永远不放弃探索书的任何可能性。对他们而言,纸张、食物,乃至肌肤,全都可以化成书页。关于书籍世界的想象,也因此而更无穷无尽了。

初稿发表于 2003 年 4 月

Note

"国际吃书节"的发起人朱迪思·霍夫伯格女士于 2009 年初去世,但每年 4 月 1 日前后,世界各地还是有不少人以实际行动做"书食"(或"食书")来庆祝这个节日。网站上除了纪念霍夫伯格女士外,也向出生于 4 月 1 日的法国美食(作)家 Jean Anthelme Brillat-Savarin(1755~1826)致意。

== INFORMATION ==

国际吃书节
International Edible Book Festival
www.books2eat.com

CHAPTER 7
Putnam Rolling Ladder Company
百年老店造书梯

古罗马哲人西塞罗曾说："没有书籍的房间，就像没有灵魂的肉体。"然而，贪心如我者，一个充满书籍的房间，还必得包括一个普特南打造的书梯，才真正称得上完美无憾。

普特南滑梯公司创立于 1905 年，是一家道地的百年老店。

出国旅行我总喜欢去逛书店，特别是寻找一些有特色的个性或主题书店。逛书店对我而言，不仅是一种兴趣，也已经成为工作与生活中密不可分的一部分了。除了书店以外，一些著名的图书馆也是我常常出没的场所。在我造访的过程中，经常发现不少大型书架前，都有一种木制或铝制的活动爬梯，可以沿着固定的轨道左右移动，以方便上上下下取书。

记不得有多少次，我爬上书梯，在书架最上层寻找宝藏。当我由上往下望时，一方面有居高临下之感，另一方面又觉得身陷书海中，人显得极为渺小。它既能带领我到知识的顶端，也能使我觉得谦卑。对于这种书梯，我一直有着某种难以言喻的特殊情感，就如同孩童迷恋溜滑梯一般。因此，当我从一本外文书中，得知美国纽约市有一家专门打造这类书梯的公司后，立即就找机会登门拜访。

传承近百年的纽约老铺

普特南滑梯公司（Putnam Rolling Ladder Company）以制造各种类型的梯子而闻名于世。其中开发最早且最为著名的，莫过于被编为"普特南一号"、前面所描述的那

种木制书梯——如果在底部金属脚架上看到一个英文缩写字母P，那就准是出自普特南的杰作了。

已有近百年历史的普特南公司，位于霍华德街（Howard Street）32号，与曼哈顿的中国城只有一街之隔。1905年由塞缪尔·普特南（Samuel Putnam）创立，自1930年代搬迁至此后，就一直不曾再变动过，现在已成为苏荷区的一个地标了。现今公司产品的样式，几乎都是在普特南时代研发设计出来的。1946年，普特南因年迈而将公司转卖给一位资深女职员卡罗琳·雷姆（Caroline Rehm），目前的经营者则是她的侄子与侄孙华伦·蒙斯与格雷格·蒙斯（Warren Monsees & Gregg Monsees）父子档。华伦名义上为董事长，年轻一代的格雷格其实早已子

在高挑的书店内，若想充分利用空间，由天花板到地板摆满书架，非得仰赖可以来来回回滑动的书梯才行。图中所见是位于北加州帕洛奥图市爱默生路536号（536 Emerson St, Palo Alto）的"贝尔书店"（Bell's Books），以卖古旧书为主。

百年老店造书梯 | 081

位于纽约市苏荷区的百年老店普特南滑梯公司，已成为当地的地标。

普特南公司专门打造各种类型的梯子，其中最著名的是右图中这款"普特南一号"滑梯。此外，他们也生产不同材质、色泽、尺寸的小梯子。*Photo courtesy of Putnam Rolling Ladder Company*

承父业，成为实际负责人了。

我拜访普特南公司时，正巧碰到格雷格，有幸在他的陪伴下参观了整栋建筑的五个楼层。经由他热心的解说，我大大地开了眼界。原来看似简单的梯子，学问还真是不小呢！单单是梯子的造型，就多得让人目不暇给。可分为活动型、固定式、伸缩型、折叠式、讲坛型等。其他还有一些延伸副产品，像是精巧的脚踏矮凳、图书馆常用的活动推车等；主要材质又可分为木头、钢、铝、玻璃纤维几类。以木头而言，还可分为橡木、枫木、桦木、樱桃木、白杨木与桃花心木等。至于其他的五金配件，则有银、铜、铬钢、黑铁等选择，顾客可以自行决定喜爱的材质、色调的深浅，甚至若想在梯脚的金属部分加些纹饰，也都不成问题。尺寸大小那更是依个别需求而打造了。

除了霍华德街这个办公室、储藏室兼小型工厂外，普特南还有一处工厂位于布鲁克林区，同时生产多样产品，以应付来自各地的众多订单，其外销的国家，远至意大利、德国、日本等。特别是1996年普特南在网络上架设网站之后，每月都会收到不少的询问及订单，有些订单甚至来自遥远的波斯尼亚呢！据格雷格印象所及，他并未接

（左）拥有商学与法学学位的格雷格·蒙斯，曾任职中情局并专门处理间谍案，他现在是普特南的负责人，成为家族企业第三代经营者。

（中、右）在普特南公司里，有一个楼层专放年代久远的古董梯，供需要者租借。另一个楼层内，可以看到工人实际工作状况。

到来自台湾的订单。有趣的是，他倒是从台湾进口了一些供组装用的小配件。

谁需要一个书梯？

　　普特南的顾客，除了诸多的书店、图书馆外，还有很多是个别的家庭。许多中产阶级的欧美人士，往往在自家辟有图书室或书房，其中书架又往往占据整个（或几个）墙面，挑高的屋顶往往又高达三四米以上。在这种情况下，订制一个实用、坚固又美观的书梯确实极为必要。此外，某些空间必须向上发展的商店，如服饰店、酒窖、鞋店或是仓储等，也都是普特南的重要顾客群。虽然普特南以制作书梯著称，最有名的一号书梯平均每个月售出四百个之多，不过，令人惊讶的是，其最大的单一买主并非与书相关的行业，而是AT&T（美国电话与电报公司）——为了掌控众多高悬低挂的电话线路，AT&T 针对自己的特殊需求，向普特南订制了大批所谓的"电话阶梯"。

　　剧场也经常使用普特南的梯子，或是用于工作，或是用于表演中。有些剧场设计者喜欢使用具有历史古味的梯

许多空间向上发展的处所也需要类似滑梯的辅助,位于旧金山市区内的"布莱特丝布料店"(Britex Fabrics),便以滑梯来查点、取用堆积如山的布料。

子,普特南也可以出售或出租古董梯子。该公司有一个楼层,就是专门存放年代久远的梯子。有些甚至可以远溯到1920年代以前呢!接掌这个企业已历经三代的蒙斯家族,不仅保有过往的古董梯子,以及传统的好手艺,就连名号也不打算更换。格雷格甚至还继续使用普特南当时的办公室,墙上也始终高挂着这位创办人的照片。其念旧之情真是叫人感动!

家族事业,后继有人

布满形形色色梯子的建筑物在昏暗中散发出浓浓的古意,格雷格的敏捷与帅气,却为这个看似古老的行业注入

普特南一号滑梯可能出现的场景，还包括酒窖之中。*Photo courtesy of Putnam Rolling Ladder Company*

念旧的格雷格依然使用公司创办人塞缪尔·普特南使用过的办公室，连墙上也挂着普特南的照片。

了一股生命力。他完全没有一般刻板印象中工匠所具有的粗犷木讷，反倒流露着温文儒雅的气质。这让我一时联想起美国知名的男影星哈里森·福特，饶具书卷气的哈里森·福特在成为巨星之前，原就是个爱做木工的工匠。

当我和格雷格闲聊起来之后，方才知道他的背景极为有趣。原来他并非打一开始就有继承衣钵的念头。事实上，在他就学时期，连暑假都不曾在这儿打过工，家人也总是鼓励他自行发展。毕业自宾州大学（University of Pennsylvania）的沃尔顿商学院（The Wharton School，美国最知名的企管学院之一，与哈佛大学的企管学院齐名）并拥有法学学位的格雷格，有着颇为辉煌的就业历史。他曾在华盛顿特区执业，襄助过大法官，也曾在福特与卡特

阵营中服务，最后还进了"中央情报局"，在法务部门工作了四年，专门处理间谍案等事务。直到 1980 年，他才开始进入这个家族企业。

了解他这一连串令人炫目的经历之后，我忍不住问他，为什么会在职业上做出如此巨大的转变？他一手握着书梯，微笑地表示，当他刚开始查办一些案子时，能知道一些不为人所知的秘密，的确是很刺激，但是过了一阵子，也就麻木了。特别是他以前的工作，总是在处理文件及抽象的事务，但他发现，自己其实是喜爱触摸具象、有质感的实体，这会给他一种踏实感。另外，能把他的管理长才应用在延续传统的家族事业上，也让他觉得很有成就感。从他愉悦的神情里，我可以感受到一个热爱自己职业的人的骄傲与满足。

记不得有多少次，我爬上书梯，在书架最上层寻找宝藏。当我由上往下望时，一方面有居高临下之感，另一方面又觉得身陷书海中，人显得极为渺小。它既能带领我到知识的顶端，也能使我觉得谦卑。对于这种书梯，我一直有着某种难以言喻的特殊情感，就如同孩童迷恋溜滑梯一般。

完美的书房

当我与格雷格道别之前，特别请他替我粗略地估算，一个八尺十一寸高（约 270 厘米）的一号书梯的造价：樱

典雅的三层小书梯手工细腻,甚至像是一件艺术品,让人不忍有些舍不得踩上去。

桃木材质、外带一些配件,林林总总算起来近一千美元。我目前的书房虽已有一整面书墙,碍于地形之限,书架高度仅二米左右,两脚一蹬、手一伸,就可触及书架最上层,根本不需要书梯。但我长久以来的一个梦想,就是希望能拥有一间宽敞、高挑的大书房,两三面墙围绕着密密实实的书架,以便容纳我那些四处辛苦搜寻来的书册。古罗马哲人西塞罗(Marcus Tullius Cicero)曾说:"没有书籍的房间,就像没有灵魂的肉体。"我非常同意他的说法。然

想一想,这张照片如果少了中间那个书梯,气氛是不是会大打折扣?

而,贪心如我者,一个充满书籍的房间,还必得包括一个普特南打造的书梯,才真正称得上完美无憾——在这个梦想成真之前,所幸我还是能在一些书店、图书馆中,不时与普特南的书梯相遇。

初稿发表于 1998 年 7 月

── **INFORMATION** ──

普特南滑梯公司
Putnam Rolling Ladder Company
32 Howard Street, New York,
NY 10013, USA
TEL 1-212-226-5147
www.putnamrollingladder.com

CHAPTER 8
My Bookshelves
书架与我

等哪天墙面用尽,或是找书耐心磨光之后,我或许也只好狠下心肠,严格限定收藏三千本书,一旦超买一本新书就得从旧书中找一本最不需要的丢弃。只不过对我而言,那肯定还得历经一番天人交战。

　　一个爱书、藏书的人,多半也会希望有好书架相匹配。书少的时候,这可能不是个问题。但是,当书多到某种程度、空间又有限时,要找到合适的书架,却像是寻觅理想伴侣般的困难。这样的类比绝无夸张之嫌,相信和我有着一样曲折经验的人,绝不在少数。

　　我生命中第一个较正式的书架,是小学时,父母请人在我卧室中,依着墙面用蓝色角钢搭出骨架,再加上长条木板而成的。在那个物资不甚丰富的年代,看起来还挺摩登的。那七层的开放书架,早先稀稀疏疏地躺着亚森·罗苹、福尔摩斯;初中时加入了曹雪芹、施耐庵、徐志摩、泰戈尔;高中以后又挤进尼采、加缪、屠格涅夫、陀思妥耶夫斯基。书与日俱增,人也一天天成长。这种角钢书架,简单实用,也不需费心保养清理。但那时住在花莲,地震频仍。每次一有地震,我就心惊胆跳、冷汗直流,深怕书架解体,自己会被压在一堆书本与肢解的钢铁当中。

　　上了大学后,在台北多了一个家。这回是请手艺精良的工匠,打造出扎扎实实的木质书架,表层贴上枫木皮,最后再打磨、上亮漆。在泛着温润光泽的暗红书架上,除了诗歌、散文、小说类的文学书之外,最大一部分是和自

正如书的尺寸相异,书架可以大,也可以小。图中的小小书架最高不超过30厘米,存放的是袖珍迷你书。

己所学息息相关的哲学书籍。当书架空间都被填满时,我也离开台湾,到异域继续求学。那几年漂泊生涯里,疲于应付课业,所阅读的书,几乎全都借自校园图书馆。因为研究生身份,借书数量没有限制,经常抱一大堆书回到住所。然而,书籍来来去去,却引发不起丝毫的归属感,借来的书往往就一沓沓堆在地板上。即使要读些闲书,也是到图书馆信手取来,趴在舒服的沙发上翻阅。有好几年,学校图书馆的书架竟成了我在异乡的书架。

回到台湾几年后,因为工作、兴趣的影响,开始发展出小小的藏书方向。我喜欢收集西方"有关书的书"(books about books),也因为写作需要,不断累积从世界各地报章杂志与网络中收集而来的参考资料,加上旅途

每个爱书人的"室内活动",一定与书架脱不了关系。到底要用什么颜色、材质或造型,到底架上的书要怎样分类、排列与管理,这些问题永远是爱书人最甜蜜的负担。

中所拍摄的数百卷幻灯片、照片。新欢加旧爱，不仅在我的房间中挤成一团，也侵占了家人的公共空间。最后在一片抗议声浪中，我当然只得自立门户了。

为书架伤透脑筋

原则上，我是个极简主义偏好者，家中的东西能少则少，橱柜之类的大件更是能省则省。太多的家具与繁复的设计都让我有沉重的压迫感。因此，新居装潢并不复杂，但是书房中的书架，却是怎么也不能免。为此，我几乎伤透脑筋。

一开始，我打算到店里买现成的活动书柜。在走遍大小家具店后，我却发现既有书柜或书架，若非设计俗丽，就是尺寸不合需求，无法达到有效利用空间的目的。再不然，就是材质欠佳。有些活动层板厚度仅有1.5厘米，长度却超过60厘米。摆满精装本的厚书，肯定过不了多久，层板中央就会呈现下凹的弧状。更让人不解的是，这些书架的深度大约都在25厘米~28厘米。以现今一般书15厘米的宽度来估，实在太深了。若想前后放两排，深度却又不够。有些甚至连层板高度都已固定，无法调整。这样一来，利用价值就更大打折扣。我猜这些设计书架或书柜的人，大概都不是藏书的人。

我的一位朋友戴维森（Davidson）及他的伴侣都是爱书人，两人所住的旧金山一栋两层楼维多利亚式建筑，屋里处处都看得到书，就连厨房酒柜下，都不忘摆放有关巴黎咖啡座的书作为装饰。最让人称羡的是环绕餐厅的两整面书架，轨道才刚装好，不久后将放上我所喜欢的书梯。

如此蹉跎了甚久，家中一切早已井然有序，所有的书籍、档案却还埋在一个个搬运用的厚纸箱中不见天日。不明就里的人还以为我正打包要搬迁，真的是诸事皆备，只欠书架！几经波折，我决定还是自行设计出一个书架与书橱的混合体。上层采开架式，放书为主；下层加上门板，里面的主角是分门别类的档案资料。接着，便手拿设计图委请组合家具公司制作——他们不像传统木匠，无需带着大批工具、材料进驻家中，然后灰头土脸忙上几个礼拜，电钻、电锯和铁锤发出震天价响的噪音，搞得自己与左邻右舍神经衰竭。

组合家具的好处在于施工快速，板材在工厂中已先裁切完毕。该打孔钻洞的地方，早一并处理好了。工人只需

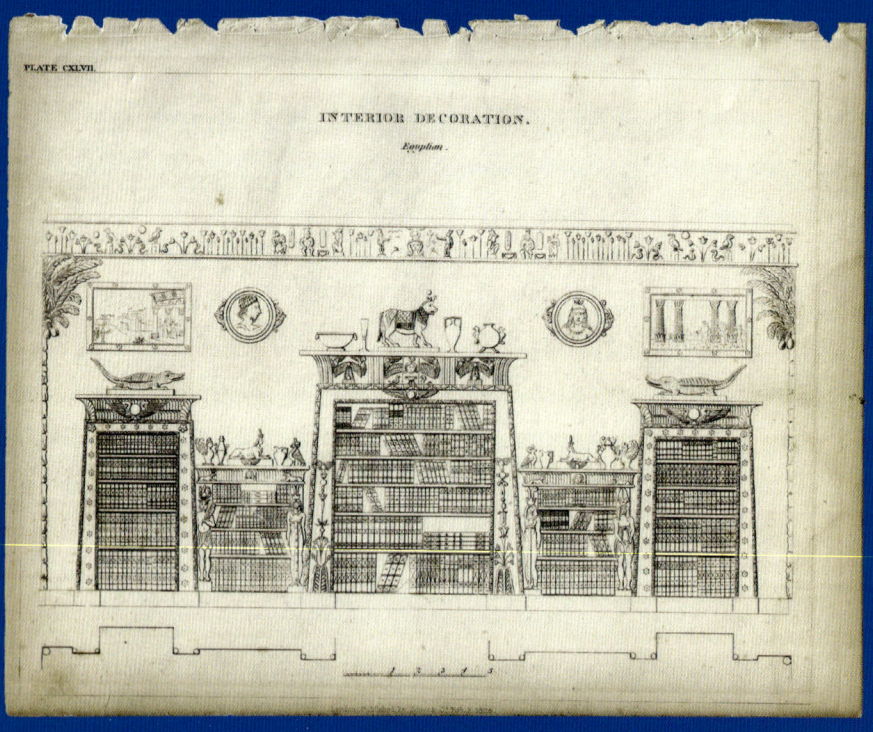

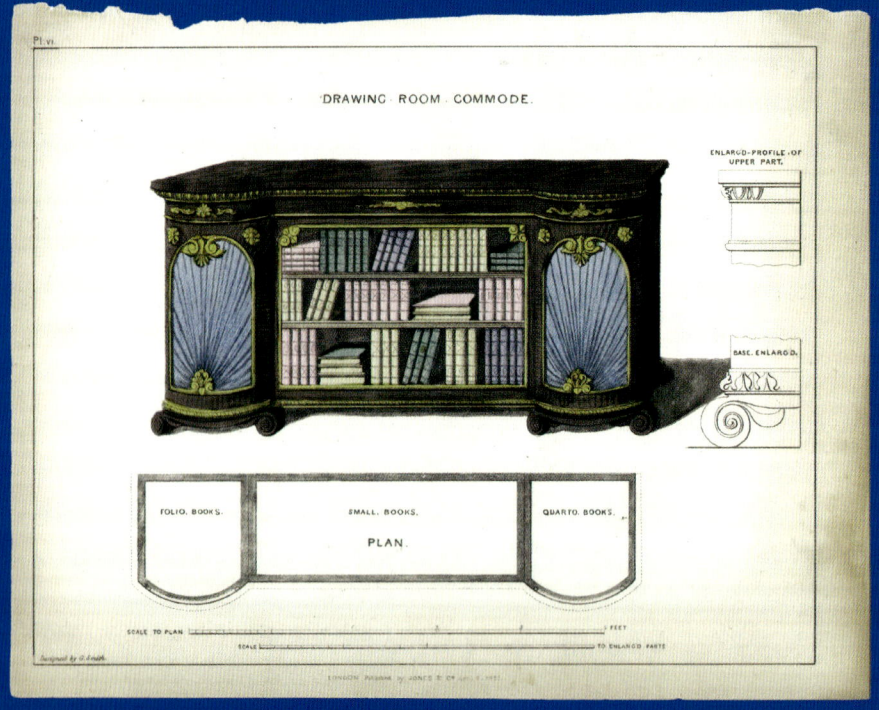

上下两页版画来自于1826年出版的《橱柜师与装潢师指南》（*The Cabinet-Maker and Upholsterer's Guide*）一书。作者乔治·史密斯（George Smith）是英国皇室指定任用的室内装潢师与家具制图师。上面那张是埃及风格书柜的设计图；下面那张手工上色的书柜设计图，可以看出是史密斯为了照顾不同尺寸的书而设计的，左边门柜是放对开本（folio）的大册书，右边门柜放四开本（quarto）的中型书，中间开放柜则存放一般小开本书。

书架可以摩登,也可以朴素,更可以有许多不同的造型与材质。页面中这两款书架是我许多年前初访德国法兰克福时,同一天内在两家不同的书店所拍摄的。当我在某家书店的橱窗瞥见左图中这款简单得不能再简单的木条书架时,一开始几乎没有意识到书架的存在,因为我的注意力完全集中在那三本卡夫卡的书上面。下图那款十分具现代感、金属制的书架,则是让我乍看之下,被它特殊的弯曲弧形状给吸引,反而忘了书的存在。

到现场组装,一个工作日就可以大功告成。话虽如此,承接这小案子的老板却被我弄得战战兢兢。一般的业主,多半是挑挑颜色,按着目录上的样品下订单。我却巨细靡遗地列出深度若干、活动层板几块、门把位置等等要求,偏偏我希望的深度与宽度,又不属于既有的标准尺寸规格,还得以机器特别裁切。预算当然也要往上追加。但这一切的辛苦总算有了代价。一座350厘米宽的纯白雅致书架兼书橱,终于在工人小心翼翼的组合下,在书房中具体成型了。只不过空荡荡的架柜,还彷如是一个干涸的河床般无精打采。

书架利用学问大

之后,我又花了三四天的功夫,反复调整书架层板高度,再如同陶侃搬砖那样,来来回回把书放上放下放左放右,试着以多种排列组合来摆置。主要为的是有效利用空间,且找出陈列上的逻辑,以便利日后找书。至于视觉上的审美效果,自然也得列入考虑。我发现要顾及这些因素,而把书全部送上架,真是另一件浩大且复杂的工程。杜威的"十进位图书分类法"肯定不是一般人办得到的。即便拥有这项本事,其结果大概也不符合一般私人藏书的需求或偏好。

客厅这座 350 厘米宽、36 厘米深的书架兼书橱，上面除了摆着自己阅读、参考的书籍以外，还放了一些历年来的小收藏，其中有亲朋好友送的蜡烛、烛台、书签与花瓶，有书商送的礼物与玩具，有从国外美术馆带回的马蒂斯（Henri Matisse）复制画，有在古书展买的一张 15 世纪羊皮纸手抄书页，还有一位美术设计师刘泰隆赠与的法国服装设计师可可·香奈儿（Coco Chanel）的水彩人像画，那是上世纪我为台湾一家出版社策划香奈儿传记时，他为那书的封面亲绘的设计图；泰隆也是我第一本书《书店风景》初版的美术设计，可惜如此有才气之人，竟只在世间存活四十余载。一个书架不仅收纳了各种书籍，也承载了诸多的人生故事，每回看到自己的书架，心中总闪出一句英文——"My bookshelf is my self"。

我最后归结出自己对书的分类，其实是交错地使用了主题、高度、作者、年代和语言类别这几个大原则。书籍的颜色与厚薄也会列入考虑，比方说，我尽量不让同样颜色的书脊靠在一块，如此较容易辨识每一本书。另外，在同一格架上，我通常会把较薄的书往两旁摆，让较厚的书朝中央放。大开本的精装本厚书则采水平方式叠放在最底层。不要问我为什么？就是觉得书这么摆比较顺眼罢了。或许有人认为这种做法真是小题大作，然而，当我在一本由美国杜克大学土木工程教授亨利·彼德罗斯基（Henry Petroski）所撰写关于书架演进史的书《书架》（The Book on the Bookshelf）中，读到他观察一般人书架的书籍排列法，竟然可以归纳出二十五种以上的分类之后，就此觉得自己的行为，其实并不算太诡异！

话说我让书籍各就各位之后，便发现书架的空间所剩不多。好在我当初设计的深度是 36 厘米，一般大小的书还可以前后两排摆。然而，躲藏在后排的书日益增多，却也成了被打入冷宫的妃嫔。日子一久，很容易就忘了它

当初设计台湾书房的书架时,所有人都主张原木色、深色最好整理。我才不管什么浅色怕脏的说法,白色是我的最爱,即使是书架,也不能例外。

们的存在。有时想要找一本书,竟得玩起押宝游戏:把某格前排的书抽出,希望后面正好就有要的那一本。偏偏这个机率并不大,为了追踪一本书,往往耗时甚久。以小说《玫瑰的名字》、《傅科摆》扬名世界的意大利符号学家安伯托·艾柯(Umberto Eco)以不少版税买了大量的书,他也曾在书架前后并排书籍,也饱受书籍下落不明之苦。有一次,他在拥书三万册的米兰新居接待一位爱书的采访者时,兴奋地要来客把书抽出来看,后面竟空空如也——这回书架深度只够放一排,艾柯得意地说:"No more guessing!"(不必再猜了!)

　　由于空间限制,我即便拥有三万册书,也不可能像艾柯一样,把所有的书沿着家中墙面一字排开。所以日后我在客厅的第二座书架兼书橱的深度,还是比照前一座办理:36厘米、前后两排放书,某些书也只得继续过着"见不得人"的日子了。而今,这面350厘米宽的书墙又快满溢,要不了多久,我的第三期工程大概就得锁定餐厅那片400厘米的墙面了。等哪天墙面用尽,或是找书耐心磨光之后,我或许也只好狠下心肠,效法17世纪英国日记体文学家塞缪尔·佩皮斯(Samuel Pepys)的做法,那就是严格限定收藏三千本书,一旦超买一本新书,就得从旧书中找一本最不需要的丢弃。只不过对我而言,那肯定还得历经一番天人交战,到底哪一本才该丢呢?

　　　　　　　　　　初稿发表于2000年11月

记得与母亲在店中看到这只中空的木雕天鹅时,两人都极喜爱,她立刻鼓励我买下,在里面摆个盆栽什么的,我的第一反应却和她大不相同。如今这只天鹅已成了我家搁置休闲杂志的最佳器皿了。

CHAPTER 9
For the Love of Libraries
图书馆之爱

当火车到站时,我将双眼缓缓……缓缓张开,望着手中的书,庆幸自己重返光明。是的,天堂当如图书馆一般,在那里,我们无需假借他人的手与眼,可以亲自翻阅喜爱的书籍。

也许是浑浊的空气,也许是紊乱的交通,也许是刺耳的噪音,也许根本就是因为懒。在台湾,我几乎足不出户,成了一个茧(简)居族。家里永远有整理不完的档案资料、读不完的书籍杂志,实在没有什么太大的诱因让我在外头流连。

现代人对于免费的公共图书馆已视为当然,然而在西方,早期图书馆若非私人所有,就是仅限于达官贵人才能使用。直到18世纪后,所谓的"流通图书馆"(circulating library)才开始盛行。流通图书馆指的是一些商行提供书籍在读者间流通阅读,但读者必须缴相当高的会员费,很类似现今的租书店。画面中这张19世纪的图画,标题就是"流通图书馆",那个全身上下由书构成的女人,象征着书籍会走动。

这张版画最早出现于1857年5月的《伦敦新闻画刊》（Illustrated London News），大英图书馆（The British Library）的著名圆顶阅览室，历年来服务过众多名人，例如马克思、孙中山、肖伯纳等。

宁可阅读，不愿开车

但是，每周四，我固定会到一所外县市的大学教书。我先得由住所搭计程车到台北车站，再乘火车到目的地。在车上的来回时间约莫两个半小时。对我而言，这每星期四的出走，就像小孩要出门去远足一般。只不过前一天晚上，我所准备的，不是放在背包内的糖果、饼干或电子游乐器，而是一些精神食粮。我会从书架上仔仔细细挑选几本不太厚的平装书放到公文包里，以便第二天搭车时能阅读。除此以外，我每次出门前，一定顺手再带几本杂志在身上。在这南下北上的旅程中，我不知翻阅完毕多少本书和杂志。

很多人总认为这整个过程真是太麻烦了，开车不是比较方便吗？错、错、错，开车得全神贯注，双眼与手足都

大型图书馆经常举办各种阅读活动、主题展览，以吸引更多人利用图书馆，图为旧金山图书馆为招徕民众的活动布招。

美国国会图书馆有三个主建筑,其中要以完成于1897年的汤马斯·杰弗逊馆(Thomas Jefferson Building)最为华丽壮观,全馆走意大利文艺复兴风格,以白色大理石为材质。宏伟的大厅共有二十座雕塑、二十三幅壁画。即使你对书没有兴趣,我相信你也会觉得到此一游是件赏心悦目的事。

要用上,稍一闪神就可能出车祸;高速公路动不动就塞车,耗损的时间往往比搭乘火车还多出许多。而且,开车时也无法享受一边阅读的乐趣,怎么说都不是好主意。更何况我这个百分之九十的茧居族,早已发誓不加入台北市的有车阶级。

没有图书馆,很难活下去

教书的主要目的之一,老实说,是为了能接近学校的图书馆。我的一位德国书商朋友总是说他退休后,一定会从大城市搬到小镇去隐居,但前提是这小镇非得要有所好的大学与图书馆供他利用,否则他会活不下去。我完全能理解他的心情。欧美一些藏书丰富的大学图书馆许多都开放给社区民众,书籍也都可以外借,所以他的渴求应该不难达成。

台湾的公共图书馆虽然并不算少,但是比较有规模、藏书兼具普及与学术性的,大概也就只有"国家图书馆"了。然而,这里大部分的书籍都放在不对外开放的书库之中,借书得先查询目录、填单,再交给服务人员索书。碰到假日人多时,光是等书可能就得耗去半个多小时。即使书拿到手,也只能在馆内参考,无法带回家阅读。至于许多大学图书馆,若非学校师生,根本就不能借阅,有些甚

至连进去参观都不成,真教人为之气结。还好现在一些大学已经渐渐摆脱封建作风,开始建立"图书馆之友"的制度,只要缴纳一些保证金,校外人士也可以享用图书馆的服务。

我可以、也乐于大隐于市,但无论如何,不时到大学图书馆走走,却是生命中不可免的瘾头。走在一排排书架中,心中总是混杂着既渺小又伟大的情绪。身处知识丛林里,任何个体当然都不免自觉渺小。然而,我们却也拥有主动权,可以在书海中遴选我们想看的书,把不想看的书甩到一边去。我们可以对书籍行使专制的评断,理直气壮地对它们说:"我要!"或"我不要!"如此既谦卑又霸气的复杂心态,总让我心悸不已。即使到国外旅行,我选

多年以前我参观美国国会图书馆时,从汤马斯·杰弗逊馆的总阅览室最上层往下拍了这么张照片,虽说隔着玻璃窗,手边又没广角镜头,无法展现圆形阅览区的宏伟气势,但小小一个画面,还是能一窥图书馆之美。

位于纽约市第五大道上的纽约市立图书馆总馆,虽然只是一间市立图书馆,但其馆藏与建筑的气派,完全属于国际级。该图书馆因为成为热门电影《末日浩劫》(*The Day after Tomorrow*)的主要场景,知名度又跟着增加不少。

择栖息地的考虑因素之一,还是附近得要有可资利用的公共图书馆或大学图书馆。我也因此而累积了不少的借书证(library cards)。

到书店不也一样吗?

或许有人会说,到书店不也一样吗?不、不、不,绝对不一样!我当然是书店的爱好者,甚至还疯狂地以此为主题写了书。但是图书馆自有其不可取代的独特性。许多时候,书店不免过度商业导向,橱窗、平台、立架这些重点展示区,不少是出版社以压低折扣争取而来的地盘。许多书又媚俗得可以,使人看了很倒胃。在图书馆中,所有的书都被一视同仁看待,大家安安静静地立在一层层的架上,书脊挨书脊靠着。读者所受到的干扰反而少,选书时也需较大的自主性。此外,在浏览的过程中,我们也可以由书籍被摩搓的状况与后面的借阅记录来判断哪些书受人欢迎,哪些乏人问津?这其实也是个观察阅读生态的有趣指标。

另外,在台湾逛书店,非得具备超人的体力,才能有本事一站几小时还继续享有阅读之乐。目前多数装潢新颖、气氛绝佳的书店,虽说模仿了西方超级连锁书店的

母亲伴随孩子阅读,是帮助他们成长的最佳方法。这不仅是纽约市立图书馆总馆其中一幅壁画的主题,也是一般图书馆儿童阅览区中经常看得到的温馨画面。

大部分经营模式,但是最重要的一点却没有跟进,那就是提供方便顾客阅读的桌椅。在美国呆过的人,大概少有不怀念"博得"(Borders)、"邦斯与诺博"(Barnes & Noble)这两家连锁书店。确切地说,是怀念店中散置的舒适桌椅。至于一些小型的独立书店,就算装潢素朴,往往也都在角落摆着几张软绵绵的沙发诱你入座。每回看到这个景象,我总是感动莫名。不知是不是被西方的书店给宠坏了,老觉得台湾多数的书店不管装潢多美,就是少了一份亲切感。无论是哪一种书店,似乎它们都还是个营利单位,如果东翻翻、西看看,最后一本也没买就走出店,心中总好像夹有一丝歉疚感。

有些人收集电话卡、捷运卡、游戏卡，有些人收集信用卡、贵宾卡，我以收集 library cards 为乐。

美国北加州某个小镇梅娄公园（Menlo Park）公共图书馆入口处的彩色镶嵌玻璃，绘着孩童在大自然美景下阅读的愉快画面。

但是在图书馆看书可就不同了。无可否认的，与书店相较，图书馆的特殊魅力在于它的开放性。你可以把一堆书摊在大桌上，悠闲地翘着二郎腿、在舒适的椅子上坐一下午。最后看不过瘾，还可以把书带回家，一切免费！想来图书馆真是人类最开明的机构。说到这里，有人可能会认为我是个专门看白书的家伙，当属出版业的头号公敌。其实不然，我每年的购书费还是颇惊人。只不过我是属于

104 | For the Love of Libraries

(左)美国芝加哥市立图馆中,摆着猫王普雷斯利入神阅读的巨型海报,用来吸引读者目光。

(右)西方的公共图书馆往往每天都会安排免费的导览行程,帮助来访者了解图书馆的历史、设施与服务项目等,导览解说者多半由义工担任。

理智型的文化消费者,对于自认没有参考价值、或是放在书架上会让人汗颜的书,我是万万不会冲动买下。偏偏有些书就像鸡肋,食之无味、弃之可惜。在空间与金钱有限的情况下,难道得全部买回家不成?图书馆的存在,解决了我这方面的困境。

天堂将如同图书馆一般

坐在图书馆时,我的脑海中经常会浮现当代阿根廷最有名的魔幻写实作家豪尔赫·路易斯·博尔赫斯(Jorge Luis Borges,1899~1986)曾说过的一句话:"我总是想象天堂将如同图书馆一般。"这句话不仅反映了许多爱书人的心情,由博尔赫斯说出来,更令人动容。

通晓数种语言、博览群籍的博尔赫斯,因家族遗传之故,视力一直不佳。他曾于1936年到1946年间,担任布宜诺斯艾利斯郊区图书馆的馆员,1955年成了国立图书馆的馆长,任期达十八年之久。但是他在接掌这项职务时,眼睛已无法阅读。他曾表示,上帝在赐给他图书馆八十万册书的同时,也赐给了他永无止尽的黑暗,世间还有什么比这更讽刺的呢?

然而,作家并没有因此停顿读书、写书的生涯。他从

图书馆的特殊魅力在于它的开放性。你可以在馆内翻阅一整天的书,最后看不过瘾,还可以把书带回家,一切免费!真是人类最开明的机构。

那年开始,精读古英文,又一方面央求老母亲与亲友替他念书。他的一位甥侄后辈甚至努力学习德文发音,以便为他大声朗读德文书。他眯紧眼睛、聚精会神地用耳聆听,仿佛要将那些字句深深地刻印在脑中。眼盲虽然让他无法再写长篇文章,但也迫使他训练自己,以扼要的方式口述出结构精炼的短文与诗篇,由众人轮流抄写下来。

接近书籍是人类不变的渴求

每个星期四,当我从学校返家时,在已经颇为沉重的公文包中,一定又加上几本刚从图书馆中借来的书。有时我并不急着打开阅读,我会靠在火车的座椅上轻闭双眼,让自己暂时失明,心中盘旋着博尔赫斯的一段话:

当一个人不能阅读时,他的心灵状态也不同。无法阅读,事实上有某些好处。当我还有视力时,若是我得花上半小时不做任何事,我会发疯。因为我必须阅读。但是现

在我可以一个人独处相当长的时间，我不介意长途的铁路旅程，或是一个人呆在旅馆中，或是在街道上行走。

这段谈话看似达观，却不免予人一抹哀伤与孤寂的感觉。若是有可能选择，我相信博尔赫斯并不会愿意停留在漆黑的世界中。否则，他不会在八十三岁时的一次访谈中，对采访者说到："让我告诉你一个秘密，我依然假装我的眼睛没瞎，我依然买书，我还是不断地往家里添书。我可以感受到书籍友善的吸引力，我并不清楚为什么我相信书籍可能带给我们快乐。"无论处于光明或黑暗，接近书籍都是人类不变的渴求吧！在火车到站时，我将双眼缓缓缓缓缓缓张开，望着手中的书，庆幸自己重返光明。是的，天堂当如图书馆一般，在那里，我们无需假借他人的手与眼，可以亲自翻阅喜爱的书籍。

初稿发表于 2000 年 12 月

每当我走入图书馆，总是会想起博尔赫斯，想起他的那句名言："我总是想象天堂将如图书馆一般。"这句话不仅引起爱书人的共鸣，由他口中说出更是令人感触良多。博尔赫斯的视力向来不佳，1955 年他接掌阿根廷国立图书馆馆长时，已近全盲阶段。本书初版用了张博尔赫斯紧闭着双眼的照片，那是好不容易才取得国际知名的阿根廷摄影师 Eduardo Comesaña 同意，由一本英文书上所翻拍者。Comesaña 先生收到寄去的初版《书天堂》后，即刻向我表示，翻拍照片的影像太模糊了，他很不满意，并允诺提供质量较佳的新影像，供再版时使用。这张新照片是 1972 年 Comesaña 在阿根廷国立图书馆里为博尔赫斯所拍摄。坐在办公桌前的博尔赫斯，两手叠放在拐杖上，无神的双眼朝向远方，在书堆与地球仪的环绕下，散发出一股庄严又沧凉的气味。*Photo courtesy of and copyright by Eduardo Comesaña*

CHAPTER 10
The Charm of Book People
书人的魅力

书人的魅力，或者来自于对书的执着与迷恋，或因为其鲜明的性格印象。但假若没有一个识趣的"伯乐"，用纸、用笔将之记录下来，后人只怕也不容易体会其魅力了。

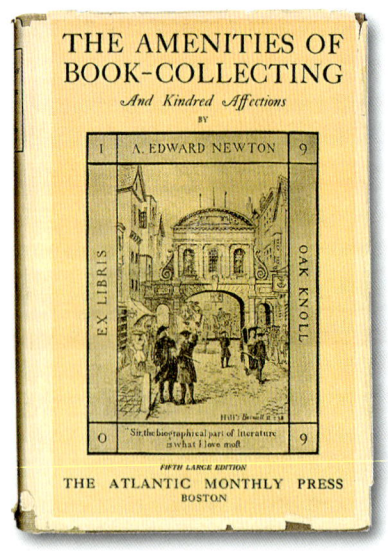

美国藏书家爱德华·纽顿于1918年出版的《集书的乐趣》，无疑是20世纪最著名的"谈书的书"（books about books）之一。作者纽顿不仅让人觉得藏书是一件有意思的事，更让他自己及书中所提到的书人，都变得魅力无边，图为《集书的乐趣》1924年3月第五版的书影。

美国女作家埃丽卡·钟（Erica Jong）说道："当我还是个十岁的小书虫时，曾亲吻书上作者的照片，仿佛他们是偶像般，这些遥远的人竟能引发我去爱，曾经让我感到非常惊异。"埃丽卡不必觉得奇怪，很多人（小书虫或老书虫）其实都有和她儿时相类似的经验，虽然每个人的偶像可能都不一样，也不见得真会去亲吻作者的照片，但是对作家的迷恋或景仰却是极为正常之事。而那遥远的距离往往才是催情剂，它让我们专注于作品本身的引人处，与作者有过度近距离的接触，往往和我们从书中提炼出的作者印象相冲突，只怕我们多半会失望！

早夭的书人

说偶像太沉重，但是我自己的确也有一些心仪的作家，其中一位是美国19世纪末、20世纪初的藏书家爱德华·纽顿（A. Edward Newton，1864~1940）。纽顿吸引我不仅是因为他藏家的身份，最重要的是他把藏书、爱书、和书商打交道的经历都生动地记载下来。他的文字简单、不花哨，却能让人身历其境，读起来通体舒服，想必他的文风受到他所崇仰的英国著名的散文家查尔斯·兰姆

爱德华·纽顿是近代最著名,也最具有魅力的西洋书人之一。他见多识广,收藏丰富。更重要的是,不吝将所见所闻书写成书,与更多人分享。他所写的许多书话集,如今早成为西洋书话经典,为大小书虫所津津捧读。

(Charles Lamb)的影响不小。

　　纽顿的本事还在于他能勾引读者对他书中所描述的人物产生莫大的兴致,我第一次阅读他的成名作《集书的乐趣》(The Amenities of Book-Collecting and Kindred Affections)时,就迷恋上第十三章中所谈到的主角哈里·埃尔金斯·怀德纳(Harry Elkins Widener,1885~1912)。我经常望着书中他那张英挺、发线中分、一脸散发着书卷气兼贵族气的黑白照片出神,此君是1912年泰坦尼克号的殉难者之一。出身美国费城首富之家的怀德纳,为哈佛大学的毕业生,他凭着卓越的天赋与品位,并以家族财富作为后盾,才毕业没几年,就已成了大西洋两岸著名的年轻藏书家,收藏品中包括了爱书人梦寐以求的古登堡《圣经》、1623年首版的莎士比亚对开本全集,以及众多书扉带有名家题献的稀有古书。

纽顿的作品《蝴蝶页》(End Papers: Literary Recreations)的书衣封面上有张木刻画,画中纽顿坐拥自己书房中的收藏,背后是一张出自雷诺兹爵士的约翰逊画像。书人敬书人,这一切都是因为文字的力量。

　　与怀德纳家相熟的纽顿在书中提到,怀德纳于踏上那趟致命之旅要返回美国前,才满心欢喜地从伦敦的古董书店中买了许多珍本书,其中最特别的是1598年出版的英国哲学家弗朗西斯·培根(Francis Bacon)的散文集《随笔》(Essaies),当怀德纳嘱咐店员将他的战利品妥善处理时,曾说道:"我想我将把这本培根小书放在口袋中,若是不

通过文字与图像的媒介,我们的确可能迷恋上一个存活在不同时空下的人。哈里·埃尔金斯·怀德纳就是让我产生这种感觉的书人。左上图的铜版人像画,出自哈佛大学图书馆出版的《建立一座伟大的图书馆》(Building a Great Library)一书,相信这是版画师 G. W. Finlay 依照右边那张怀德纳的黑白照片所制成的。

幸遇上船难,它也会跟随着我。"没料到这句话竟一语成谶,由于救生艇不够,在妇女与小孩优先的政策下,怀德纳最后与父亲遇难,年仅二十七岁。母亲获救后,除了将爱子的所有藏书捐给母校哈佛大学以外,更慷慨地捐了两百万美金,在校园内建了哈里·埃尔金斯·怀德纳纪念图书馆。怀德纳生前曾向纽顿提到,他希望自己未来能与伟大的图书馆相提并论,而非仅仅只被记得是一个优秀的收藏家而已,怀德纳的理想在死后终究得以实现。

这则与书相关的浪漫故事,在纽顿的描述下格外动人,怀德纳聪颖、谦虚,却又带点自负的有为青年形象,更是跃然纸上,我不仅折服于纽顿的文采,更因此而对早夭的怀德纳产生莫名的怜惜,毕竟在这个世界上,虽然不乏富商巨贾,但是对藏书怀抱极大热情、感性又有品位者,实在有如凤毛麟角,这样的男子,即便是存活在另一个时空,又怎么能不让人念想呢?

这是约翰逊的忘年之交包斯维尔的画像,画作完成于 1765 年。包斯维尔时约二十五岁,与约翰逊相识仅两年,他的传记生涯才刚开始。

老少书人搭档

让我印象深刻的另一组老少配书人,是 18 世纪英国文坛最著名的搭档:塞缪尔·约翰逊博士(Dr. Samuel Johnson,1709~1784)与小他三十一岁的詹姆士·包斯维尔(James Boswell,1740~1795)。众所皆知的,约翰逊博士为《英语字典》(*A Dictionary of the English Language*)的编纂者,他以八年的时间,在六个助手的帮忙下,于 1755 年独力完成了这本巨著。在此之前,英国没有一部像样的字典,既有字典在字源、拼字、发音、文法上诸多分歧且

书人的魅力 | 111

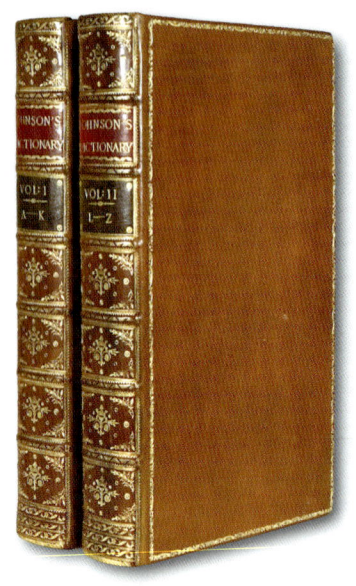 

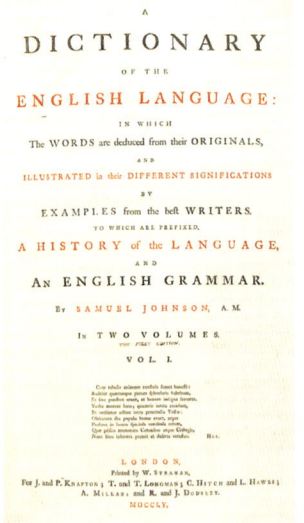

约翰逊博士于1748年至1759年住在伦敦高福广场17号（17 Gough Square）（右图），迁居至此的理由是能接近出版社，以利编纂英语字典。此处现已成历史古迹兼博物馆，是文学迷朝圣的景点之一。左图就是上下两巨册的初版《英语字典》，一般通称为"约翰逊的字典"（Johnson's Dictionary），摩洛哥皮的装帧出自当代英国一流的书籍装帧设计与修复师伯纳·密德顿（Bernard Middleton）；下图为字典的首版书名页。*Courtesy of Sotheran's*

充满错误，直到约翰逊博士这本《英语字典》出现后，才洗刷掉英国上下背负甚久的耻辱。这部字典最让英国人扬眉吐气的是，1694年出版、由法国皇家学院主导的一部法国字典，可是动用了四十位会员分工，历经五十五年时间才完成的！

约翰逊编纂的字典雄霸了英语世界一个半世纪之久，直到1928年《牛津英语大辞典》（*Oxford English Dictionary*）全套出齐为止。他固然因为编纂的字典而享盛名，但是真正使他名垂青史、让世人永志不忘的，却是后生晚辈包斯维尔为他所撰写的《约翰逊传》（*The Life of Samuel Johnson*）。这本书也使包斯维尔跻身为最了不起的传记作家之林，这两个原本一主一从的人物，互相造就了彼此，双双成为历史上的传奇。

热爱伦敦的约翰逊博士曾经说："当一个人厌倦伦敦时，他对人生也就觉得乏味。"仿效这句话，我以为："当《约翰逊传》让人提不起劲时，其他书也无法带给人乐趣。"因此，每当我觉得日子开始有点无聊，特别是想找点笑料调剂调剂时，我最先想到的就是翻阅《约翰逊传》。

书籍一开始提到约翰逊年幼时，有回家中的仆役没来得及放学时赶到学校带领他回家，于是小小约翰逊决

乔舒亚·雷诺兹爵士为好友约翰逊博士所绘的一系列肖像，是使得约翰逊名垂不朽的另一个原因。画面上的约翰逊眼睛直直盯视着双手紧握的书卷，臃肿的脸庞几乎触碰到书页，彷如一位饥渴的书人，恨不得把所见到的每一个字母都吞食入腹。

定自行返家。由于他严重近视，所以得双手、双膝趴下，仔细横量地上的阴沟有多宽，以便冒险越过。当时学校的某位女老师因为担心他走错路，或掉进阴沟，或是被车子撞上，因此尾随在后。谁知小小约翰逊正好转头看到女老师，觉得她的小心关怀有损他的男子气概，于是愤怒地冲向女老师，用尽吃奶力气对她猛打一番。

　　包斯维尔用一件小事，就把约翰逊博士从小自尊心强、脾气火爆的形象做了鲜明的描述，每次看到这一段，我总是联想起《世说新语·忿狷篇》中提到王蓝田忿食鸡子那段暴躁又滑稽的情形，然后忍俊不住哈哈大笑。

　　约翰逊对苏格兰人素有偏见，他在字典中对"燕麦"

包斯维尔撰写的《约翰逊传》，使得约翰逊的言行与个性十分鲜明地活在世人心目中，也让自己跻身一流传记作家之林。这两位原本一从一主的人物，互相造就了彼此，双双成为历史上的传奇。右图所示的右页为1791年出（初）版的《约翰逊传》的书名页，左页的卷头版画是约翰逊的人像图，原画作由约翰逊好友乔舒亚·雷诺兹爵士1756年所绘、包斯维尔收藏。画中的约翰逊为四十七岁，书桌上的书，当然就是他早一年所完成的英语字典，这从书脊上显示的字即可看出。
Courtesy of John Windle Bookseller

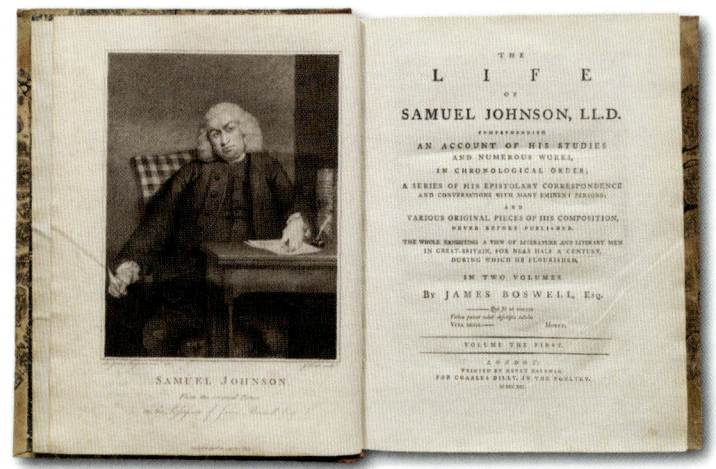

（Oats）这个名词所下的定义是："一种谷物，在英格兰通常是用来喂马，但在苏格兰大约是来养人。"（A grain, which in England is generally given to horses, but in Scotland appears to support the people）此外，他在一次聚会中听完一个苏格兰人盛赞自己故乡的景象是如何如何雄伟后，回答道："但是，先生，让我告诉你，苏格兰人所能看到最雄伟的景象，就是通往英格兰的大道。"（But, Sir, let me tell you, the noblest prospect which a Scotchman ever sees, is the high road that leads him to England!）

极具讽刺性的是，对博士崇敬万分、一心一意想要替他立传的包斯维尔偏偏是道地的苏格兰人。1763年两人初遇的情形着实令人捏把冷汗，还好博士的嘲讽，并未让意志坚定的二十三岁少年郎打退堂鼓。包斯维尔日后不仅得到约翰逊的喜爱，更说服他在六十四岁高龄时，两人结伴同游西苏格兰（约翰逊原本所鄙弃之地）的赫布里底群岛（The Hebrides）三个月，日后并分别写下游记，因而成就文坛另一段佳话。

这一老一少长达二十一年的忘年之交，使得包斯维尔得以近距离的观察、记录约翰逊的一言一行。最难能可贵的是，处处讨好、巴结约翰逊的包斯维尔，并未把《约翰逊传》变成一本歌功颂德的马屁书，更没有将这位拯救民族自尊的英雄写成一个无暇的完人。书中除了展现一位

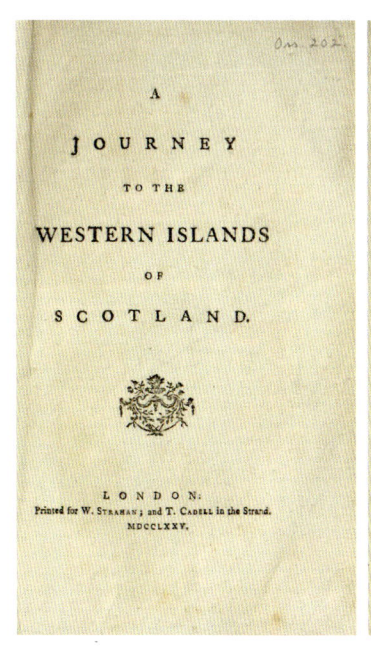 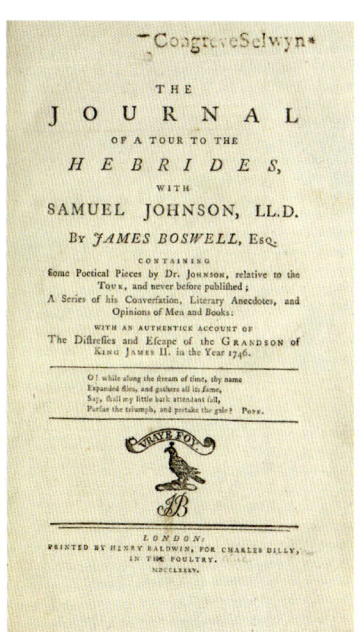

1773 年，六十四岁的约翰逊与三十三岁的包斯维尔二人结伴同游西苏格兰（约翰逊原本所鄙弃之地）的赫布里底群岛（The Hebrides）三个月，日后并分别写下游记，因而成就文坛另一段佳话。约翰逊 1775 年出（初）版了游记 A Journey to the Western Islands of Scotland；包斯维尔十年后（1785 年）则写了 The Journal of a Tour to the Hebrides with Samuel Johnson, LL.D. 左图与右图分别为这两本书的书名页。

文学泰斗博闻强记、机智幽默的一面，也显示出他尖酸刻薄、鲁莽冲动、善妒好强的性格；我们看到巨人不时意气风发、咄咄逼人，不时又拘谨腼腆，甚或忧郁软弱；他可以霸气、无情，也可以宽容、温情。

包斯维尔巨细靡遗地勾勒出约翰逊的多样复杂面向，连邋遢的外貌与不文雅的怪癖也不放过，诸如身材粗壮、举止粗俗，幼年因患淋巴结核以致颜面变形、视觉神经受损（不仅重度近视，而且一眼几乎全瞎）。他头上那顶不合衬的假发老是歪歪斜斜地挂着，衣服经常皱巴巴。此外，他喝橘子汁后，又偷偷把橘子皮兜在口袋的怪异举止。最好笑的是，他读书时总是急急忙忙、狼吞虎咽，在一回宴会上，为了读完一本书，他在用餐时把书用餐巾包好、放在腿上，一边饥渴地阅读，一边不忘介入席间的娱乐。包斯维尔把当时的约翰逊比喻成一只爪子紧握着一块骨头不放的狗，其嘴里同时还咬着其他东西。

流传现今最有名的一张约翰逊博士肖像，是由他的另一位至友乔舒亚·雷诺兹爵士（Sir Joshua Reynolds）所绘者，画面上，戴着假发的约翰逊，眼睛直直地盯着双手紧紧握住的书卷，臃肿的脸庞几乎触碰到书页。雷诺兹的图

书人的魅力 | 115

约翰逊与包斯维尔这一对相差三十一岁的老少配书人，经常成为当时的漫画主角。这张1782年印制、手工上色的版画，题名为 A Chop House，画面是两位主角在餐厅中大快朵颐，而桌前有两只一大一小的狗儿眼巴巴望着他们餐盘的趣味景象，此画原稿是1781年时英国漫画家 Henry William Bunbury 所绘，于约翰逊去世前完成。

（右页）这三张图出自1786年的版画集 Picturesque Beauties of Boswell，描绘约翰逊与包思维尔两人结伴从爱丁堡出发，同游赫布里底群岛的一系列幽默画面，画中老少双雄所呈现的肢体语言极具喜感，让我不禁联想到劳莱与哈台那一对宝。此系列由英国的艺术家山谬·柯林斯（Samuel Collings）设计原图，汤姆斯·罗兰森（Thomas Rowlandson）制作成铜版画。罗兰森除了是版画师，本身也是通俗漫画家，日后出版许多作品，比柯林斯更知名。

像与包斯维尔的文字真是有异曲同工之妙！它们双双勾勒出一个传神的约翰逊，每回我看到其一，就会联想到其二。

多数的传者多半企图与传主保持距离，我们在看传记时，往往不会意识到传者的存在，在《约翰逊传》中，传者包斯维尔却以第一人称的叙述发声，我们无时不听到他的声音，当约翰逊开心时，他是个分享者；当约翰逊孤独时，他是个伴随者；当约翰逊咆哮时，他是个受气包，可以忍受冷嘲热讽，让自尊被踩在伟人的脚下。每回读到包斯维尔为了接近约翰逊而展现的天真、热情与隐忍，我就不得不为他的卖力演出击掌叫好，为我们今日能有幸阅读这本精彩的传记而欣喜称庆！

书人的魅力，有时来自于他对书籍的执着与迷恋，有时来自于其鲜明的性格印象，有时则来自于其文笔的生动。藏书家怀德纳与辞典编纂者约翰逊的音容总不时在我心中浮现，不可否认的，这两位一两百年前的书人之所以留给后人如此鲜明的印象，和他们所流传下来的照片与图像有关，但真正让他们魅力无边的，是以文字将其事迹记录下来的纽顿与包斯维尔这两位执笔的书人。

初稿发表于2004年11月

CHAPTER 11
84, Charing Cross Road
查灵歌斯路 84 号

在读过数十回荷琳与弗兰克的书信后,我只觉得无法用另一种语言来为他们发声。许多时候,时间、空间、语言的相阻,所引发的并非冷淡、遗忘与隔阂,反而可能激起一股更浓烈的思念与怀旧。

以《查灵歌斯路 84 号》一书感动许多读者的女作家荷琳·汉芙。

走过上千家书店,总是有人问我:"哪一家书店最让你印象深刻?"说来可笑,经常在我心头萦绕的是一家不存在的书店,严格地说,应该是一家曾经存在却早已消逝了的英国书店,我虽然拜访过这书店所在的旧址,却终究无缘在 1970 年书店歇业前亲临现场。

对于这家书店的特殊情感,并非是基于"得不到的,才是最好"的心态,而是缘起于一本小书,一本关于这家书店的书《查灵歌斯路 84 号》(*84, Charing Cross Road*),这个别致的书名指的是一家书店的地址,内容主要是由一位美国女作家与英国书商间的往返书信所构成,在英语系的国家里,爱书人少有不识这本书者,它不仅被改编为电视剧、广播剧、舞台剧,最后还被拍成电影。

故事始于 1949 年 10 月,一位在美国纽约市挣扎的三十三岁女作家荷琳·汉芙(Helene Hanff)在一份报纸的广告版上读到一则英国古书店"马克士与科恩书店"(Marks & Co., Bookseller, Co. 在此指的是创办人之一 Cohen 的缩写)刊登的广告,上面写着他们专营绝版书,这段文字引发了她的注意,并去函陈述自己是个穷作家,

却拥有古董书的品位,信中列了张书单并言明每本书若在五美元内,将愿意购买。

书籍已安全抵达

二十天后,荷琳接到书店寄来的几本书及采购经理弗兰克·窦尔(Frank Doel)的信件。荷琳回信一开头就写着:"书籍已安全抵达,史蒂文森是如此的美好,使我橘色的书架相形失色,手捧着软羊皮封面及奶油色的厚纸页,我几乎颤栗,习于美国书死白的纸页及僵硬的纸板封面,我从不知道抚摸一本书竟然可以是如此的享受。"自此荷琳即越洋购书,与弗兰克笔交十九年,两人的书信由冷转热,由疏变亲,彼此的称呼从拘谨的先生、女士演变到直喊弗兰克与荷琳,内容从书扩及工作、生活,最后荷琳与弗兰克及其家人都建立了深厚情谊。

时值二次大战刚结束,英国的物资缺乏,粮食都采取配额限制,每个家庭一星期仅得两盎司的肉、一个月每人只能分到一颗鸡蛋,而对岸的美国却是欣欣向荣,荷琳于是不时透过出口公司订购食物,转送给书店的店员,以回报他们的服务,有一次她甚至央求在伦敦工作的女友悄

《查灵歌斯路84号》一书有多种英文版本,包括英国版、美国版、精装本、平装本以及舞台剧的脚本等。只要看到封面、编排不一样者,我就会买下。所有版本的封面,要属有着两个邮筒加邮戳图片那款最让人印象深刻,英国与美国版的初版都是以此为封面,封底的黑白照片很清楚,可看出是查灵歌斯路84号的"马克士与科恩书店"。

英国伦敦的查灵歌斯路是著名的书街，街上除了连锁书店外，还有多样化的主题书店。其中最吸引我的，则是一些专卖旧书的二手书店及古董书店。

悄地在店中放了礼物，几位店员则私底下偷偷地写信给荷琳，表达他们的谢意——因为弗兰克老觉得与荷琳联络是他个人的专属权利。

这些人性化的温馨情节固然是感人之处，不过真正让爱书人对这本书倾倒的理由，在于阅读时能强烈感受到荷琳对书籍的热爱及独特的见解，她的文笔流畅生动兼具辛辣与幽默感，不时又流露出狂喜与柔情，例如当她收到一本1852年首版的约翰·亨利·纽曼（John Henry Newman）的《大学的理念》（*The Idea of a University*）时回信道："'纽曼'约一个星期前抵达，我才刚刚回过神来，它放在我的桌上一整天。只要停止打字时，我总是伸手去触摸它，并非因为它是首版，而是我从未看过一本如此美的书，拥有它让我隐隐有一丝罪恶感。那发亮的皮革封面与烫金以及美丽的印刷，应属于某个英国乡间房舍内的松木书房，阅读它应该是靠在炉火旁，坐在一个舒适的绅士皮椅上。"

查灵歌斯路因为靠近中国城，所以街上的市立图书馆不仅拥有中文藏书，连招牌也是中英文并存的，由此也可知，"Charing Cross Road"当时在伦敦一般通译为"查灵歌斯路"，故本书均从此译。

　　但当她不满意一本书时，却会激动地写着："这是劳什子的《佩皮斯日记》（Pepys' Diary）？这根本不是他的日记，而是某位好事的编辑自佩皮斯的日记中节录出的惨不忍赌的选集，但愿这家伙去死！"如果她觉得弗兰克太迟处理索求的书时，口气也毫不留情地叫嚣着："别只是闲坐在那儿，快动身去找书，我真搞不懂你们的书店是怎么经营下去的！"

　　弗兰克的笔调则一贯地从容不迫，遣辞用句温文儒雅，典型的英国绅士作风，但是大概受到荷琳的感染吧，

除了《查灵歌斯路84号》以外，荷琳·汉芙还出版过不少其他作品。例如图中最左边那本 The Movers and Shakers : The Young Activists of the Sixties（1970），是探讨关于美国1960年代年轻的激进分子致力于社会改革的活动与其背景。她也写过不少童书，例如《美国早期的移民》（The Early Settlers in America: Jamestown, Plymouth, and Salem, 1965）、《宗教自由：美国的故事》（Religious Freedom: The American Story, 1966）以及《英国女王：伊丽莎白一世的故事》（Queen of England: The Story of Elizabeth I, 1969）等。另外，还有关于她早期在剧场工作时的见闻录 Underfoot in Show Business（1962）。不过她最为人熟知的还是《查》书与其续集 The Duchess of Bloomsbury Street（1976）、Q's Legacy（1985），以及描述纽约市的散文集《纽约来信》（Letter from New York, 1992）、《我眼中的大苹果》（Apple of my Eye，1977）。

最后他的信中也不时闪现出一丝风趣。两人一来一往的机智交锋，令所有对文字与书籍着迷的人都看得过瘾，巴不得自己也有这样的经验。弗兰克的妻子娜拉（Nora）在他去世后，首次与荷琳联络时，就在信中坦诚表达，她对荷琳的写作才华，其实是既羡慕又忌妒，因为弗兰克是如此喜爱阅读她的来信。

荷琳几次计划要去伦敦拜访"她的"书店及弗兰克一伙人，但总因筹不出钱而作罢，1969年1月，她收到书店秘书的来信，告知弗兰克已于去年底因病去世。两个人神交近二十载，却终究不曾会面，荷琳伤心地翻阅存放在鞋盒中的信件时，想到将这场情谊的片段出版，以追悼那段过往的时光。在征求娜拉的同意后，终于在次年秋天出版，旋即引发一阵好评，默默无闻的荷琳·汉芙一夕间在大西洋两岸成名。这也让年过半百的她一偿宿愿，于1971年造访了魂牵梦系多年的伦敦。只不过"马克士与科恩书店"因老陈凋谢而于1970年底结束营业，这本书的出版仿佛成了这家书店的墓志铭。荷琳走进残留着空书架的店中，不禁黯然神伤许久。书店虽已消逝，但是它的地址却

因荷琳与弗兰克的书信集，成了与唐宁街 10 号（英国首相官邸）、贝克街 221 号 B 座（侦探小说人物福尔摩斯在书中的虚构住址）齐名的响亮门号，牢牢地烙印在许多人的心头。

意义何在呢？

1994 年秋天，我初访伦敦，抵达旅店后，立刻卸下行李，接着迫不及待地直奔查灵歌斯路 84 号，我要那里成为我拜访伦敦的第一个目的地，我当然知道梦中的书店

荷琳属于电子时代前的文人，她的书信与作品都是经由这部老式打字机一字一字敲打出来的。*Courtesy of Nina Nordlicht*

（左）我于 1995 年春天再访伦敦，发现查灵歌斯路 84 号的唱片行贴着结束营业的大海报。这让我联想到荷琳近四分之一世纪前，第一次踏入这个建筑物时的惆怅情景。

（右）在空荡荡的唱片行里，赫然发现荷琳·汉芙的作品还摆在架上。

已不存在，但是心中却笃定地揣测那地方至少应该还是家书店。查灵歌斯路是伦敦著名的传统书街。在书街上，且又有如此传奇的历史背景，肯定那儿有其他书店进驻。我私心还希望内部能保持旧有的样貌，然而当我兴冲冲地抵达建筑物对面时，却赫然发现那是一家唱片行。望着花花绿绿的橱窗，顿时间我有一种被重击的感觉：这个拥有尊贵地址的处所，怎么可能不是一家书店呢？失望之余，我只有隔街对着这家店行注目礼，一点也提不起劲进去瞧瞧。"意义何在呢？"我在心中如此自问。

　　第二年春天再访伦敦。这一回，我倒是决意要一访那家唱片行。我实在很想问问店主，是否有许多书痴如我者来访，然后又都败兴而归。谁知抵达现场时，却发现橱窗上贴着结束营业的大海报，几个负责搬运的工人正在做最后的清除。走进店中，里面只见零星的存货与空架子。这让我联想到荷琳近四分之一世纪前第一次踏入这个建筑物时的惆怅情景。当我落寞地准备离开时，眼角余光却瞥见柜台前散置几本书，在空荡荡的店里显得格外突兀。走近一看，赫然发现它们竟全是荷琳·汉芙的书。

　　当我激动地握着书时，一位名叫豪尔·吴（Howard Woo）的男士在我身边出现，自称是唱片行的老板。"你一定是荷琳·汉芙的读者,长久以来一直都有来自世界各地的书迷造访本店,"他这么说着。这也解释了为什么唱片行会贩售她的书。豪尔说店中原本还挂着书店旧招牌,几天前才被人收购,不过店外倒是有一块纪念牌镶嵌在墙上。他引我走出室外,指着左上角的一个圆形铜牌,上面镌刻着:"查灵歌斯路84号,'马克士与科恩书店'的旧址,因荷琳·汉芙的书而著名于世。"与豪尔分手前,他提议我若有机会,应该去纽约拜访荷琳本人。我当场瞠目结舌,总以为这位感动众多爱书人的女作家早已作古,怎么也没料到她居然还活着。

唱片行的外墙上挂着一个圆形铜牌,上面镌刻着:"查灵歌斯路84号,马克士与科恩书店的旧址,因荷琳·汉芙的书而著名于世。"

初访心仪女作家

1996年7月,人到纽约,经过一番转折,终于与汉芙女士通了电话,并约好会晤的时间。那天我来到上城东区一栋大楼的门厅,当管理员通报不久后,一位佝偻瘦小的老妇人缓缓走出电梯,手上叼了根香烟。没错!她,就是荷琳·汉芙。虽然年已八十,形体明显萎缩,但是那张脸孔却与我在书上所看到的作者照片相吻合。

扶着举步维艰、垂垂老矣的荷琳到对街的一家咖啡店,一段常人只需两三分钟的路程,我们花了近二十分钟。在店中坐定后,她说有不少欧美的读者来看她,但我却是第一个来访的台湾读者。当她知道我因为她的书,而兴起了将其翻译为中文版并已进行撰写一本描述书店风景的书后,赞许的同时,眼光变得极为柔和,轻声地说道她的一生因为和"马克士与科恩书店"结缘而有了意想不到

唱片行的老板豪尔告诉我,店中原本还挂着"马克士与科恩书店"的旧招牌,几天前才被他卖掉了。当我们在店外聊天时,豪尔喊住一位路过的年轻男士,兴奋地介绍此君正是收购旧招牌的人士,也是此街上一家乐器行老板。半小时后,我来到乐器行地下室,只见地上三片分隔的招牌在满墙吉他的衬托下显得极为突兀。按下快门那一刻,我心中想着:何处将是它们最后的栖息地。

与荷琳碰面时,她已经八十岁,行动迟缓,嘴角还不由自主地留着一抹口水。然而当她提笔在我带去的书上签名题献时,笔法却极为灵巧。下图是我第一次与她会晤时,她所写的几则题赠,分别为:"给钟芳玲,谢谢送了令人愉悦的茶叶"、"给同行作家钟芳玲——年轻又美丽——这从来都不适用于荷琳·汉芙"、"给钟芳玲,她的'与书店的爱恋',我迫不及待想阅读,祝好运。荷琳·汉芙,纽约市,1996年7月5日"。最后提到我的"与书店的爱恋",指的是我当时正筹划出版的著作《书店风景》的英文书名 *My Love Affair with Bookshops*,我原本打算取名 "A Love Affair with Bookshops",但荷琳建议我把"A"改为"My",认为这更具个人色彩,果然姜是老的辣。

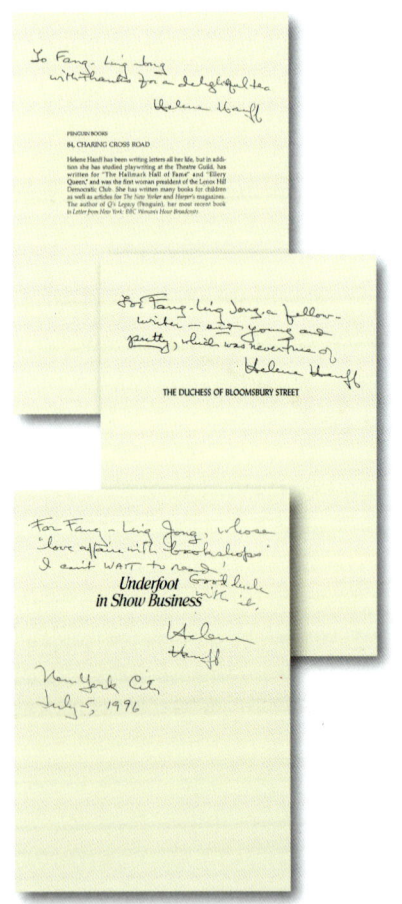

的收获:先是与店员建立友谊,弗兰克死后,却因发表了他们的信件而赢得读者与评论家的喜爱,让在写作生涯原本不顺遂的她,重拾自尊与自信。这本书信集不仅对汉芙意义深远,也影响了不少爱书人。一位美国书商因为这本书而对自己的行业更为坚定,并且将书店命名为"查灵歌斯路84号";有些浪漫的书迷情侣,甚至相约在那个门号前初吻。

闲聊一阵后,我拿出五本她的作品,一边向她解释因为没有把握这次真能与她碰上面,所以并没有把家中的精装本书带来,一时间只能在附近书店买到几册她的平装本书,两人齐声抱怨起平装书欠缺质感、难以保存、封面松垮、边缘又容易折角的毛病后,她还是很慎重地在书籍扉页上签名题字。每本书都写了段灵巧的祝福语,娟秀流利的字迹很难与她迟缓的动作联想在一起。我是个有特殊癖好的藏书者,对我而言,一本喜爱的书若是有作者的题献词,正如同被加持过的吉祥物般有价值。

再访荷琳·汉芙

几天后,我在另一家书店发现两本荷琳著的精装书,立刻将它们买下,并且在离开纽约前与她二度碰面。一则向她道别,再则当然是要她为这两本书"加持"。这回她

第二次与荷琳的访谈是在她的寓所中进行，她神情愉快地握着成名作在书架前留影，两人当时都没注意到她的衬衫扣子没有扣好。那天是7月14日，她在我带去的两册精装本书上分别写着："致芳玲，她肯定是来自台湾最好的事物，希望她能快点再返纽约，荷琳·汉芙，纽约，1996年7月14日（巴士底日）"，另一本书则写着："致芳玲，冀望快快再来纽约，否则在她成行前，我将死去！"她这个最后题献，宛如预告自己的讣闻。不到半年，荷琳已神智不清地躺在病床上，不久即离开人世。

吩咐管理员让我直接登堂入室，进到她那书里经常描述的公寓。眼见老式的打字机、长条型的座椅兼睡床、茶几上她嗜好的马提尼与酒杯，一切都很熟悉。当然，书架上有来自伦敦的书，只不过十来坪的小公寓，对于终身独居的老作家竟然显得有些空旷。闲谈中，荷琳简短地接了通电话，挂下听筒后，她说一位朋友每天都会打电话来查看她是否还存活着。由她的神情，我知道这不是一句玩笑话，已经八十岁的老人，身体状况不佳，嘴角时而还不自主地留着一抹口水。但是听她这么说，我还是心头一冷。我对她的印象依然停留在书中所展现的刁钻灵活。

当她在书上题献完毕后，我翻了一下，背脊更是发麻，书扉上写着："致芳玲，冀望快快再来纽约，否则在她成行前，我将死去！"（To Fang-Ling – with instructions to come back to New York soon or I'll be dead before she makes it！）她这个最后题献，宛如预告自己的讣闻。不到半年，我的书籍出版，而荷琳已神智不清地躺在病床上，不久即离开人世。与她交情深厚的邻居妮娜日后对我提起，自我离去后，残弱的荷琳数度向她表示自己觉得油尽灯枯，没有活下去的动力。她卧病后根本无法握笔，我那几本书上的题赠应该是荷琳生前留下所能辨识的最后字迹。我总遗憾没有在她死前亲赠我的书，却也庆幸我们能在她生命的

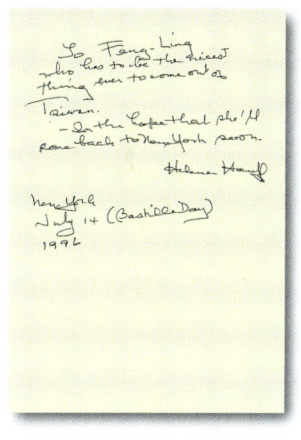

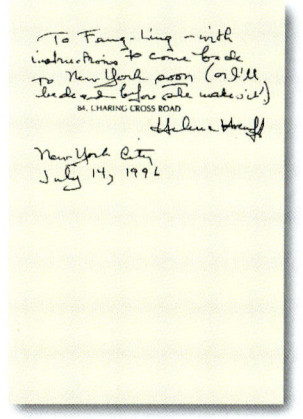

末期交会，一同分享对书、对书店、对书写的热爱。

我仍旧收藏荷琳的作品，特别是《查灵歌斯路84号》这本书，我就拥有多种英文版本，英国版、美国版、精装本、平装本以及舞台剧的脚本。几乎每到一个书店，只要看到封面、编排不一样者，我就会买下。许多人不解我何以重复购买内文完全相同的书？我自揣可能是下意识中，希望经由这个搜寻、购买的过程，与离开人世的荷琳依然有所牵连。正如同她曾提过，自己以往越洋邮购的书，其实多半在美国一些书店也都能找到。她却还是固执地向"马克士与科恩"订书，主要是希望借着信件与书籍的往返，与心仪的伦敦及那些未曾谋面的朋友保持联系。

至于中文版的翻译，我已打算放弃了。在读过数十回她与弗兰克的原文书信后，我只觉得无法用另一种语言来为他们发声。许多时候，时间、空间、语言的相阻，所引发的并非冷淡、遗忘与隔阂，反而可能激起一股更浓烈的思念与怀旧的情感。正如同弗兰克之于荷琳，荷琳之于我，以及查灵歌斯路84号之于所有热爱书店的人。

初稿于发表于2001年3月

当我与荷琳在72东街305号的公寓建筑前互道珍重时，她的邻居好友妮娜正好在场，妮娜不仅细心地替荷琳扣好纽扣，抹去她嘴角上的口水，并替我们两人留下这张合照。老烟枪的荷琳，自然是烟不离手。

荷琳去世几天后，邻居妮娜忍痛到荷琳的小公寓拍下几张室内照，企图借影像中的景物，留住对好友的记忆。图为荷琳常坐的沙发，茶几上放着她的书册、太阳镜及最爱喝的马提尼。

Courtesy of Nina Nordlicht

UPDATE 后续笔记

自从1995年离开伦敦后，不知为何，拖了许多许多年，一直到2009年、2011年我才又分别再访，这两次旅程当然少不了到查灵歌斯路逛逛。这么长一段时间以来，全球的网络书店、电子书从兴起到盛行，欧美的经济普遍萧条、衰退，引发了整个书业生态的巨变，实体书店大受冲击，查灵歌斯路这条书店街绝对不可能幸免。

记得上世纪末期，在这条路上放眼所及皆是书店，那时极具特色的书店如欧洲最大的女性书店"银月"（Silver Moon Bookshop）、欧洲第一家犯罪（侦探）小说店"一级谋杀"（Murder One）、知名的的艺术书专卖店"慈威玛书店"（Zwemmer Bookshop）都穿插其

查灵歌斯路80号曾经是老牌的艺术书店"慈威玛"所在地，虽然此店已消失，但现址还是一家同类型的"库宁书店"（Koenig Books）。"慈威玛"的浮凸英文店名"Zwemmer"虽已被漆成黑色，但还隐隐可见。

查灵歌斯路曾经以拥有众多的古旧书店著称,而今只剩下寥寥三四家。图中所见的 56 号 Any Amount of Books 就是本书 120 页那张照片中的书店,许多年前名为"查灵歌斯路书店"(Charing Cross Road Bookshop),由于店名之故,店主 Nigel Burwood 不时接到美国的女读者企图像汉芙一样与他通信,但他却没有兴趣成为另一个弗兰克,可能因此而把店名改成了 Any Amount of Books。

分别创立于 1879 年与 1903 年的"布莱克威尔书店"（Blackwell's）和"富瑶书店"（Foyles）都是百年老店，他们也个别由单一书店发展成中小型的连锁书店。"富瑶"从 1906 年起就已在查灵歌斯路上，曾经名列吉尼斯纪录最大的书店。发迹于牛津的"布莱克威尔"则是 1995 年才进驻查灵歌斯路。两家店目前都还是由布莱克威尔与富瑶家族经营。

间；另外还可见大型连锁书店"迪伦"（Dillons）、"水石"（Waterstone's）。我 2009 年再访时，这些书店全数不见了，虽说出现了一家美国品牌的连锁书店"博得"（Borders），但当时已处强弩之末。2011 年夏天我又访，"博得"终究成了历史名词，现址变为平价百货公司。

查灵歌斯路确实不复以往的风光，但仍有一些以卖新书为主的大规模综合型书店："富瑶"（Foyles）、"布莱克威尔"（Blackwell's），以及零星几家卖新书与折价书的小店，原本林立的古旧二手书店则仅剩挤在同一街区的 Any Amount of Books、Henry Pordes Books、Quinto Bookshop & Francis Edwards，幸好还有这三家散发着古意的店面在查灵歌斯路上撑撑场面。

我近几年到查灵歌斯路,发现这条街道上公共图书馆的中文招牌竟然由原本的"查灵歌斯图书馆"改成了"查宁阁图书馆"。更离谱的是,84号这个门牌号码居然消失无踪,现址所在是一家摩登的地中海餐厅(Med Kitchen),他们把地址改成了"剑桥圆环24号"(24 Cambridge Circus),我当然不指望这里会是家书店,但实在不太理解怎么会有店家居然会舍弃一个如此知名的地址,幸好建筑外那块纪念铜牌尚存,让来访的爱书人有个象征物件凭吊一番。在修订此书之时,伦敦的朋友来信,告知他日前经过查灵歌斯路,那家地中海餐厅已经关闭,另一家餐厅将进驻,当时正在装潢中,我们都希望这回店主能把地址再变回查灵歌斯路84号。店面会关、地址能改、译名可换,但人都是恋旧的动物,深深烙印在我们心中的,往往都是最初的记忆,因此,即使荷琳与弗兰克的书信集已有中文的译本,名为《查令十字街84号》,对我而言,Charing Cross Road 永远都是查灵歌斯路。

一家名为"作者"的小型精致连锁鞋店(Author Shoes),想必是刻意选在书街查灵歌斯路上开了这家分店,店中的装饰品当然就是书。

（左）2009年、2011年两度造访伦敦，发现这家摩登的地中海餐厅（Med Kitchen）位于以往的查灵歌斯路84号，但使用的地址却改成了"剑桥圆环24号"（24 Cambridge Circus），若非看到建筑外那块纪念圆形铜牌（图片左上方），初次想寻找查灵歌斯路84号的人大概会以为自己被愚弄了。

（右）查灵歌斯路上的公共图书馆的中文招牌不知何时由先前的"查灵歌斯图书馆"改成了"查宁阁图书馆"。

书店的陈年包装扎带

  这些年的访书生涯中，我不时还得到一些与查灵歌斯路84号"马克士与科恩书店"相关的讯息或物件。2007年我第二度增订第一本著作《书店风景》时，与书中介绍的伦敦"史库博书店"（Skoob Books）创办人爱克（Ike Ong）联络，他热心地寄给了我一些图片、资料，让我能更新书的内容，其中居然含了几段"马克士与科恩书店"的包装扎带，只可惜那包裹寄出了几个月我都没收到，我们一度认为是在寄送过程中遗失了，让我好生失望，谁知我的书刚出版，那邮包居然抵达了。打开邮包后，我最急着看的就是那包装扎带。仅0.8厘米宽的纸扎带，似乎是以粗麻制成，非常结实，水蓝色为底、上下滚米色细边，中间的黑字印的是书店的名称、地址、邮编与电话号码。"马克士与科恩书店"是在1970年结束营业的，爱克大约是在那之后几年在隔壁86号的"普尔书店"（J. Poole & Co.）工作，此书店先前接收了一些"马克士与科恩书店"留下的物件，估计这扎带也混在其间，让人不可置信的是，爱克居然把这不起眼的小玩意保留了几十年。我抚摸着这扎带，看到上面早期混着英文字母与阿拉伯数字的

（左）电影《查灵歌斯路84号》由实力派演员安·班克劳夫特与安东尼·霍普金斯领衔主演，他们演活了那两位越洋通信近二十年，素未谋面的美国女作家与英国古书商。

（右）电影《查灵歌斯路84号》在1987年初发行，当时七十岁的荷琳·汉芙与八十六岁的英国伊丽莎白王太后（The Queen Mother）都参加了伦敦的首映会。这张照片原是荷琳所有，当她去世后，好友兼邻居妮娜留下了它当纪念品并提供给我使用。Courtesy of Nina Nordlicht

电话号码 Temple Bar 1340，想象的是半个多世纪以前，窦尔如何细心地包扎那些他替荷琳精选的书，而荷琳收到邮包后，又如何开心地解开（或剪断）这些扎带，迫不及待地捧读那些书；另一方面，我也心存感激，爱克如此慷慨地将此珍藏割让给我。

人与人的六度分隔

我还认识了一位移居美国的英国书商大卫·伯瑞斯（David Brass），大卫是家族的第四代书商，他的外舅公班·马克士（Ben Marks）正是"马克士与科恩书店"的创办人之一。2009年访伦敦，我最大的收获就是与"莎乐伦古书店"的书商建立了良好的情谊（有关"莎乐伦古书店"的详细介绍，请参考《书店传奇》第一章），"莎乐伦古书店"已经有两百五十年的历史，应该是世界上经营得最久的古书店，我在与他们的书商闲谈时，得知班·马克士与马克·科恩（Mark Cohen）在合伙开店以前，两人居然都在"莎乐伦"任职，达十二年之久。这些巧合与关系正好让我联想起了英文的一句用语"six degrees of separation",在此姑且翻译成"六度分隔",意思是指两个不相干的人,平均透过六个中间人的转接介绍或连结,就会发生关联。换言之,这真是个小世界。我在西方书业游走,发现这个圈子其实不必牵扯六个人,经常只要两三个人,就能把大家都串连在一起。

1970年出版的书信集《查灵歌斯路84号》,不仅早在1975年、1981年分别被改编成电视剧与舞台剧,之后也被改编成电影,于1987年上演,剧中人物荷琳·汉芙、弗兰克·窦尔、窦尔的太太分别由英美演技派演员安·班克劳夫特(Anne Bancroft)、安东尼·霍普金斯、朱迪·丹奇(Judi Dench)担纲,台湾电影商莫名其妙将此片翻译成《迷阵血影》,把一部温馨小品安上个惊悚暴力的片名,让人欲哭无泪。

安·班克劳夫特在影片《查灵歌斯路84号》中扮演女作家荷琳·汉芙。我在古书店"莎乐伦"巧遇这张她在此片中的黑白剧照,上面有她给影迷的亲笔签名。仔细看这张照片,发现了一个穿帮处,那就是班克劳夫特夹着烟的左手无名指上套了只戒指,肯定是她演戏时忘了把结婚戒指取下,因为荷琳·汉芙终身未嫁。

2011年夏天我再访"莎乐伦"时,书店刚巧买进了一张安·班克劳夫特的签名照,那正是她在这部影片中扮演荷琳·汉芙的黑白剧照。安·班克劳夫特在替《查》书发行二十五周年的版本写序时,特别提到她的先生(Mel Brooks)因为知道她喜爱这本书,所以结婚纪念日时买下电影版权送给她当礼物,并出资制作,让她饰演剧中女主角。这桩美事不仅为这部电影与书都更添佳话,也不禁使我感慨良多,不知华人演艺圈的夫妻互赠礼物,何时才会舍弃包小岛酒店、买名车豪宅、送钻戒珠宝这些既俗气又缺乏想象力的老调,来点让人觉得既有文化又风雅的作风。虽然说人与人之间只有"六度分隔",但品位与格调却往往是天差地别。

"查灵歌斯路84号"是一个门牌号码、一本薄薄的书信集、一出舞台剧、一部电影,但它更是一个催化剂,引发出一串串的巧遇、善心与联想,丰富了我和许多人的经历与回忆。❀❀

下面这条不到1厘米宽的包装扎带,有半世纪的历史,上面印着查灵歌斯路84号"马克士与科恩书店"的名称、地址、邮编与混着英文字母与阿拉伯数字的电话号码 Temple Bar 1340,Temple Bar 指的是地区,代码为前三个字 TEM 所对应的拨码 836。

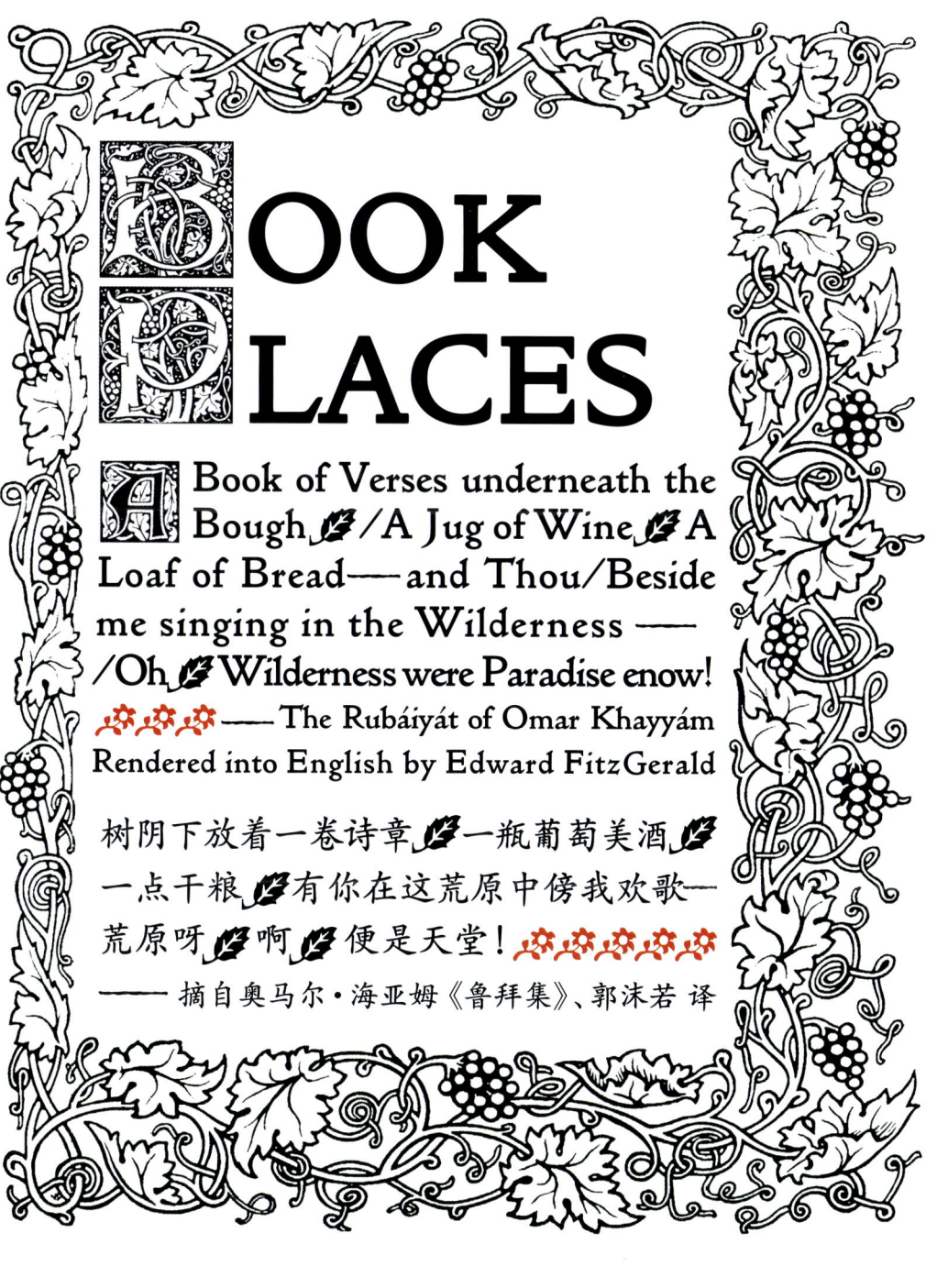

BOOK PLACES

A Book of Verses underneath the Bough/A Jug of Wine A Loaf of Bread——and Thou/Beside me singing in the Wilderness——/Oh Wilderness were Paradise enow!
—— The Rubáiyát of Omar Khayyám Rendered into English by Edward FitzGerald

树阴下放着一卷诗章一瓶葡萄美酒一点干粮有你在这荒原中傍我欢歌—荒原呀啊便是天堂！

——摘自奥马尔·海亚姆《鲁拜集》、郭沫若 译

CHAPTER 12
Encounters with Books Everywhere
随处与书相逢

书房里有书不够，客厅、餐厅、厨房、卧房、浴室、储藏室全都得有书。外出最好也能见得到书。任何地方都能、也都该卖书。哪怕是小小一区或是少少几本书，摆了书，气氛就是不一样。

在《爱书狂的解剖学》（*The Anatomy of Bibliomania*）一书中，博学多闻的英国作家霍尔布鲁克·杰克逊（Holbrook Jackson）坚称书籍在任何地方、任何时间都可以被阅读。一个天生的读者无时无地皆能读书，对真正爱书的人来说，任何地方都可以称之为书房。杰克逊本人就

真正的爱书人无时无刻都会进行他们所感兴趣的活动——阅读。据史上记载，嗜好读书的拿破仑大帝（Napoleon Bonaparte，1769~1821）甚至在他的马车里摆置了一个书架，以便他乘坐时可以读书。如果马车行进中都能阅读，那么当他的儿子躺在他身旁熟睡时，更是阅读的好时机。

是个不折不扣的爱书狂,他同时还举证历历,从战场中的亚历山大大帝、拿破仑到监狱里的奥斯卡·王尔德与汤马斯·摩尔(Thomas Moore);从航行中的麦考利(Thomas Babington Macaulay)到马背上的"阿拉伯的劳伦斯";从餐桌前的约翰逊博士、查尔斯·兰姆到游泳前赤身于岩石上的雪莱,这些爱书人在看似艰困或不便的场所,依然可以进行着他们最感兴趣的活动——阅读。

在视线所及之处看得到书

书籍与人类及空间的关系是个有意思的主题。据我多年的观察,一般爱书人对于阅读,或许不至于到如此专注痴狂的地步,却无不希望随时随地都能"看书"——在视线所及之处看得到书。以我个人来说,书房里有书不够,客厅、餐厅、厨房、卧房、浴室、储藏室全都得有书。外出最好也能见得到书。我把浏览他人(识与不识者)的书当成一种消遣与乐趣。如果到朋友家造访,一定先站在书架前仔细打量。此外,我还经常翻阅西方建筑、装潢类的书籍与杂志,倒非我关心现今流行的趋势是偏向极简风格或走复古路线,而是我喜欢欣赏其中有关他人家中书房的介绍与摆设。有时,我甚至会眯起眼睛,企图辨识屋主的书架或书桌上的书种为何,看到自己也有的书时,总不禁发出会心的微笑。

这种或许会被喻为另类偷窥的行径,原来并非我所独有。1999年2月8日那期《纽约客》(New Yorker)杂志第66页刊登了一张照片,画面里是一个古典的雕花木质书架,最让人艳羡的是架上密密实实地摆满了令人垂涎三尺的古籍。隐约看得出,书种多半属于印刷、出版类,显然是某学者的藏书。这张照片立刻引发一群欧美书虫的赞叹,并在网络上热切地讨论起藏书的主人可能会是谁?同时还从书脊的图案、颜色、装订、尺寸与模糊的字体来研判架上有什么书?顿时间仿佛成了个益智猜谜游戏。最后有人指出,这张照片更早曾出现在1995年出版的一本书《在家与书为伍》(At Home with Books,大陆已出版

英国的大文豪奥斯卡·王尔德(Oscar Wilde,1854~1900)因同性恋罪名而两度入狱。1895年4月当他被羁押时,伦敦的一份画刊登了这张王尔德在铁窗内的素描插图,并且附上一段话:"你是否能想象王尔德这样性情的人,所遭受的心灵与肉体折磨会是什么?"图中的王尔德斜坐在扶手椅上,左手握着一份报纸,地上还摊着一本书。现实的状况是,狱中既无扶手椅,更别说报纸了,他正式服刑后的前几个月,也只能接触狱中图书馆的低俗读物。

虽然说露营为的是要与大自然合而为一，但是像我这种书虫，还是得有书相伴。不知道是什么人起的好点子，居然在露营处搭起个小书柜，名之为"营地图书馆"（Camp Library），里面放着回收的杂志与书，免费供人阅读。至于像我这种已经自备读物的人，临走前若嫌书或杂志太重，不想再保留，也可以将它们放到书柜里，造福下一批来访者。

本书，译作《坐拥书城》）中，也因此确认书主是英国的书籍史与目录学专家尼可拉斯·巴克（Nicolas Barker）。巴克曾任大英图书馆古籍维护部门主管，为英国一流专业杂志《藏书家》（The Book Collector）的编辑。他更是西方古书界最知名的工具书《藏书家入门》（ABC for Book Collectors）第七版的修订者——没有什么比书籍的陈列更能透露拥有者的背景与特质了。

一间华厦不管装潢多新颖，如果里面没有摆书，只会让我觉得枯燥、索然无味。古罗马哲人西塞罗（Marcus Tullius Cicero）的名言："没有书籍的房间，就像没有灵魂的肉体。"长久以来已经成为我的座右铭。《在家与书为伍》以及1999年出版的《与书同居》（Living with Books）这两本书，都是企图通过图片与文字，展现爱书人如何在自家安置他们的宝贝。我们虽然无法看清一本本的书名，却有幸游走于各个"书房"之中，更惊喜地发现，在私密的空间里，书籍竟能有如此多具创意的组合。橱柜

里、阶梯边、壁炉中、门槛上、窗台下、浴缸前、马桶旁，无一不是书籍能栖息的地方。

任何地方都能、也都该卖书

　　身处公共空间时，我一样情不自禁地留意书籍的踪影。在走访一个城市时，我绝不会错过当地的图书馆与书店。它们同时成为我评比这个城市的指标。但是一些非传统的书店，却往往让我感觉更为可亲。如果说，书店的定义泛指"凡是卖书的店"，那么，这个世界上其实有着非常非常多的"书店"。街头转角的小摊或是便利商店中聊备一格的报章杂志可以让它们成为"书店"；机场、车站旅馆内贩卖土产兼供旅人杀时间的轻松读物小店，当然也是"书店"；博物馆内陈售相关主题的礼物、复制品兼书籍的礼品部门，就更有理由被称为"书店"了。

　　书店与空间的关系的确能千变万化：餐厅可以摆起食谱，画廊可以卖艺术画册，旅行社可以出售旅游指南，

当我们随处都能与书相逢，而不必刻意进入传统正规的书店或图书馆中时，那表示书籍其实已经成为我们生活中密不可分的一部分了。

在专卖厨具及餐具的精致商店 Sur La Table 中,能看到由世界九百家供货商所提供的一万两千五百种相关物件。

茶艺馆可以放置"茶经",照相馆可以卖摄影集,花店能卖养花莳草的园艺书,开放的作家故居理当陈列主人的全套著作。这个"书"与"店"的组合可以不断延伸下去。对于像我这类对书有相当偏执的人,会认为任何地方都能、也都该卖书。哪怕是小小一区或是少少几本书,店里摆了书,整个气氛就是不一样。书是最好的装饰品,这个信条不仅适用于居家设计,对于商店同样奏效。特别是书籍与相关商品的搭配,往往产生相乘的效果。在旅行的过程中,我发现和我持相同想法的人并不在少数。以美国旧金山"联合广场"(Union Square)旁一条短短的仕女巷(Maiden Lane)为例,就出现了不少"书店"。

Sur La Table 是个专卖厨具及餐具的精致连锁店。旧金山这家分店在 1997 年开业后,立刻引起一阵骚动。即使像我这样对烹饪并不特别狂热的人,在踏入这家店后,也不得不发出由衷的赞美,甚至到了流连忘返的地步。在这里,你能看到由世界九百家供货商所提供的一万两

Sur La Table 的内部摆设总是别出心裁。像是胡萝卜造型的灯座和小红辣椒的灯泡,都让人发出会心微笑。他们还常把书和其他商品陈列在一起,凸显出彼此的独特性与魅力。例如著名厨师茱莉亚·切尔德(Julia Child)谈烘焙的专书,就放在烤盘区;至于橄榄油瓶则成了另一位名厨艾丽丝·瓦特斯(Alice Waters)食谱的书挡。

这一家美不胜收的蜡烛专卖店名为Candelier，里面有着数以千计的蜡烛、烛台与家饰用品，曾几何时，原本主要功能是实用照明的蜡烛，已演变成生活中的装饰品。

千五百种相关物件。从形形色色、各式材质的酒瓶塞、胡椒罐、搅拌器、烤盘，到说不出用途的种种用具。不管实用价值为何，每样东西都让我爱不释手。其中还有一系列铜制的厨具是出自相传六代的家族手艺。

事实上，在巨幅食物壁画的烘托下，Sur La Table本身根本就像是个大型的装置艺术般别致。在此还可以经常见识到当地大厨师在店内设备完善的厨房中传授手艺。不过，真正让Sur La Table有别于其他厨具店的，是地下室占地不小的图书区。想当然耳，最适合陈列在这家店里的，莫过于食谱以及与饮食相关的杂志。或许因为店中工作人员多半具有专业烹饪技术，书籍都经过特别筛选，因此这里近千种的出版品，和一般书店中同类型书区比起来，往往还略胜一筹。有些书则依照性质和相关厨具陈列一起，凸显了彼此的独特性与魅力，更让人有股冲动，想把两者都带回家。

隔邻的 Candelier 同样是一家美不胜收的店，里面有着数以千计的蜡烛、烛台与家饰用品。曾几何时，原本主要功能是实用照明的蜡烛，却演变成生活中的装饰品了。各种造型、尺寸、颜色、气味的蜡烛相继而出：有些像树枝般粗壮，上面有三四个烛心；有些像是诱人的水果；有些甚至可以漂浮在水上。西方家庭在假日时特别喜欢点上蜡烛增添气氛，柔和的烛光在黑夜中，似乎总是能释放出神奇的魔力。即使是在白天，蜡烛也像个优雅的雕塑品。店主人是家具与家饰品的设计师，他不仅巧手布置店面，还特别精挑细选了数百本自己喜欢阅读的生活风格与装饰艺术类书籍，和众多的蜡烛、饰品放在一起。如此的组合，最主要是为了传达他个人的生活品位。

仕女巷最著名的地标莫过于140号的圆圈艺廊。这栋建筑物是当代西方建筑大师弗兰克·劳埃德·莱特（Frank Lloyd Wright，1867~1959）在旧金山的唯一设计作品，完成于1949年，当时是"莫里斯礼品店"（V. C. Morris Gift Shop）。有别于一般传统商店的开阔门面，莱特设计了拱圆形的砖墙隧道入口。室内以贝壳状的螺旋斜坡道连接一到二楼，天花板为大片白色压克力材质的气泡状灯罩。"莫里斯礼品店"的螺旋坡道让人立即联想到晚十年才落成的另一莱特著名设计——纽约市古根海姆美术馆，一般皆认为前者是后者的实验先驱。

"莫里斯礼品店"之后，陆续有其他店家进驻。1998年转由一个企业体经营的三家艺廊接手。他们在开业前，敦请与莱特有合作经验的建筑师艾伦·格林（Aaron Green）将逐渐老旧的建筑物悉心修复，再现当年风华。如今艺廊中来自印尼巴厘岛、非洲、中国西藏、日本的艺

蜡烛店的主人是家具与家饰品的设计师，他不仅巧手布置店面，还特别精挑细选了数百本自己喜欢阅读的生活风格与装饰艺术类书籍，和众多的蜡烛、饰品放在一起，如此的组合，最主要是为了传达他个人的生活品位。

位于旧金山市区的这栋圆圈艺廊，是当代西方建筑大师弗兰克·劳埃德·莱特在旧金山的唯一设计作品。艺廊中除了贩卖艺术品、古董与首饰外，主人更辟出一个小书区，专门贩售与莱特相关的建筑书，这个贴切的主题书区，不仅是向大师致意，也体现了对历史的尊重。

术品、古董与首饰，在莱特原始设计的陈列柜架上显得熠熠生辉。艺廊主人除了在其间巧妙地穿插了民俗艺术类别的书籍以呼应经营方向之外，更开辟了一个小书区，专门贩售与莱特相关的建筑书。这个贴切的主题书区，不仅是向大师致意，也体现了对历史的尊重。

在艺廊斜对面的"布莱特丝布料店"（Britex Fabrics）是一家已有近半世纪历史的知名布料店。许多好莱坞电影的戏服均出自于此。这栋四个楼层的长形建筑，每一层分门别类陈列出制作服装及家饰的相关物件。一、二、三楼像是大型的彩虹屋，数千卷布匹极为壮观地由天花板排到地板，宛如布料博物馆。四楼除了三万多颗各种

圆圈艺廊的室内以贝壳状的螺旋斜坡道连接一二楼,让人立即就联想到晚十年才落成的另一个莱特的著名设计——纽约市古根海姆美术馆,一般皆认为前者是后者的实验先趋。

形状、颜色、材质的钮扣以及繁多的缎带、蕾丝、流苏等装饰性配件外,还有一个固定书架与旋转架,陈列了不少裁缝类的实用工具书。无论是缝纫高手或新手,总能从书上为居家生活找到一些好点子。透过图文的介绍,似乎缝一个抱枕、剪裁一件衬衫都不是难事。

唯有自己才是最终的仲裁者

或许有人会开始大皱眉头,这些店家的"书"也能算书吗?它们多半是"咖啡桌书"(coffee table books):精美有余、深度不足,不是什么伟大的读物,仅适合摆在家中的咖啡桌上,随手取来翻翻罢了。这种对书籍的偏

旧金山的"布莱特丝布料店"创业达半世纪,四层楼的卖场宛如布匹的博物馆,来自世界各地的各种布料,纷列杂陈,美不胜收。游走在其间,光是鲜艳的色彩,以及叠积到天花板的布匹,就够让人叹为观止的了。布料店内除了卖布,还陈列了不少裁缝类的工具书,以供消费者的即时需要。

见,总会让我想起英国文学家查尔斯·兰姆在他的著作《伊利亚最后随笔》(The Last Essays of Elia)的一个篇章"书籍与阅读杂感"("Detached Thoughts on Books and Reading")中提道,他对于先辈——著名的史学家吉本(Edward Gibbon)、哲学家休谟(David Hume)、经济学家亚当·斯密(Adam Smith)的所有著作都不放在眼里,并讥为"不是书的书"(books which are not books)。他说,每回看到这些"披上书衣的东西"(things in books' clothing)盘踞在架上,就觉得它们仿佛是篡位的假圣人,往往让他火气上升,恨不得能将它们外面装订华丽的摩洛哥皮剥下来,包裹在他自己收藏的破旧书上。然而吉本的《罗马帝国衰亡史》、休谟的《人性论》与斯密的《国富论》却是被许多人奉为经典、一读再读的书啊!可见一本书是否有价值、有意思、有深度,实在是极为主观的看法,难有一个绝对的标准。

也有人会进一步质疑,书籍的无所不在,只不过是形体在空间中的流窜罢了。单单是看到书籍的皮相,这和爱书人如约翰逊博士或拿破仑随时随处都看书——看书的内容——扯得上什么关联?有如此疑问的人,我建议最好

去读读收录在台湾志文出版社"新潮文库"的《读书的艺术》与《读书的情趣》中,美国作家约翰·科尔德·拉格曼(John Kord Lagemann)的两篇文章。拉格曼在文中描述他那两个青少年的男孩在假日忙着滑雪、打工与交女朋友之余,却还是各自读了托尔斯泰的《战争与和平》与弥尔顿的《失乐园》。他的妻子总是抱怨家中书籍乱堆。拉格曼承认,咖啡桌上、床边、窗槛上、浴室和厨房确实是书籍肆虐。但他也得意地表示,到处看得到书,对于两个小孩无论何地都能读书的习惯有着相当的影响。

  书籍的魅力何在?我以为不外乎它能引领读者对未知的人、事、物发生兴趣,对已感兴趣者进行再探索,在知性与感性之间跳跃,在严肃与轻松之间穿梭。而这些经验的美好与否,唯有自己才是最终的仲裁者,他人无从置喙。此外,当我们无论在私密或公共的空间中随处都能与书相逢,而非得刻意进入传统正规的书店或图书馆中时,那表示书籍其实已经成为我们生活的一部分,让我们在不知不觉中上了瘾。

书籍不只是用来阅读,也不只是出现在书房、书店与图书馆,许多时候,它们也成了橱窗设计的最佳装饰品。

初稿发表于 2001 年 7 月

CHAPTER 13
Airport Bookshops
机场书店

在机场内卖新书不稀奇,卖二手书则是前所未见的了!更让人大开眼界的是,"书窖"不仅卖书,同时也向过往旅客收购读完的书。"书窖"的存在改变了人们对一般机场书店的刻板印象,也让我原本的一次不悦滞留,转化成了一场美丽的邂逅。

一般人旅行时,随身携带的行李中,除了钱、信用卡、手机以外,还会放些什么应急的小东西呢?肠胃药,阿司匹林,万金油?还是牙线、牙刷、充饥饼干或是催泪瓦斯?对于一个像我这样上了书瘾的人来说,不管行李再怎么满,也得随手塞下几本书和杂志。

一般长途飞行,机舱上多半有航空公司发行的旅游杂志,另外还附些报纸与大众化的新闻及休闲类杂志。只不

旧金山国际机场的"WH史密斯书店"是英国著名连锁书店的分店,不仅设计新颖,陈列的书籍还不乏水平之作。店中一角并附有咖啡区,贩卖饮料和糕点。

机场的书报摊多数都很相似:空间不大、装潢阳春。里面挤着一堆报章杂志、风景明信片、纪念品,书籍反而比较像是配角。

过书刊数量有限,有时想看也拿不到。特别是,这几年经济衰退、航空公司精简成本,我留意机舱上的报刊类型愈来愈少。有时上飞机不到两小时,我已经把所有能读的都读完了。无书的旅程对我简直就是个漫长的煎熬,和我深有同感的人必然不在少数。这也难怪,几乎大大小小的机场都设有书报摊,方便没有带书的旅人临上飞机前能采买一些读物。当然,有更多人在此买书,那是因为班机误点,只好被迫困在机场内看书消磨时间。

机场的书报摊多数都很相似:空间不大、装潢阳春。里面挤着一堆报章杂志、风景明信片、纪念品,书籍反而比较像是配角。有限的书种自然不能和一般书店相比,多半只是一些通俗畅销书和旅游指南。挑食的我,总要事先准备适合自己脾胃的精神食粮,因此与机场书店无甚缘分。

然而,某些大型国际机场中,偶尔倒也出现颇具特色的书店。旧金山国际机场出境厅旁的"史密斯书店"(WHSmith Booksellers)就让我眼睛一亮。这家由英国著名连锁书店所开设的分店,不仅设计新颖,陈列的书籍还不乏水准之作。店中一角并附有咖啡区,贩卖饮料和糕点。优雅的气氛让行色匆匆的旅人也不禁减缓脚步,放松心情下来。

英文 cellar，主要指的是藏酒的地窖。藏酒当然不会是新的，因此 The Book Cellar 这一店名，早已隐含贩卖旧书的意味了。只不过，无论藏书或藏酒的地窖，开在机场里，总是让人有些讶异。

印象最深刻的机场书店

不过，最最令我印象深刻的机场书店，应该是在美国的北卡罗莱纳州。2001年夏天，距离"9·11"恐怖事件发生前几个星期，我在纽约停留一段时间后，动身前往南方的北卡罗莱纳州（以下简称"北卡"）。生平第一回到北卡，主要是去探访杜克大学某位教授的大批藏书。由于抵达罗利—德伦机场（Raleigh-Durham Airport）时没看到托运的行李，又找不到服务人员询问，对这机场的初始印象颇差。

幸而和教授碰了面，相谈甚欢。停留不到一星期又把罗利、德伦、教堂山（Chapel Hill）这三个邻近姊妹市的书店都逛遍了，临走前还买了几本廉价好书。当我情绪高昂地带着战利品，到机场准备搭机返回西岸时，扩音器却传来消息：班机因机械问题，需延迟两小时起飞。我顿时感觉龙困浅滩，一边嘀咕这机场和我不对盘，一边正打算把买来的书摊开来消磨之际，却赫然发现登机门外的候机区旁，有家名为"书窖"（The Book Cellar）的书店。

这书店不只名号别致，门面看起来，也和一般单调的机场书店不大相同。走进店中一看，竟然都是二手书，而且类型极为广泛，连古典小说、艺术书、儿童绘本这些一般机场书店难得一见的书籍都有小专区——在机场内卖新书不稀奇，卖二手书则是见所未见的了。书籍以外，"书窖"还贩售一些上百美元的绝版老地图和古董版画，这类珍贵图册当然也能吸引不少讲究质感的旅客。

"书窖"另一个让人大开眼界的特色是，它不仅卖书，同时也向过往的旅客收购读完的书。在机场内如此经营二手书买卖，确实是一个聪明的点子。不少人在旅途中读完了手边的书却又无意保存，这项收购服务正好可以减轻他们的行李重量，还可达到物尽其用的目的。"书窖"提供如此多元化的营业型态，根本就和街道上具规模的二手书店没甚两样。北卡的整体书店景观也许比不上纽约或加州，"书窖"的存在却改变了人们对一般机场书店的刻板印象。而我原本在罗利—德伦机场的不悦滞留，竟也因为这家书店而转化成了一次美丽的邂逅。

（左）"书窖"不仅在机场卖书，同时也向过往的旅客收购读完的书。不少人在飞行时读完了手边的书却又无意保存，这项服务正好可以减轻旅人们的行李重量，还可达到物尽其用的目的。"书窖"提供如此多元化的营业型态，和街道上具规模的二手书店没甚两样。

（右）除了二手书以外，"书窖"还贩售一些上百美元的绝版老地图和古董版画，这类珍贵图册当然也能吸引不少讲究质感的旅客。

我第一回到北卡,停留不到一星期,但却把罗利、德伦、教堂山三个邻近姊妹市的书店都逛遍了。图为德伦的一家书店,取名为"好价钱书店"(Nice Price Books),书价确实挺便宜的。

机场书店的《猫》

世界上大概没有人真的会专程到机场去买书。人们对机场书店向来不会存有过多的期盼与幻想。只要能从其中随手抓几本书刊,达到消遣的目的,就是旅人对它们的最基本要求。只不过,在众多面目模糊的机场书店中,依然存在一些让人惊喜的异数,平庸的书种中,也可能会闪现出几本优质作品。

安德鲁・劳埃德・韦伯(Andrew Lloyd Webber)一定没想到,1972 年他在某个机场书店所买下的一本艾略特(T. S. Eliot)的诗集《老负鼠的猫经》(Old Possum's Book of Practical Cats),竟然勾起了儿时母亲为他朗读其中章篇的记忆,并在搭机阅读时,产生了创作音乐剧《猫》(Cats)的灵感。1981 年 5 月 11 日,《猫》剧在英国伦敦市的"新伦敦剧院"(New London Theatre)首演,艾略特的诗加上韦伯的音乐,自此成就了一则不朽的传奇。谁会料到这出音乐剧史上表演最久、全球最卖座的剧目,竟然是因为一家机场书店而诞生的?!

初稿发表于 2004 年 3 月

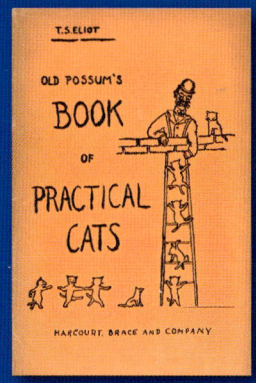 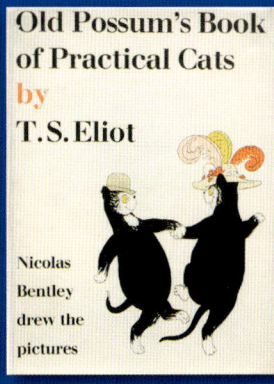  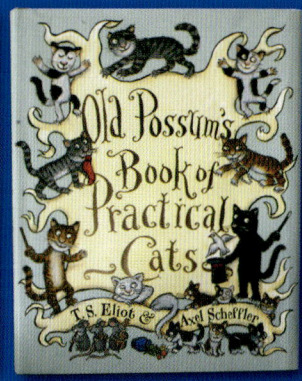

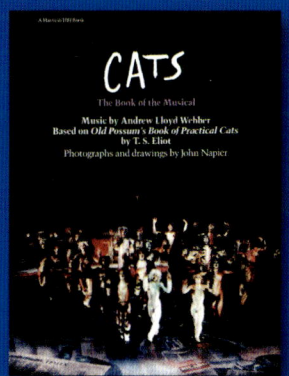 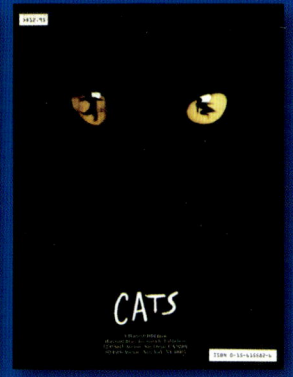 

艾略特的诗集《老负鼠的猫经》（Old Possum's Book of Practical Cats）历年来出了不少版本，上排由左至右为四个版本的封面图，第一本是1939年最早的版本，封面图由作者艾略特亲绘，内页仅有诗句；接下来的是三个绘本，分别由Nicolas Bentley（1940）、Edward Gorey（1982）和Axel Scheffler（2009）插画。此外，安德鲁·劳埃德·韦伯依此书改编成的歌舞剧《猫》，也先后以书籍和唱片的形式出现。

CHAPTER 14
Bookstore Scenes in Film
电影中的书店风景

电影中的书店风景泰半朦朦胧胧：多了一些浪漫、少了一点辛酸；多了几分美感，少了几许伤感。这只能说，书店在我们的心目中，象征着一个理想的空间、一个避风港。

在不少西方社会中，开一家书店，似乎总被认为是种浪漫的行径。无论是在大城市的一个小角落或是在偏远郊区的小镇上，一间满塞着书籍的书店，加上一位或是学究味十足、或是性情特异的店主人，也许再配上一只睡卧在书堆上的慵懒猫咪，往往会让人油然生起一股平和喜乐之心，脑中还会产生不少遐想。每一本书的封面都是一扇门，而这书店的主人是否每日在不同的世界中穿梭呢？

书店中的风景，往往成为电影中的风景。图为《美人鱼》女主角达丽尔·汉纳（Daryl Hannah）正在旧金山地标书店"城市之光"（City Lights Books）前拍片的情景。

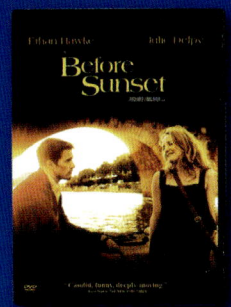

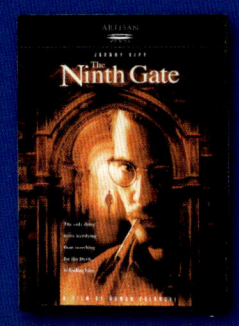

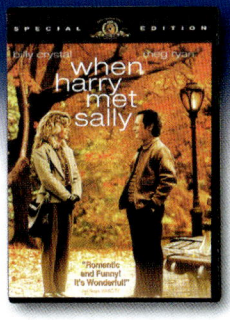
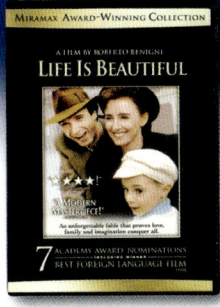

  书店很自然地也成了西方电影中经常出现的场景，特别是这些年，连续出现几部知名的西方电影如《电子情书》（You've Got Mail）、《新娘百分百》（Notting Hill）、《情书》（The Love Letters）、《美丽人生》（Life is Beautiful）、《第九道门》（The Ninth Gate）等，正巧都以书店主人为主角或是以书店为背景。不论他们是虚构的或存在于现实中，我们都能从其间的片段，看到一些文化现象或是读出几则故事。

  书店经营虽然不是获利甚高的行业，在欧美却受到普遍的敬重。这可以由一般人喜欢以书当礼物的情形观之。圣诞节、生日、情人节、结婚周年纪念日，这些喜庆节日都是送礼的好时机。送者诚意十足、受者心存感激。当然，书种最好能投其所好，若是拿不定主意要买什么书，西方多的是适于当礼品的"咖啡桌书"（coffee table books），这类书泛指依某一特定主题企划制作的大开本书籍，里面图文各半，以设计、印刷、装订精美为主，适合一般人摆在家中的咖啡桌上展示，或是随手取来翻阅。

无论电影拍得好不好，只要是片中有关于书店的场景，都能吸引我的注意。有些时候我甚至会仔细调查，电影中的书店是否存在于现实当中。

在书店《坠入情网》

  每年12月是欧美书店业的旺季，特别是在圣诞节前几天，一些大众化的书店经常出现汹涌人潮，其盛况就像梅里尔·斯特里普及罗伯特·德尼罗多年前合演的文艺爱情片《坠入情网》。内容是有关一对各自都有婚约的成年男女，因为在书店的一次意外触碰，而引发出一段婚外情。电影的开始、高潮到结尾，全都以书店为背景。

是台湾百货公司周年庆打折时的热闹景象。一家书店在这段期间的营业额，说不定可能占了全年的三分之一收益，书商们热烈期盼圣诞节的心情，就如同孩童等着接收圣诞老公公的礼物一样。

梅里尔·斯特里普及罗伯特·德尼罗十多年前合演的文艺爱情片《坠入情网》（Falling in Love），一开始就是描述两人在圣诞节前到"瑞柔丽书店"（Rizzoli Books）为各自的配偶买书当圣诞礼物。两个原本不相识的已婚男女手上拎着大包小包，走出店门时撞个正着，而有了第一次不经意的接触。圣诞夜拆礼物时，德尼罗喜爱园艺的太太打开包装纸后，看到的是一本《航海指南》（The Big Book of Sailing）；而斯特里普的医生丈夫则一头雾水地望着手上的《四季花园》（Gardens of All Season）。原来双方在碰撞中拿错了书。故事从这里开展下去，两本对调的书使双方平凡的生活开始变调。他们不可自拔地相恋，在书店幽会，接着是忍痛分离，最后偶然重逢，依然是在圣诞季，在"瑞柔丽"。

以"瑞柔丽"作为电影场景当然是很高明的选择。这家书店隶属意大利同名的出版集团，以出版艺术与生活风格类的书籍著称。店内虽然有不同书种，但还是以贩卖此

类书籍为主。虽然"瑞柔丽书店"是一个连锁企业,但是店面不多,而且间间精致有特色,成为不少美国白领阶级购头礼物书常光顾的地方之一。浪漫故事的起始、高潮与终结皆设定在此,颇具说服力。

《坠入情网》影片中那家是"瑞柔丽"的旗舰店,原本位于纽约市第五大道上的高级百货公司 Henri Bendel 的现在位址,数年前才搬到转角的街上。中庭高挑的空间依旧美轮美奂,天花板上有着细致繁复的浮雕。木头书架还特别上了高雅的金漆装饰,华丽而不俗气,书店本身就像是件艺术品。

纽约市的"瑞柔丽书店"是由意大利的同名出版集团所开设,本来就以精致著称,向来吸引白领阶级与雅皮族,如今又因为电影《坠入情网》以其为背景而知名度大增。

伍迪·艾伦镜头下的书店

除了这家书店外,纽约市有不少书店也出现在电影中。眼尖的伍迪·艾伦迷在观赏他执导的影片时,一定会发现他几乎少不了以书房与书店来烘托戏中人物的特质,辅助剧情的发展。电影《安妮·霍尔》(Annie Hall)中,艾伦与初识不久的黛安·基顿到书店挑选关于死亡主题的书,并向崇拜他的基顿滔滔不绝地卖弄他对死亡的看法。

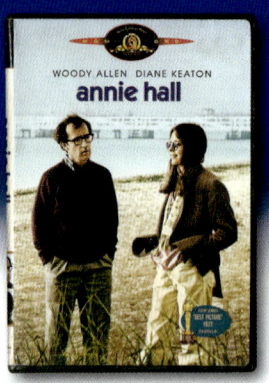

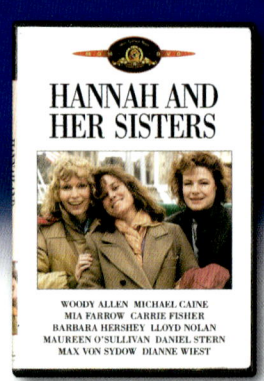

这几部影片都是由伍迪·艾伦所导演，它们的另一个共通处，就是片中都有书店当场景。

《曼哈顿》（Manhattan）影片里，艾伦在书店里对着找书的好友絮絮叨叨地抱怨生活的不顺遂。尔后，他又在另一家书店中愤愤地买了前妻出版的书籍，里面有着对他不堪的描述。

《汉娜姐妹》（Hannah and Her Sisters）里的一幕书店场景最令我印象深刻。片中米高·肯恩在书店中假装不经意挑选诗人卡明斯（e. e. cummings，1894~1962，卡明斯偏好将英文诗作以小写表示，以致他的名字后来被许多人以小写表示）的作品给饰演其小姨子的芭芭拉·赫尔希，两人在密密实实、安安静静的书架中穿梭的对手戏，将彼此压抑的激情以含蓄挑逗的方式表达得淋漓尽致，堪称调情戏的代表。伍迪·艾伦以剖析、嘲讽略带神经质、对现实生活无能的现代知识分子著称，书店场景几乎成为影片的必要元素。的确，有什么地方比书店更能彰显这类族群经意或不经意流露出的自负与自卑呢？

即便在轻松的音乐剧《大家都说我爱你》（Everyone Says I Love You）中，他还是先后安排了两家纽约上城的书店：Books & Co. 及"角落书店"（The Corner Bookstore）在开场不久时出现。"角落书店"还曾出现在另一部电影《潮浪王子》（The Prince of Tides）中，剧中男主角尼克·诺尔提是在此买到妹妹以笔名出版的童书。这家店至今依然存在于麦迪逊大道上。

同一条街上的 Books & Co. 是伍迪·艾伦经常光顾的

地方，惠特尼美术馆与它比邻而居，还是它的房东。这两个文化景点的聚合曾经传为佳话。书店创办人之一是位雅好文学的女士珍妮特·沃森（Jeannette Watson）。她的父亲汤马斯·沃森（Thomas Watson）是将 IBM 打造成电脑界蓝色巨人的前任总裁，后来并成为美国驻苏大使。带着父亲借给她的十五万美金及自己的积蓄，沃森女士在 1977 年与另一位合伙人开了这家书店。由于店中经常举办高雅的艺文活动、新书发表会，乃渐渐变成纽约市的艺文沙龙，吸引诸多作家、艺术家及社会名流，如杰奎琳·肯尼迪、吉米·卡特等人聚集。

汤马斯·沃森的畅销回忆录《父子情深》（Father, Son and Co.: My Life at IBM and Beyond）出版时，当然在女儿的书店举办签名会。老沃森一开始打算坐在一楼收银台旁边，原因是他担心读者会拿了书就走，忘了付账。最后他还是在珍妮特的劝说下安坐在二楼，结果吸引了数百名前后期 IBM 员工及仰慕者等待签名。

老沃森对书店这一行或许所知不多，搞行销出身的他，却曾经给了女儿一个中肯的良心建议，那就是得买下书店所在的建筑。可惜这个建议没被采纳，以致遭受以折扣战取胜的新兴超级连锁书店威胁，且房东惠特尼美术馆

在伍迪·艾伦导演的影片《汉娜姐妹》中，有一段是米高·肯恩与芭芭拉·赫尔希两人于书店内一面挑书一面含蓄调情，尔后在书店外告别的片段。多年前的某个傍晚，我在纽约市苏荷区的一家书店买了几张有着精美图像的老印刷品，临走前欢喜地拍了张书店的照片留念，日后看《汉娜姐妹》时，赫然发现那正是片中所出现的书店场景。

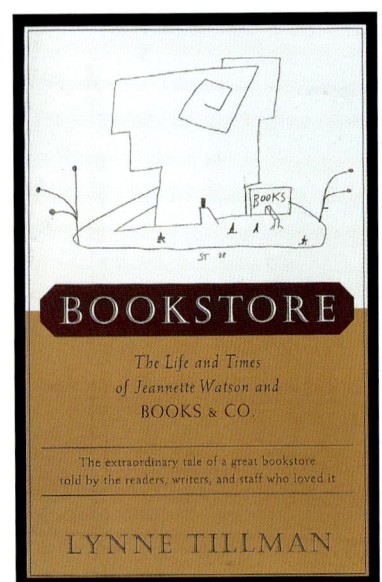

纽约市的书店 Books & Co. 是伍迪·艾伦经常光顾的地方，也曾经出现在他导演的一部电影中。由于创办人珍妮特·沃森（右图）推动文学不遗余力，因此书店成了纽约市小有名气的艺文沙龙，并吸引诸多名流，如杰奎琳·肯尼迪、吉米·卡特等人，这家店在经营二十年后关闭，女作家蒂尔曼（Lynne Tillman）特别写了一本传记《书店》（*Bookstore*）记录珍妮特·沃森的书店生涯。*Courtesy of Jeannette Watson*

要求租金上涨的情势下，曾经风光一时的 Books & Co. 终于在 1997 年经营二十年后歇业。一本纪录珍妮特与 Books & Co. 历史的传记《书店》（*Bookstore: The Life and Times of Jeannette Watson and Books & Co.*）在两年后出版。伍迪·艾伦特别作序，文中谈到他与这家书店的亲密关系。传记中描述，二十年来向来注重隐私的艾伦从未特别与店员搭讪，但是当他得知书店有难时，却热心地表达协助之意，并曾写信向惠特尼美术馆说情。

珍妮特·沃森在痛失一手创立的书店后，蛰伏了半年。离开书店期间，她觉得自己彷如丧失了自我认同。最后在

162 | Bookstore Scenes in Film

克服心理障碍下（毕竟她也曾是书店业的女蜂王啊！她在传记中这么提到），接受了"角落书店"主人的邀约，在他们经营的另一家书店 Lenox Hill Bookstore 工作，一周两天，继续散播她对书籍之爱，许多老主顾也跟着上门。我最近在网络上注意到一则短讯，得知珍妮特刚刚买下这家书店，再度成为书店主人，想来纽约市的书店传奇又将添一章——伍迪·艾伦在拍《大家都说我爱你》时，肯定没料到片中出现的两家书店竟然在数年后发生了如此戏剧性的交会。

影片《当哈利碰上莎莉》中，男女主角二度碰面的地方，就是以纽约知名书店"莎士比亚"为场景。

独立书店 vs 超级连锁书店

另一位知名电影人诺拉·艾芙隆（Nora Ephron）和伍迪·艾伦一样是个纽约客，并且同样喜欢逛书店。她早年编写的成名喜剧片《当哈利碰上莎莉》（*When Harry Met Sally*）中，男女欢喜冤家相识十年后二度碰面的场景就是以纽约市一家知名的书店"莎士比亚"（Shakespeare

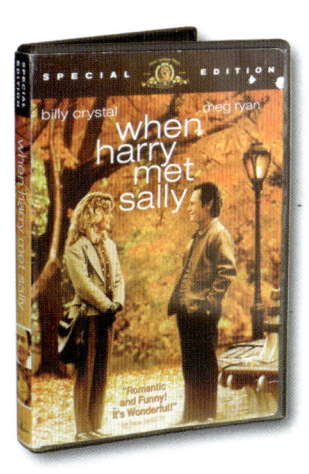

以书店为背景所拍摄的电影中,要数《电子情书》最为有名了。片中以美国纽约市一家独立儿童书店与超级连锁书店的冲突作为剧情主轴。剧中的儿童书店虽然是在摄影棚中搭出的,但编剧兼导演诺拉·艾芙隆却是以真实的"惊奇书店"作为原型。"惊奇书店"是美国著名的儿童书店,里面就和电影《电子情书》中所描述一般,有温馨可人的摆设和知识丰富的店员,同时也贩卖绝版的童书。饰演儿童书店主人的梅格·瑞恩在拍片前,曾到这家店里见习大半天。

& Company)为场景。

艾芙隆1998年自编自导的通俗电影《电子情书》,更进一步以纽约市一家独立书店与超级连锁书店的冲突作为剧情主轴。剧中一家儿童书店"Shop around the Corner"(也叫"角落书店")的第二代经营者凯瑟琳·凯莉,原本开心地守着母亲留下来的小店,谁知附近却进驻了一家由乔·福克斯家族所掌控的超级连锁书店,以宽敞的空间、低廉的折扣及飘香的咖啡座为号召,导致儿童书店的营业额节节下滑。凯瑟琳与乔在白天是敌对的竞争者,夜晚却热切地以电子邮件交流,只是彼此都不知对方的身份。剧情发展到最后,儿童书店无奈地结束营业了,两人的爱情却开始滋长。

对美国书店业有所了解的人一看就知道,片中的"福克斯书店"(Fox Books)是以"邦斯与诺博"及"博得"两家超级连锁书店的混合体作为蓝本。事实上,那家儿童书店也一样有所本。去过纽约"惊奇书店"(Books of Wonder)的人,一定会觉得影片中的儿童书店很眼熟。没错!编剧兼导演诺拉·艾芙隆正是以"惊奇书店"作为原型的,两家书店不论是书架、书籍的摆设方式,甚至连店中的色调都极其相似。位于纽约下城的"惊奇书店"是全美极其知名的儿童书店兼出版社,里面除了一般的儿童书之外,还有值得收藏的绝版老书。影片中儿童书店的书籍,不少都是由"惊奇书店"所提供。饰演凯瑟琳的梅格·瑞恩在拍片前,还到店里见习了大半天。

一些看过这部片子的美国独立书商和我聊起来时，对于影片的评价一般而已，不少人为凯瑟琳所下的评语是："She gave it up too easily!"（她太轻易就放弃了！）要让一个专业的独立书商弃守，的确不是太容易。卖书也是会上瘾的，想想看珍妮特·沃森的例子就能理解。我倒是不禁联想，如果《电子情书》有续集，景况该会是如何？凯瑟琳会不会就和乔结婚，安安稳稳地当起"福克斯书店"的老板娘？还是卷起袖子、自己下海到儿童书区当超级店员，顺便教育起一问三不知的店员？又或许她会软硬兼施地要财力雄厚的乔帮忙重建她的儿童书店，反正两人这会儿已不算是竞争者。帮助心爱的人完成理想总是美事一桩。如果觉得两家书店距离太近，没关系，曼哈顿大得很，换个角落不就成了！

现实环境里，这种爱的故事或罗曼史的发生机率大概不高，我所听到的大多是比较具战斗力的做法。为了对抗超级连锁书店与网络书店，美国的独立书商在其所组成的"书商协会"（American Booksellers Association，以下简称 ABA）的号召下，自 1999 年起，集体设立了一个联合网站 booksense.com，他们希望读者通过这个网站能轻易查询到邻近的独立书店，或连接到他们个别的网站，并可以下单订书。联合网站中，同时提供独立书商票选出来的推荐书单及书商们的读后心得，以别于一般均依赖连锁书店销售数据的报章杂志排行榜。这个同中求异、异中求同的联合网站到底能达成什么样的效应？非常值得观察。

没有赢家的书店战争？

两大类型书店间真正的白热化冲突，应该起始于 1994 年 5 月，ABA 代表四千五百位美国独立书商，控诉兰登书屋、圣马丁等六家大型出版社给予超级连锁书店及图书量贩俱乐部下面优惠折扣与较佳的付款条件，以致独立书店处于不平等的立足点。几家出版社后来纷纷与 ABA 和解。1997 年 9 月，美国企鹅出版社并同意付给 ABA 及其会员两千五百万美元，创下美国反托拉斯歧视法案史上

创立于 1971 年的"博得书店"（上），原本仅是美国密歇根州的一间独立书店，尔后发展成全美第二大超级连锁书店，带给老大哥"邦斯与诺博"（下）不少压力。但一度风光的"博得书店"，却因阅读习惯与书籍买卖管道的变迁，在 2011 年全面结束营业，终止了四十年的历史。

书店经营虽然不是获利甚高的行业,但是在欧美却受到普遍的敬重。一些有个性的人更是喜欢开一间有个性的书店,也因此在这个世界营造出一幅幅美丽的风景。

最高的和解金。和解金的一半归 ABA,以支付庞大的诉讼费用;另一半则依照交易量按比例付给与出版社有生意往来的书商。

打赢了这场漂亮的胜战,第二年 3 月,ABA 与二十六家书店联名,转而直接控诉两大超级连锁书店"邦斯与诺博"及"博得",指控它们迫使出版社与经销商给予其优惠折扣与付款条件。如此不公平的竞争让许多独立书店生意严重受损或结束营业。此案拖了三年后,在 2001 年 4 月达成和解,只不过被告只需支付原告四百七十万美元。这个被双方都宣称胜利的结果,在外围人士看来,其实是双输局面,最大赢家应是两造的律师。一些独立书商也很愤怒,ABA 竟然在花了近一千八百万美元诉讼费后就此罢手。ABA 却声明,整体而言,他们还是赢家,这两场诉讼下来,至少已经使得长久以来的不公平折扣大幅降低,独立书商因而有较健康的的生存环境。

或许有人会以为,美国这场书店之战不过就是商场上另一场竞争罢了,谁胜谁负又如何?有些人甚至觉得独立书商根本是输不起,无法通过资本主义里物竞天择的考

"我要人们对书店有一个全新的想法。我心目中的书店应该像是一座发电厂，放射出真与美的光芒。"20世纪初的文学家克里斯托弗·莫利（Christopher Morley）曾经发出如此感性的道白，这段话其实正反映出多数人对书店的期许。

验。然而，多数西方有识之士还是认为，这场战役当属文化之战，因为不少独立书店是由有个性、有品位、不随俗的人所主导，他们所选择陈售的书籍与超级连锁书店常有极大差异。后者往往大量订购一些所谓的"畅销书"，以便从出版社取得较低折扣，因此连锁书店虽遍及全国各乡镇，书种却几乎都一模一样。如果任由他们继续以低价策略竞争，导致各形各色的独立书店关门，无疑会削减文化多元性，造成社会整体的一大损失。这也正是为什么不少欧陆的书店业，一直到现在都还是"严禁折扣"的主因。

真实的书店风景毕竟不全然单纯优美。其中有艰苦、有冲突，电影中（以及人们印象中）书店风景泰半朦朦胧胧：多了一些浪漫、少了一点辛酸；多了几分美感、少了几许伤感。这只能说，书店在我们的心目中，象征着一个理想的空间、一个避风港。也正因为如此，这世界上才依然有人前仆后继地在各个角落营造出一幅幅的书店风景，而电影中也不时地闪现这些风景的片段。

初稿发表于 2001 年 11 月

UPDATE 后续笔记

记得2004年10月，这本书繁体字版的初版印刷前后，我从旧金山刚返回台湾不久，台北的长春电影院正好首演丹麦女导演罗勒·莎菲（Lone Scherfig）的影片《二手书之恋》。凡是与书、书店相关的电影，我都兴致勃勃，绝不会错过，尽管时差都还没调过来，我还是赶去首映会。

这部片的英文名是"Wilbur Wants to Kill Himself"，直译为《威尔伯想自杀》，一部有点温馨幽默又荒谬的悲喜剧，剧中描绘经营二手书店的哥哥哈尔伯与老爱闹自杀的弟弟威尔伯同时爱上来书店买书的女顾客艾丽斯，开展出三人之间奇特的关系，有点不可思议却又那么自然。书店（也是住家）是此片的主要场景，无论是布置或气氛都安排极佳。此外，本片也把"recycle"（"再生"、"回收"、"再次使用"）的概念作了很好的诠释，一本书可经由不

这是电影《二手书之恋》DVD封套的正反面，仔细看看封套正面那几本书的书名，觉得非常有意思。由上至下分别是荷马的史诗《奥德赛》、荣格的《回忆、梦、思考》（Memories, Dreams, Reflections）、《莫里哀的独幕喜剧》（One-Act Comedies of Molière）、厄内斯特·贝克尔（Ernest Becker）获普利策非小说奖的《反抗死亡》（The Denial of Death）、舞台剧女演员与教授乌塔·哈根（Uta Hagen）写的畅销教科书《尊重表演艺术》（Respect for Acting）、神经学家奥利佛·萨克斯（Oliver Sacks）所著的《火星上的人类学家》（An Anthropologist on Mars）。这几本书显然都是经过仔细挑选出的，和这部片的属性相符，每本都是经典名著。

同拥有者的传递而得到重生,这也正好呼应了其中的一些安排,无论是事业、婚姻、生命都可能在不同阶段、经由不同的人而有第二春、第三春,这是很有意思的剧情。

当影片结束时,导演莎菲居然现身电影院向观众答谢,惊喜之余,我特别趋前与她寒暄致意,赞赏她拍了这么部有巧思的影片。这不是什么畅销商业大片,但却引发不少书迷的讨论,我在台湾的几家书店(台北的"青康藏书房"、新竹的"苏格猫底二手书屋"与花莲的"时光二手书店")还看到主人把这部片子的宣传海报放在店中当装饰,成了书店中的电影风景。

这几年我又陆续发现了不少影片有书店的场景。例如《一页台北》中在"诚品书店"蹲坐学法文的男孩与女店员相识;2002年的《摄影师》(*Snapshot*),老牌演员伯特·雷诺兹(Burt Reynolds)饰演在阿姆斯特丹运河旁经营一家古书店的书商。1999年陈可辛导演、凯特·卡普肖(Kate Capshaw)主演的 *The Love Letter*(台湾译为《情有千千结》,大陆一般译作《情书》),全片从凯特·卡普肖饰演的书店主人在店中发现一封情书而开展。卡普肖是大导演史蒂芬·斯皮尔伯格的现任妻子,此片让我联想起斯皮尔伯格的前任妻子艾米·欧文(Amy Irving)也曾在1988年的一部影片《挡不住的来电》(*Crossing Delancey*)中饰演一位在书店工作、雅好艺文的女店员,当时欧文与斯皮尔伯格还在婚约中呢!

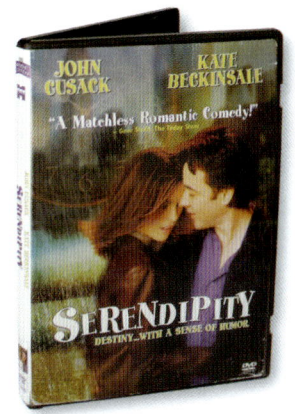

2001年上映的《美国情缘》(*Serendipity*,大陆一般译为《缘份天注定》),描述女主角把自己的姓名与电话写在一本哥伦比亚作家加西亚·马尔克斯(Gabriel García Márquez)的书《霍乱时期的爱情》英译本(*Love in the Time of Cholera*)首版的扉页,她紧握着书对初识的男主角说,隔天她就会把这本书转手卖给一家二手书店,若是命中注定两人有缘再聚首,他就会找到这本书、找到她。两人分手后,男主角每每到一家二手书店或书摊,只要看到精装版的《霍乱时期的爱情》,就会急着打开扉页,至于男主角是否找到了那本女主角卖出的书,我还是暂且不透

电影《美国情缘》(*Serendipity*,大陆译为《缘份天注定》)的剧情发展与一本流落在二手书店的精装本小说《霍乱时期的爱情》有紧密关联,此书为诺贝尔文学奖得主、哥伦比亚作家马尔克斯的作品。

奥黛丽·赫本在影片《甜姐儿》（*Funny Face*）中，由一个爱掉书袋、学究味十足的书店员工变成时尚摩登的模特儿，最后还与挖掘他的摄影师相恋。

露剧情，以免坏了未观赏者的兴致，我最气别人先告诉我电影或小说的结尾。《霍乱时期的爱情》英文版是在1988年出（初）版，马尔克斯在六年前（1982年）就获得诺贝尔文学奖，先前的著作《百年孤独》也早已在西方畅销，因此《霍乱时期的爱情》英文版首刷就高达十万本，一般而言，印量如此大的书通常二手价极低，但网络上却发现一本书还是可达十来美元，不知是否和这部片子有关。

知名女影星奥黛丽·赫本 在1957年上演的老片《甜姐儿》（*Funny Face*）中，饰演一个爱掉书袋、学究味十足的书店员工，由于某时尚杂志在书店中取景，被弗雷德·阿斯泰尔（Fred Astaire）饰演的摄影师相中，因而建议由凯·汤普森（Kay Thompson，1909~1998）饰演的杂志女总编找赫本当智慧型的模特儿。影片中的书店名为"萌芽概念"（Embryo Concepts Book Shop），应该是摄影棚搭造出来的，但那滑动的书梯、通往地下室的螺旋梯与跃层回廊上的书墙都让爱书人欣羡不已。赫本第一次站在书梯上被不知情的摄影师随手一推而滑至墙边的俏皮镜头让人印象深刻。

阿斯泰尔与赫本在拍此歌舞片时已是知名的演员，他们的风格与演出都可被预期，反而是饰演杂志女总编的汤普森让我觉得眼睛一亮，她又唱又跳，浑身都是戏，抢足了男女主角的风头。我查了一下，才发现汤普森这号人物不简单，她自幼就展现音乐才华，能歌善舞又会弹钢琴、作曲，在广播盛行年代曾有自己的节目，1940年代被好莱坞米高梅电影公司聘为声乐、舞蹈总监与教练，大牌影歌星如朱迪·加兰（Judy Garland）、弗兰克·辛纳屈（Frank Sinatra）、安迪·威廉斯等都曾受教于她，她也是丽莎·明奈利（Liza Minnelli，朱迪·加兰的女儿）的教母。最让我震惊的是，汤普森居然就是知名的童话《爱露意丝》（*Eloise*）和之后三本系列丛书的作者。爱露意丝是个古灵精怪的六岁小女孩，和她的保姆、小狗与乌龟住在纽约市"广场饭店"（Plaza Hotel），汤普森所写的有趣故事，配上希拉里·奈特（Hilary Knight）生动又可爱的插画，

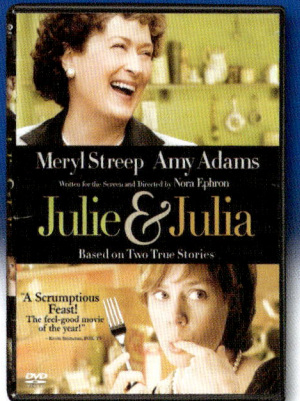 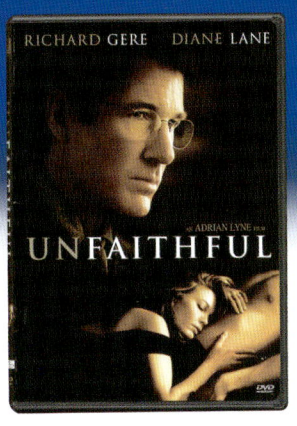  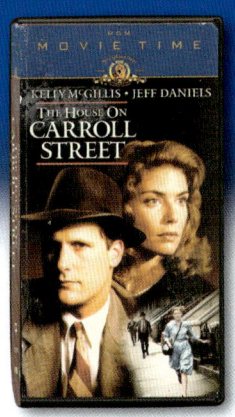

让此系列成了童话经典。"广场饭店"迄今还挂着奈特的爱露意丝画像,是众多大小书迷朝圣处之一。看一部电影而得知这些与书相关的讯息,也是一种意外的惊喜。

你知道这几部影片有什么共通处吗?答案是:它们都将纽约市的"史传德书店"(Strand Book Store)拍入片中。

电影中若出现自己拜访过的书店,不管片子好坏,总是备感亲切。例如《爱在日落巴黎时》(Before Sunset)片中的"莎士比亚书店"(Shakespeare & Company),就是我第一本书《书店风景》开篇介绍的一家传奇书店。2005年的 Just Like Heaven(台湾译为《出窍情人》,大陆译为《宛如天堂》)出现的那家书店,是我一位书商朋友史考特·哈律森(Scott Harrison)在旧金山所开的二手书店"废弃的星球"(Abandoned Planet Bookstore),这家店我在另一本著作《书店传奇》中曾介绍过。

2010年艾玛·斯通(Emma Stone)主演的《绯闻计划》(Easy A)是在南加州的欧海小镇拍摄,此地有一间迷人书店"巴慈书园"(Bart's Books),因为多数的书都置放在户外庭园而闻名,我在本书第十九章有专文介绍。片中饰演女主角的艾玛·斯通在学校因谎言与谣言,导致不可收拾的流言后,在心绪一片混乱之际,企图翻寻《圣经》找答案而走访的那家户外书店,正是"巴慈书园"。

我在《书店风景》一书中曾专文介绍了纽约的"史传德书店"(Strand Book Store),此店以拥有十八英里长的书而著称,早已是纽约市的地标,经常是电影取景的地

已是三代经营的"史传德书店",不仅是纽约市最大的二手书店,也是世界知名的文化地标之一,书店内外的标语宣称店中拥有十八英里长的书,许多影片都喜欢到此取景。

方。例如1988年惊悚片《卡罗尔街的房子》(The House on Carroll Street),其中有一段女主角在书店被跟踪、追逐的剧情,就是在"史传德"拍摄;1993年《六度分隔》(Six Degrees of Separation)剧中人物为了查一本传记而去的书店也是"史传德";2010年《记住我》(Remember Me)一片中男主角罗伯特·帕丁森(Robert Pattinson)打工的书店还是"史传德";《不忠》(Unfaithful,香港译为《出轨》)一片中女主角发现她的小情人(一位在家经营古书的书商)与一位女孩打情骂俏而发怒的场景又是"史传德"。

最后,当然得要再提诺拉·艾芙隆(Nora Ephron)。2009年她编导、制作的《美味关系》(Julie & Julia,香港译为《隔代厨神》,大陆译为《朱莉与朱莉娅》),这部片子交叉了茱莉与茱莉亚两个世代女性的小传,后者是美国家喻户晓的名厨茱莉亚·切尔德(Julia Child),片中叙述她与外交官丈夫二次大战后到了巴黎,因为爱上当地

美食而开始拜师学艺,最终出版了教导美国人如何烹饪法国料理的畅销食谱《精通法国烹饪艺术》(Mastering the Art of French Cooking)。前者茱莉·鲍威尔(Julie Powell)是一个普通的上班族,在工作上得不到什么成就感,发愤在一年内烹饪出《精通法国烹饪艺术》书中的524道食谱,并且每天在网络上发表心得,逐渐吸引了不少读者,博客后来出版变成了畅销书,也是这片子改编的来源之一。编导艾芙隆是爱逛书店的纽约客,先前主文早已提过她编写与导演的两部影片《当哈利碰上莎莉》、《电子情书》以书店为场景,她在这部片子又巧妙安排了两位女主角分别出现在两家书店。茱莉向好友抱怨自己被人利用时的场景,正是"史传德书店"大门口知名的一美元特价书摊。至于茱莉亚·切尔德在巴黎寻找英文写的法国食谱而走访的那家书店,很明显就是左岸专卖英文书的传奇书店"莎士比亚"。把大西洋两岸最知名的地标书店都网罗在一部影片中,确实聪明。只要留心,电影中还真是闪现不少书店风景呢!

你若与我一样是个"书店控",应该不会觉得上述的一连串"流水帐"太无趣。除了平常游走各地逛书店外,我连看电影都不会放过和书店相关的情节与场景,对于你我这样的书店控而言,书店就是带有一种难以言喻的魔力与魅力,只有你知我知,不知者还是不知。✿✿✿

(左)《美味关系》的电影导演、编剧、制作人诺拉·艾芙隆(右二)趁拍片空档与"史传德书店"的两代经营者合照,他们是图中最左与最右的弗雷德·巴斯(Fred Bass)及女儿南西·巴斯·怀登(Nancy Bass Wyden)。至于诺拉与弗雷德中间那位女士,则是诺拉的同行妹妹蒂丽雅·艾芙隆(Delia Ephron),《电子情书》就是由这两姊妹共同编剧、制作,她们还合作过《西雅图夜未眠》(Sleepless in Seattle)、《挂线情未了》(Hanging Up)、《天使不设防》(Michael)等片。图片左后方出现的是影片《美味关系》中的女配角 Mary Lynn Rajskub。Courtesy of Stand Book Store

(右)"史传德书店"著名的室外减价摊,一本一美元,此处也是电影《美味关系》拍摄的场景之一。

CHAPTER 15
Exploring Antiquarian Book Fairs
古书嘉年华

我在古书展中，出手买书的次数并不多，却总还是欣然参加。在这里，你可以见识到众多书商的精心收藏，磨炼鉴赏的眼光。纯欣赏就是一件乐事，喜欢并不一定要拥有。

一个对书痴迷的人，除了平常就习惯驻足于书店、书摊之外，碰到了书展更是不会放过。全世界大大小小的书展多不胜数，由于工作的需求，我曾参加过不少类型的书展。像规模居全球之冠的"德国法兰克福书展"、"美国书籍博览会"、"意大利博洛尼亚儿童书展"等，

"国际古董书商联盟"（International League of Antiquarian Booksellers，以下简称ILAB）两年一度、轮流在欧美重要城市召开会员大会，同时也会举行书展。第16届ILAB的古董书书展于1996年在美国旧金山举行。这个"书展中的书展"，每两年由深孚众望的古董商组成委员会，邀集全世界顶级书商共聚一堂。图为筹备此次书展的委员会成员，清一色为男士，让人很容易理解为什么古董书经营常被称为"绅士的行业"（gentlemen's business）。图中女士并非书商，而是书展经理。*Courtesy of ILAB, ABAA & Winslow & Associates*

这张1996年第16届ILAB书展的海报，画面用的是以书籍制作而成的地球仪，象征书籍与地球一样古老而隽永。

但是这些书展多半以版权交易，或是同业间大批订购书籍为主，并非直接诉求普罗大众。

台湾人熟悉的书展形式，应该算是每年年初的"台北国际书展"了。这个书展虽然名之为"国际"，也希望能达到版权交易的目的，实质上，参展的单位多数还是台湾的出版社。主要也不外乎向一般消费者强力促销自家出版品而已。每回走进世贸中心的会场，就仿佛陷入大型百货公司周年庆的疯狂折扣战之中。每个摊位都堆满了五颜六色、各式各样的书籍，从七八折的新书到二三折的回头书触目可及。整个会场人潮汹涌，一片闹哄哄，让人觉得头昏脑胀、心浮气躁，买书、看书这等原属风雅之事，顿时乐趣尽失！

我最常参加的古书展是由美国古董书商协会在旧金山所举办的加州国际古董书展。会场入口总是依照惯例陈列以书为造型的巨幅海报及装饰。

　　所有的书展中，我最喜欢参与西方的"古董书展"（antiquarian bookfair）。这类书展所陈售的，都是几十年前甚至几百年前的绝版古书。会来设摊参展的，多半也并非出版社，而是有着特殊收藏与品味的一个个书商；前来参访与会者，则几乎人人都是嗜好藏书的爱书人。古董书展当然也有分等级，其中最受瞩目、最具水准的当属由"国际古董书商联盟"（International League of Antiquarian Booksellers，以下简称 ILAB）两年一度、轮流在欧美重要城市举办的"ILAB 书展"、英国的"古董书商协会"（Antiquarian Booksellers' Association，以下简称 ABA）固定每年6月与11月在伦敦揭幕的"ABA 书展"，以及"美

风雅的西方古董书展是我最爱的书展,这类书展陈售的书籍大都是绝版古书或制作精美的珍本书,所以设摊展览的单位并非出版社,而是有特殊收藏与品味的个别书商,来访者则几乎是有藏书嗜好的爱书人。

国古董书商协会"(Antiquarian Booksellers' Association of America,以下简称 ABAA)每年 2 月在加州(奇数年在北加州旧金山、偶数年在南加州洛杉矶)、4 月在纽约、11 月在波士顿定期定点召开的"ABAA 书展"。

在这些国际级的古董书展中,你可以看到,来自世界各地的一流古董书商骄傲地展示他们的珍藏古书。所有书商都是协会会员,这表示他们在业界里,都有一定的资历,且敬谨遵守协会法规。凡所出售的书籍都有品质保证,如果消费者觉得有问题,在一定期限内都可以退换。

喜欢并不一定要拥有

对于只想捡便宜货的人而言,这类高档书展可能不是最佳去处。因为多数展售的古书,都是书商们从库存中精挑细选出来的珍品。价格从数十美元一直到数万美元甚至数十万美元不等。当然,偶尔还是会出现一些价廉物美的书籍,不过,那真是可遇而不可求的了。

古董书展所陈列的书，价格往往高达数千或数万美元，因此很多书商都采用坚固的金属箱来搬运书籍，以免爱书受损。

坦白说，我在古书展中，出手买书的次数与本数并不多，却总还是欣然参加，理由无他，在这里，你可以一次见识到众多书商的精心收藏，借以开拓、磨炼书籍鉴赏的眼光。很多时候，纯欣赏就是一件乐事，喜欢并不一定要拥有。能够亲眼看到一些 18 世纪、19 世纪的书籍，竟然在历经上百年之后，摩洛哥皮革封面还能泛出光泽，内页插画依然色彩鲜艳夺目，实在是让人惊叹不已！古董书的经营向来被称为"绅士的行业"（gentlemen's business），多数书商无不温文有礼，即使面对像我这样"旨在浏览，不在购买"的访客，也绝不会冷眼对待。

我最常参加的古书展，是 ABAA 每逢奇数年二月在旧金山举办的"美国加州国际古书展"，这个古书展已发展成全世界最大的国际古书展，来自世界各地参展的书商每次平均都超过两百家，短短三四天的展期让众多的爱书人齐聚一堂，宛如古书界的嘉年华。在这几天内，我不仅能欣赏到许多珍品，还有机会与书商、来访者分享彼此对

178 | Exploring Antiquarian Book Fairs

书籍的知识与热情。如此的古书展也吸引了一位英国纪录片制作人保罗·赖亚尔（Paul Ryall）及其工作小组，他们曾将2001年的旧金山国际古书展，拍成一个小时的纪录片《爱书狂》（*Bibliomania*），让更多人能一窥古董书商与收藏家的世界。

除了国际级的古董书展外，一些规模较小的区域性古董及二手书展也常态性地在欧美许多城市进行。单单以美国加州为例，至少就有旧金山、圣莫尼卡（Santa Monica）、帕萨汀纳（Pasadena）、萨克拉门托（Sacramento）、内华达郡（Nevada County）等地定期举办较小型的古书展。这类区域性书展并不像国际性书展般规定参展书商必需隶属ILAB的一员，参展费也较为低廉，书商所贩卖的书倾向中低价位，因此很吸引一般爱书人与刚踏入门槛的藏书家。有关世上此类书展的举办时间与地点，可以在"国际古董书商联盟"的网站中查询：
http://www.ilab.org/eng/news.html

古书展往往出现一些夺人目光的书籍。照片中这张巨幅的跳蚤图像，最早出现于1665年所出版的《显微图》（*Micrographia*）。《显微图》是英国发明家、显微镜技师罗伯特·虎克（Robert Hooke，1635~1703）用自己发明的显微镜观察细微物体后，所记录下的生动文字及插图，这是历史上第一次展示细胞结构图的书，虎克也是第一位使用"cell"（细胞）这个名词的人。虎克曾表示他从跳蚤毛的结构与排序中，发现了艺术之美、神圣之美，并转而信仰上帝。这只跳蚤也因此成了历史上著名的巨大小虫。1745年的简明版《显微图重现》（*Micrographia Restaurata*）虽然文字较简洁，但是完全重制并放大原书中的图像。书展中所展之版本为《显微图重现》。

（上）古书展多半会安排资深书商，免费替来客鉴定他们所带来的旧书是否有收藏价值。

（下）"波雷力恩书店"（Bolerium Books）的两位店主麦克·平可斯（Mike Pincus）（图左）与约翰·德伦（John Durham）（图右）两人整理书架的风格大不同。

人的互动让书更有情

这些年来，迅速发展、一日千里的因特网固然也成为古董书的最新销售渠道。然而，书展的地位不仅没有衰退，反倒愈形重要。有更多的书商为了节省租金，舍弃了开放的实体店面，透过高科技，选择在家经营。如此一来，书展便成了他们唯一面对面接触、交流的机会，许多新客户都是由此开发的。

对于爱书人而言，古董书展当然也是了解书商专长、价位与性格的最好场合。几年下来，我也因此结识了不少气味相投的书商，日后经常安心地上他们的网站买书，甚

至还进一步亲访他们的书店或住家,参观其藏书。买书、卖书这个过程,多了人与人的互动,的确更值得我们回味与留念。

初稿发表于 2001 年 2 月

书籍艺术单位经常在古董书展设摊,宣扬手工印刷及书写之美。这种一人操作的凸版印刷(左下),跟复杂细腻的花体字书写艺术(左上),是中世纪以来,西洋文明得以延续不绝的主要关键。这些年在美国古书界颇受欢迎的两位作家约翰·邓宁(John Dunning,右下)、尼古拉斯·巴斯贝恩(Nicholas Basbanes,右上)都曾在古董书展演讲及签名。前者曾是古董书商,尔后以古书业为背景而撰写出数本侦探小说。后者则是采访记者兼藏书家,几本著作都是有关西方古书文化的报道。

INFORMATION
古书展相关网站

ILAB 书展
www.ilab.org

伦敦 ABA 古书展
www.olympiabookfair.com

加州国际古书展
www.sfbookfair.com
www.labookfair.com

纽约国际古书展
www.nybookfair.com

波士顿国际古书展
www.bostonbookfair.com

巴黎国际古书展
www.salondulivreancienparis.fr

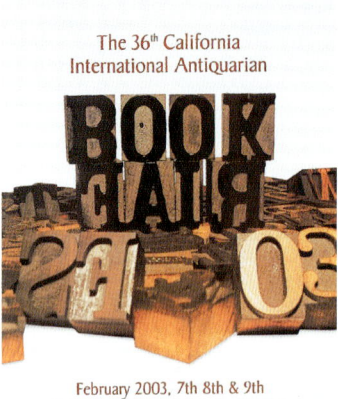

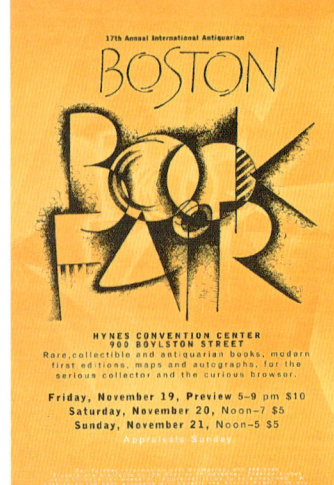

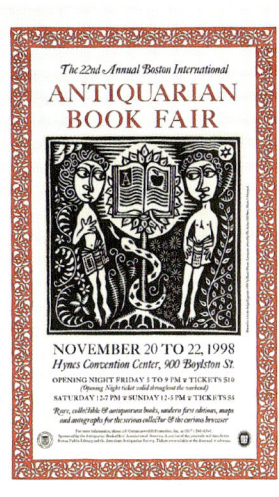
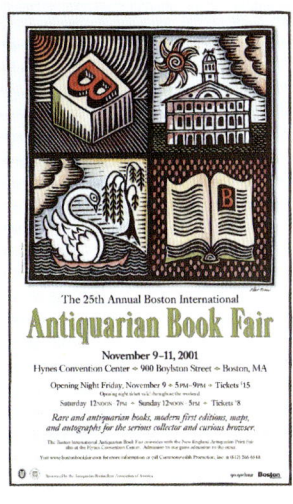

英美几个大城市如伦敦、纽约、波士顿、旧金山与洛杉矶，每年（或每两年）所举办的国际性古书展，无疑是爱书人的嘉年华，只要时间允许，我总是会设法参加，如果不能参加，我总会设法向书商们要一些书展的海报。这些书展的海报往往引人注目，不仅讲究字体与设计，有时还会把地方的特色融入，例如旧金山的金门大桥、洛杉矶的椰子树与好莱坞。一些书商知道我喜欢书展的海报，还把他们的收藏割让给我，目前我手中最老的一张海报是出自1967年"国际古董书商联盟"在加州洛杉矶召开会员大会时举办的第二次古书展。*Images courtesy of Antiquarian Booksellers' Association of America and Antiquarian Booksellers' Association（UK）*

UPDATE 后续笔记

以往在欧美参加西方的古书展,总是好整以暇地在人潮不多的会场品书、与熟识或初识的书商们闲聊书话,优哉游哉、极为自在。怎么也没想到,因缘际会下,我却在 2007 年底担任了第一届香港国际古书展(International Antiquarian Bookfair in Hong Kong)的公关顾问,负责向媒体与大众宣扬那次历史性的盛会。

2007 年 11 月 30 日在香港太古广场会议厅连续三天的古书展,是东南亚与大中华地区有史以来第一次大规模的国际古书展,由日本"雄松堂书店"与澳洲"康史达克书店"(Cornstalk Bookshop)发起,与创立于 1918 年的香港老字号西文书专卖店"辰冲书店"(Swindon Books)合办,前两者的负责人新田满夫与保罗·飞恩(Paul Feain)分别为前任与现任国际古书商联盟(International League of Antiquarian Booksellers;以下简称 ILAB)的委员,在古书业人脉充沛,因而号召了那次历史性的盛会,有来自英美、澳洲、日本等世界十一个国家的六十四家古书商,虽说规模与那些动辄数百家书商参展的旧金山、纽约或伦敦古书展不能比,但百分之八十以上的参展者隶属 ILAB 的会员,其中包含了犹如天王巨星级的世界顶尖知名书商,如此的组合,即便在欧美古书展盛行的地区,也是难得一见。

名单中包括英国古书界的龙头"夸瑞奇古书店"(Bernard Quaritch Rare Books,1847 年创立)与"麦格斯兄弟古书店"(Maggs Bros Rare Books,1853 年创立)。这两家伦敦老店都有超过一百五十年的历史、都有买卖古登堡《圣经》(西方第一部活字印刷的书,全世界仅存

第一届香港国际古书展的海报。

第一届香港国际古书展前几天,三位主办单位的负责人密集开会商讨大大小小的事宜,以期书展有个好的开始。由左至右分别为香港"辰冲书店"的Chris Li,日本"雄松堂书店"(Yushodo)的新田满夫,与澳洲"康史达克书店"(Cornstalk Bookshop)的保罗·飞恩(Paul Feain)。

四十余册)的辉煌纪录,长久以来一直是提供大西洋两岸珍本书的货源地。欧美许多重量级图书馆内的诸多藏品都是来自这两家店。前者被视为英国最大规模的古书店,后者是不少欧洲皇室御用的书店,现仍由第四代家族持续经营。法国另一家同是四代经营的古书店"夏满诺"(Librairie Chamonal)也在参展之列。美国则有传奇书商彼得·豪尔(Peter Howard)主持的"意外惊喜书店"(Serendipity Books)以及经营绝版童书和红色收藏的专家贾士汀·席勒(Justin Schiller)等。

古书业发达的日本,早在1965年即是国际古书商联盟的一员,老店琳琅阁(1875年创立)、一诚堂(1903年创立)、雄松堂(1932年创立)、八木书店(1934年创立)等都将带着精品参加此次以西方古书商为主的书展。

由于是西方古书业在华文世界首次举办,书商们无不互别苗头,带了珍品中的珍品到现场,让参加过不少古书展的我都叹为观止。例如纽约重量级书商Jonathan A. Hill带来波兰天文学家哥白尼(Nicolaus Copernicus)以拉丁文撰写、1543年德国纽伦堡印行的第一版《天体运行论》(*De revolutionibus orbium coelestium*),这本书否定了以往"地球为宇宙中心"的理论,提出太阳才是中心,因而成了天文学的经典,希尔先生也给这本天文书标了一个天文

（右页）第一届香港国际古书展出现了许多珍品中的珍品，画面最上方的是明朝天启三年（1623）杭州印行的《职方外纪》，下一排左边的是《百万塔陀罗尼经》，为日本宝龟元年（770）刻印完成的汉字经咒文与其存放的小木塔，右边则是 15 世纪的手绘时令祈祷书；再下一排由左至右分别为 1813 年出（初）版的上中下三册《傲慢与偏见》、1543 年德国纽伦堡印行的第一版《天体运行论》，以及 14 世纪时的《马可波罗游记》羊皮纸手抄本。*Images on the opposite page courtesy of Martayan Lan Rare Books, Yushodo, Librairie Loeb-Larocque, Jonkers Rare Books, Jonathan A. Hill Bookseller, and Maggs Bros Ltd*

数字的价格（一百五十万美元）。另一家纽约高档书店 Martayan Lan Rare Books 则展出明朝天启三年（1623）杭州印行的《职方外纪》，内文五卷，并含六张地图，由意大利传教士艾儒略（Giulio Aleni）所编译，是第一部中国有关世界地理的书籍。

伦敦"麦格斯兄弟古书店"则展出了约公元 1350 年完成于北意大利的两张（四页）《马可波罗游记》（*Il milione*）羊皮纸手抄本。西方印刷术发明前，书籍都是用手抄写的，此展品是世界私人收藏最古老、最接近马可波罗（1254～1324）时代的手抄本。

服务的客户涵盖美国两任总统老布什与克林顿的"19 世纪书店"（The 19th Century Shop）带来了爱因斯坦的书信与照片、DNA 最早发表的期刊抽印本和发表者的签名，以及俗称"第二对开本"（Second Folio）、1632 年第二版的莎翁戏剧全集《威廉·莎士比亚先生的喜剧、历史剧和悲剧》（*Mr. William Shakespeares Comedies, Histories, & Tragedies*），这个版本修改了第一版一千七百处，且卷头出现了诗人米尔顿（John Milton）所写的哀悼诗。

"雄松堂"不仅展出一页（正反、两面印刷）古登堡《圣经》，还带来了全球公认现存最古老的木版印刷品之一——《百万塔陀罗尼经》。日本宝龟元年（770）刻印完成了一百万卷全部汉字的经咒文，并分藏在一百万个木制的小塔中，书展中可看到这小木塔和经文。"雍可古书店"（Jonkers Rare Books）则把简·奥斯丁的首版《傲慢与偏见》（*Pride and Prejudice*）、《理智与情感》（*Sense and Sensibility*）都带到古书展；我还惊喜地发现"彼得·哈林顿古书店"（Peter Harrington Books）展出了维吉尼亚·吴尔芙多年的日志本，"博传洛塔古书店"（Bertram Rota Ltd）则有吴尔芙的首版作品《星期一或星期二》（*Monday or Tuesday*），封面的木刻图案是她姐姐凡妮莎·贝尔（Vanessa Bell）所设计。"安竺恩·哈林顿古书店"（Adrian Harrington Rare Books）不仅带来了侦探小说 007 邦德系列全集，还有令全港学童都疯狂的《哈利·波特》首版全

书展中除了珍本书以外，还出现许多名人手稿，例如维吉尼亚·吴尔芙的日志本。

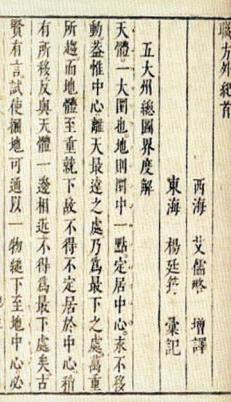

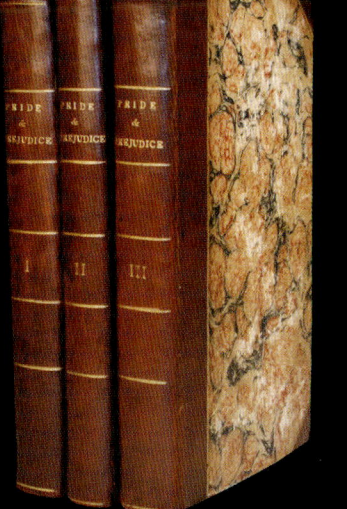
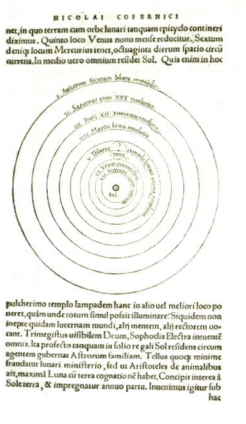
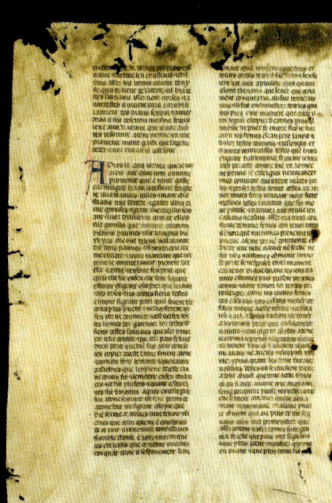

集，每本都有作者J.K.罗琳的签名呢！展场上同时可看到海明威的签名本，毕加索、马蒂斯、米罗等艺术家插画的作品。

此外，凡是与文字、印刷相关的物件也包括在内，例如老地图、老照片、老海报、名人手稿、版画、藏书票等，会场中的展品涵盖各式主题，任何人都能看到自己感兴趣的展品。

第一届香港国际古书展成功落幕后，主办单位决定在2009年1月中举办第二届，我也同意再任公关顾问，谁知道就在书展前几个月，美国第四大投资银行雷曼兄弟宣布破产，引爆了全球的金融海啸，在一片气氛低迷下，主办单位反复思考后，毅然决定二度举办，许多古书商也热情相挺，结果共有五十家参展商，其中包括了来自北京的古旧书业龙头"中国书店"、知名的"德宝国际拍卖公司"，上海的老字号"博古斋"、新秀"致中艺术品公司"，以及台湾的"旧香居"与"家西书社"，这也是中国大陆与台湾古书商、古籍拍卖商首次参与国际性古书展的历史性盛会。香港国际古书展固然是贸易上的交易，但其实也促进了东西方古书业、收藏家与爱书人的交流。

香港国际古书展固然是贸易上的交易，但其实也促进了东西方古书业、收藏家与爱书人的交流。更重要的，这让原本对西洋古书没有概念的普通读者，能有机会近距离观赏西洋珍本书，对它们产生兴趣并感受到它们的美与魅力，除了能亲眼看到、亲手触摸这些书，还可以和这些书的拥有者当面交谈，了解它们的历史或故事，实在非常幸福。❦❦❦

Note 2014

两届香港国际古书展之后，我已不再担任顾问之职，但非常高兴知道他们日后又续办了三届，只可惜自2012年起，因为无法找到适当的场地与时间而停办。古书展主要负责人保罗·飞恩向我表示，他会尽力促成此一美事，衷心期望如此的盛会，能在华文世界常态举行。

（左页）2007年香港太古广场举办的第一届香港国际古书展，把东西方的古书商都聚集在一个屋檐下，很庆幸自己在极端疲累的状况下，还是顺手拍了些照片，留下一些记录。画面中身穿绿衫、坐在地毯上涂鸦的小女孩，是一位法国女书商Béatrice Loeb的女儿；与我合影的女士是"雄松堂书店"的女主人，她的上衣与我的领带都有书的图案；至于左下角那位聚精会神在书摊前看书的东方男士，是华文世界爱书人都熟知、以写书话著称的名作家董桥先生。

第二届香港国际古书展的目录封面。

CHAPTER 16
The Excitement of Book Auctions
书籍拍卖的变与不变

无论通过何种方式，拍卖得标那一刹那，买主无不 high 到最高点。等亲手打开包裹，又是一阵飘飘然。只不过，这种兴奋会持续多久？那就很难说了。

在国际拍卖会场上，高额成交的项目，往往都是绘画、珠宝、家具这些装饰用途强的物件。它们也因此成了媒体最常报道的焦点，例如 1990 年 5 月，日本企业家齐藤了英在一个星期内，先以八千两百五十万美元的天价，从拍卖公司"佳士得"（Christie's）标下一幅梵·高的画作《加歇医生像》，接着，又砸下七千八百二十万美元，由拍卖公司"苏富比"（Sotheby's）抢得雷诺阿的油画《红磨坊街的舞会》。这个让人啧啧称奇的大手笔，顿时成了国际间的头条新闻。相较之下，书籍、手稿、文件类的交易就显得安静多了。

这是 1820 年英国伦敦的书籍拍卖景况。此画是当时漫画家汤马斯·罗兰森（Thomas Rowlandson）所绘，生动刻画出拍卖场内的热烈情绪与竞标者的不同表情。

从"装饰房子"到"装点心灵"

　　就在那位齐藤先生花了一亿六千万美元,添购两张19世纪末的名画之际,美国纽约一流藏书家布拉德利·马丁(H. Bradley Martin)的上万册藏书经过"苏富比"分批拍卖一整年,最终总成交额达到三千五百七十万美元。前一年,加州女藏书家埃丝特尔·多希尼(Estelle Doheny)的一万六千册藏书,则是在"佳士得"为期两年的拍卖中落幕,成交总额为三千七百四十万美元。这两笔交易(其中不乏四五百年前的珍本书)创下了有史以来私人藏书拍卖金额最高的纪录,知道的人却很有限。毕竟,这两万六千本书加起来,还不及一幅画的价钱。当然也就不会引发太多的报道了。

　　不少爱书人看到这个对比落差,频频摇头叹息。齐藤先生那笔钱若花在古董书上,将能建立一个顶级的私人图书馆,里面的藏书可以包含细致的中世纪彩绘手抄本,或是数百年前稀有、精美的印刷书籍,并让他晋身为世界首屈一指的藏书家。可惜、可惜、实在太可惜!此外,他们也为"书"与"画"的身价差别如此之大而大喊冤枉——我

(左)这是1795年左右,英国伦敦的书籍拍卖景象,衣冠楚楚的绅士贵妇、喧闹得有些紊乱的场景,跟今日并无两样。

(右)此幅铜版画约完成于1700年的英国伦敦,是书籍拍卖最早的图像之一,由此可以看出当时的拍卖是在户外进行,但喊价者与竞标者区隔并不严密,反倒有些像在摆摊卖书了。

书籍拍卖的变与不变 | 191

在西方的拍卖市场上，古书交易的金额向来不敌名画。2011年6月初我到伦敦"佳士得"，参观了一个古书拍卖会前举办的预展，现场展出八十二项物件，从10世纪的手抄本、15世纪的彩绘时令祈祷书到之后几世纪的珍本书，目录中单品列出的最低预估价为两千英镑、最高价为十五万英镑。有趣的是，展场同时也展出当月底要拍卖法国印象派画家雷诺阿、莫内等人的油画，预估价每张都是以百万英镑起跳。事后查了一下，那次古书拍卖售出三十九项物件，总成交额为一百七十八万英镑；至于画面中所见那张雷诺阿的裸女油画，最后以五百万英镑成交。书与画的身价如此之悬殊，让我不禁又想起书商罗森巴赫的那句至理名言："收藏家装饰完他的房子后，才会转而妆点他的心灵。"

猜，这些人八成都忘了20世纪初美国传奇书商罗森巴赫（A. S. W. Rosenbach）的一句至理名言："收藏家装饰完他的房子后，才会转而妆点他的心灵。"

1994年11月1日，终于传出让爱书人稍稍扬眉吐气的消息。纽约的"佳士得"以三千零八十万美金（包含百分之十的佣金）的高价，落槌卖出意大利天才达芬奇的七十二页笔记本。里面有他的三百多幅绘画、素描，以及有关科学、艺术的手札。这个数字，成了单一书籍拍卖的最高价，打破纪录的是全球知名的"微软"创办人比尔·盖茨（Bill Gates）。1998年7月8日，伦敦"佳士得"又传佳绩，大藏书家保罗·格蒂（Paul Getty）以七百五十三万美元夺得威廉·卡克斯顿（William Caxton，英国最早的印刷师）于1477年印制的乔叟名著《坎特伯雷故事集》，这本书成了史上最昂贵的印刷书籍。一年后的同一天、同一地点，一位匿名人士以一千三百三十万美元标得一本1505年的彩绘祈祷书，再度创下这类书籍的最高价。

192 | The Excitement of Book Auctions

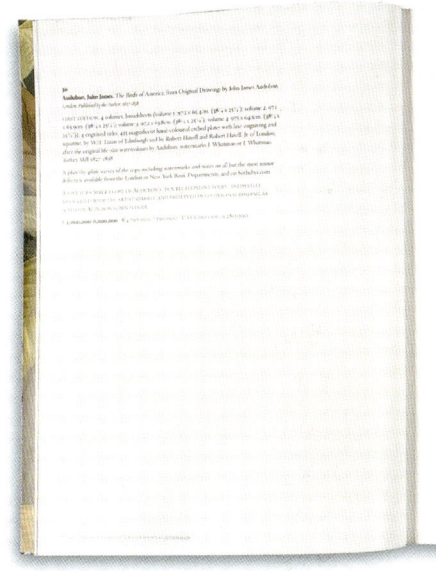

一般爱书人虽然无（财）力竞标这些高档拍卖品，但还是乐于亲临现场。毕竟，能观赏到这些过程，的确够刺激。而且，也不是所有的拍卖品都遥不可及，即使像"苏富比"、"佳士得"这类尊贵的公司，其实也可能标到一千美元以下的古董书。再不然，有兴趣的人也还可以转到其他较大众化、专以书籍为主的拍卖公司，例如"斯旺艺廊"（Swann Galleries）、"布鲁姆斯伯里拍卖公司"（Bloomsbury Auctions）、"太平洋书籍拍卖艺廊"（Pacific Book Auction Galleries）等，一过拍卖之瘾。每次拍卖会之前好几个月，这些拍卖公司都会发行图文并茂的目录，每件书籍、文稿的价位，由数十到数万美元不等。许多爱书人、书商无不长期订阅，仔细研究自己所感兴趣的项目，以便届时能进场标下爱书。

异军突起的网络拍卖

而今，网络发达，无远弗届，拍卖公司也纷纷设立网站，并提供目录免费让人查询。拍卖会当天，无法亲自到场的人，除了既有利用信件、传真、电话投标之外，现在又多了 e-mail 这个管道——正如其他商品拍卖，进入数字时代，书籍拍卖最大的变革在于"网络"与"线上拍卖"

鸟类学家兼画家约翰·詹姆斯·奥杜邦（John James Audubon）于 1827 年至 1838 年间在英国出版了四册巨幅的绘本《美国鸟类》（The Birds of America），内含四百多张铜版画，都是依奥杜邦的原画为底所印制，然后手工上色。由于奥杜邦是依鸟的原寸绘图，书页尺寸超大，平均约 97 公分 × 64 公分，此套"巨著"出版不到二百部，为史上最著名的鸟类绘本。2010 年 12 月 7 日，拍卖公司"苏富比"以七百三十二万英镑（约一千一百五十万美元）卖出一部，不仅创下此书最高的售价纪录，也成了史上最昂贵的一部印刷书。图中所见为"苏富比"那次拍卖的目录封面与内页。
Photo by Javier Molina

（左）"太平洋书籍拍卖艺廊"的副总裁乔治·福克斯（George Fox）自己既是个藏书家，也在公司担任拍卖官的职务。

（右）多数书籍拍卖公司在正式拍卖的前几天，会将拍卖品对外陈列，以供有兴趣的买主事先检查自己想竞标的书籍。

的出现。特别是 eBay 的网络交易，导致许多实体拍卖公司在传统的经营之余，也开始在网站上另辟线上拍卖会。其中包括世界最古老暨已有两百五十多年历史的老字号"苏富比"书籍、手稿部门，以及美国西岸最大的古书拍卖公司"太平洋书籍拍卖艺廊"等。

只不过，明眼人一下就看出来了，在线拍卖的书籍，无论在品质与稀罕度上，都低得太多了。相对地，平均价格也显著下降，这其实是可以预期的情形，毕竟电子商务的风险还是较高，大家皆以保守为上；再者，你若要花大钱购买一本珍奇的古董书，难道不会想亲自或请内行的代理人先对你垂涎的宝贝仔细打量一番吗？网络上就算能 show 出几张封面照片，你能就此放心吗？里面是否有缺页或折角？真伪度到底可不可信？这些顾虑，都是实体拍卖公司（特别是有信誉者）为何始终矗立不摇的原因。此外，也只有众人相聚在一堂，才能近距离地目睹一群书痴为了争夺一本书而血脉贲张、情绪沸腾的精彩景象。但是，无可否认的，线上拍卖的兴起，确实满足了升斗小民比价的乐趣，也稍补无法亲临拍卖现场的遗憾了。

"拍卖"，这个早在公元前 5 世纪时，希腊历史学家希罗多德就曾在书中记载的交易行为，过去几年里，因科技影响而产生了巨变。然而，人类对于收藏品的猎奇心态

却是不变的。无论透过何种方式，在得标那一刹那，心情无不 high 到最高点。等亲手打开包裹时，又是一阵飘飘然。只不过，这种兴奋会持续多久？可就很难说了。据说，齐藤先生买下那两幅世界级的名画后，就把它们塞在仓库保险箱里，此后再也不曾看它们一眼了！

初稿发表于 2001 年 1 月

INFORMATION

书籍拍卖公司相关网站

佳士得
Christie's
www.christies.com

邦瀚斯拍卖行
Bonhams
www.bonhams.com

苏富比
Sotheby's
www.sothebys.com

斯旺艺廊
Swann Galleries
www.swanngalleries.com

太平洋书籍拍卖艺廊
Pacific Book Auction Galleries
www.pbagalleries.com

布鲁姆斯伯里拍卖公司
Bloomsbury Auctions
www.bloomsburyauctions.com

虽然不需要亲自到达拍卖会场，也能一样通过其他渠道竞标书籍，但是许多人还是喜欢亲临现场，感受拍卖时的热络气氛。图中所见为伦敦"苏富比"古籍部于 2009 年 7 月 14 日举办的拍卖会。

  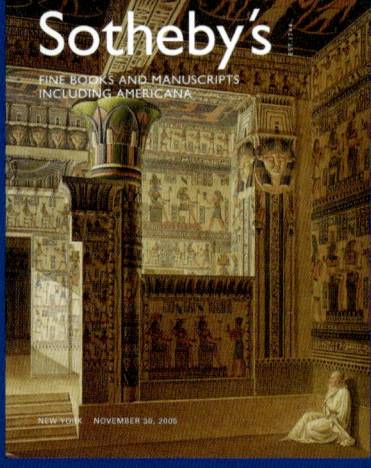

 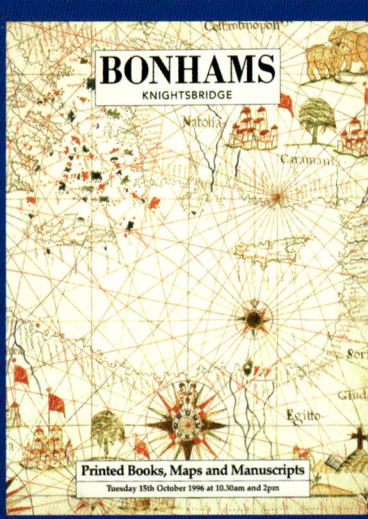 

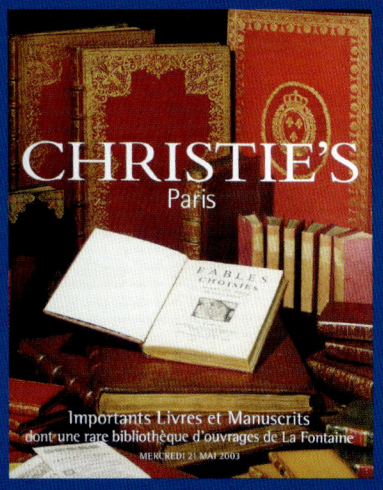
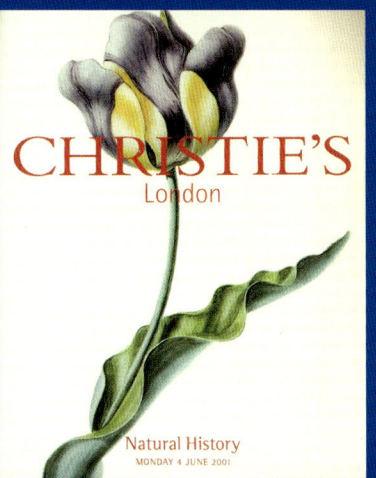
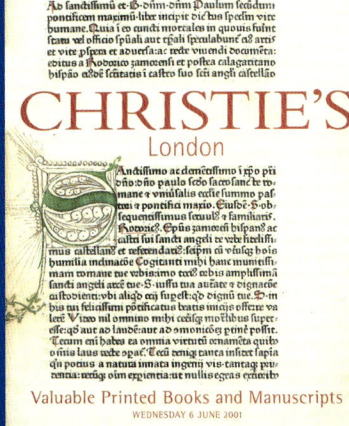
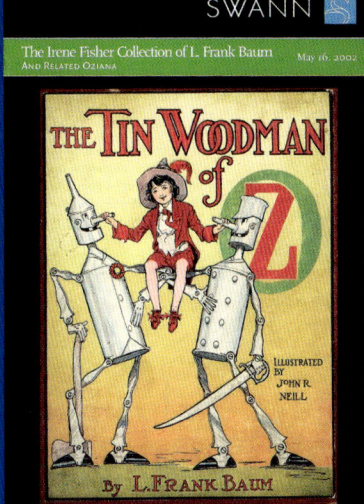

古书拍卖公司在每场拍卖会前总会提早发行图文并茂的目录，将每件拍卖品的典故、品相及预估的底价等资讯巨细靡遗地描述出来，而且还列出一些热门拍卖品的照片。这些目录不仅是多数书商与收藏家的价目参考指南，精美的编排往往也成了许多爱书人的收藏对象。一般人虽然没有财力竞标价值高昂的珍本书，但总能花点小钱买本目录回去过干瘾；此外，在拍卖会前、为期几天的预展（auction preview），无论有钱没钱，人人都能近距离欣赏、触摸那些珍品。

CHAPTER 17
The Morgan Library
摩根图书馆

纽约的博物馆、图书馆何其多,在总面积上,摩根图书馆算不得大,但是在精致与主题统合程度上,她却绝对名列前茅。来这里的人,绝大部分都是胸有定见、具有特殊品位的旅者。

【馆藏篇】

每次到纽约市,我总会习惯性地拜访几个地方,皮尔朋·摩根图书馆与博物馆(The Pierpont Morgan Library & Museum,一般简称"摩根图书馆")是其中我最喜爱的朝圣处之一。无论是她的历史、建筑、馆藏与服务,都让我深深地着迷。这座美国东岸最著名的私人图书馆,绝对称得上是真、善、美的化身,爱书人置身其中,总是会自然而然地就心生一股宗教般的虔诚。

小而强、小而美

"摩根图书馆"其实可被视为一个小而强、小而美的博物馆。由19世纪末、20世纪初崛起于纽约的传奇金融家及收藏家约翰·皮尔朋·摩根(John Pierpont Morgan,1837~1913)所创立。摩根在当时被喻为"华尔街帝王"(Emperor of Wall Street)及"金钱大师"(Master of Money),曾经以个人财富数度化解美国财政危机,用"富可敌国"四个字来形容摩根家族,真是一点也不为过。

在1870年至1880年间,美国因产业及科技的长足进

"摩根图书馆"在1899年购买了第一本中世纪彩绘手抄本。这本9世纪时成书的《林道福音》,除了内页制作精美,最特别的是,封面与封底都由金、银、珐琅与珠宝镶嵌而成,精致华丽的程度可视为书籍装帧艺术的极致典范。值得注意的是,封面与封底皆非为内页的手抄本所订做,而是不同时期、不同工匠所完成。事实上封底的诞生甚至比书页要早了约一百年,至于何时封面与封底合而为一,装订者又各为何人?皆无可考。但从书脊的印鉴可知,两者在1594年已经共存了。
Courtesy of the Morgan Library & Museum, photos by David A. Loggie

步,促使经济加速繁荣。当时社会上的领导人物觉得有责任在文化上也能有所贡献,俾与欧洲看齐,以丰富美国人民的知识生活。在这个时期,艺术收藏不仅仅被视为一种嗜好或兴趣,而且攸关国家的骄傲与优越感。美国因而出现了不少绘画、雕塑、古董等收藏家,纽约大都会博物馆也在此一时期成立。

见多识广、多金又慈善的摩根,除了从1888年起,被选为大都会博物馆的董事之一,并自1904年到他去世期间担任总主席之外,他更决定独力创立一个以艺术、文学、历史为主题的私人图书馆,好与欧洲的伟大图书馆相抗衡。1890年至1913年去世的二十余年间,摩根以极快的速度,大规模地收购各种珍贵收藏品。由于他对于名人

色彩鲜艳的中世纪彩绘手抄本是"摩根图书馆"的收藏重心之一。Courtesy of the Morgan Library & Museum, photo by David A. Loggie

手稿的特别喜爱,收藏品中除了历任美国总统(如乔治·华盛顿、汤马斯·杰弗逊、亚伯拉罕·林肯等)的不少信件之外,还有许多名人、大文豪的手稿,例如济慈、拜伦的诗作;狄更斯、马克·吐温、左拉、乔治·艾略特的小说;贝多芬第96号G大调小提琴奏鸣曲曲谱、莫扎特十三岁时的家书;拿破仑给约瑟芬的情书;梭罗生前的四十卷日记(还完好地躺在他自制的坚固松木盒中)。

在侄儿朱厄斯(Junius Morgan,为书籍与手抄本鉴赏家)的建议下,摩根还在1899年购买了第一本中世纪彩绘手抄本。这本9世纪时的《林道福音》(Lindau Gospels),除了内页制作精美外,最特别的是,封面与封底都由金、银、珐琅与珠宝镶嵌而成,精致华丽的程度可视为书籍装帧艺术的极致典范。摩根一生共收购了大约六百本中世纪与文艺复兴时期的彩绘手抄本,以及众多装饰性、艺术性极强的特殊装帧本。

至于早期印刷品领域中，全世界仅存的四十八本古登堡《圣经》（其中十二本印在牛皮上，其余在纸上），摩根则独拥两本（牛皮、纸本各一）。图书馆东厢房的橱窗内，总是有一册公开展示着。每回我到这儿，总不会忘记倾身瞻仰这部经由西方活字印刷术（德国人古登堡在15世纪中发明）所印制而成的精美成果。摩根同时也收藏了英国第一位印刷师威廉·卡克斯顿（William Caxton）于15世纪末所印制的众多作品，成为英国境外最大的一处收藏中心。

此外，摩根也在历史学者兼收藏家威廉·海斯·沃德（William Hayes Ward）的建议下，洞烛机先地收藏了一千二百件美索不达米亚的圆柱印章（cylinder seals）。这些可远溯到公元三千年以前的圆柱印章，有着仪式、神话、实用等功能，可视为人类早期的书籍形式之一。其上所刻有的图像与文字不仅展示了远古近东的艺术与文化，更深具考古的价值，使我们因此能了解那个时期的风俗民情。

虽说与文字记载的相关物件是摩根的收藏重心，但是他也同时收藏了众多14世纪到20世纪欧洲名家的画作，包括达芬奇、伦勃朗、鲁本斯（Peter Paul Rubens）、德加（Edward Degar）、威廉·布莱克（William Blake）等人的作品，以及中世纪时与宗教仪典相关的艺术品。

"摩根图书馆"的光华璀灿，使得当时富有人家争相仿效，纷纷也在自己家中建立私人藏书室。他们把拥有珍本书视为拥有古董、名画般，很多人虽然不一定懂得这些珍本书的价值，却把此类收藏视为身份地位的象征，并仰赖专业书商进出拍卖场所，争抢高价竞标猎物。这种风潮的形成，主要也是受到摩根影响所引发的时尚效应。

这座可携带式的镀金神坛，产于14世纪初的法国巴黎，高25.4厘米、宽12.4厘米，上面镀金、透明珐琅及珠宝装饰，是"摩根图书馆"众多精致收藏之一。*Courtesy of the Morgan Library & Museum, photo by David A. Loggie*

古登堡《圣经》是西方活字印刷术于 15 世纪中叶发明后，最早生产的书籍。它不仅象征了文明的大跃进，本身也是一个艺术极品，全世界仅存四十余部。热门电影《末日浩劫》（*The Day after Tomorrow*）中，一位因大雪受困于纽约市立图书馆的仁兄，紧紧抱着一册古登堡《圣经》，不忍见它被扔进火炉中取暖。爱书人看到这个片段，应该会深有同感。图中所见为摩根 1896 年向英国伦敦古书店"莎乐伦"（Sotheran's）购买的第一部古登堡《圣经》，书页是羊皮纸，上面有手绘的彩色花纹装饰。*Courtesy of the Morgan Library & Museum, photo by David A. Loggie*

202 | The Morgan Library

"摩根图书馆"典藏不少名家的手稿。图中所展示者为美国知名的文学家梭罗（Henry David Thoreau）的亲笔日记，以及他自己亲手制作、用于保存日记的松木盒。*Courtesy of the Morgan Library & Museum, photo by David A. Loggie*

父子相传，化私为公

1913年摩根过世后，他的儿子小摩根（J. P. Morgan, Jr.）虽然出售一些物件，以维持资产流动，并将百分之四十的收藏（超过六千件艺术品）捐给了大都会博物馆。然而，对于父亲的"最爱"——珍本书、手稿、手抄本及插画等，小摩根不仅维持其完整性，还继续充实收藏，添购了包括了两百余件的中世纪彩绘手抄本、一本古登堡《圣经》、英国作家萨克雷（W. M. Thackeray）名著《浮华世界》（*Vanity Fair*，一译《名利场》）手稿等。此外，他在1924年还将图书馆的所有权转为托管基金会，并捐赠一百五十万美元作为管理费。之后，又将这个私人图书馆开放给大众，成为一个研究机构，"以纪念父亲对珍本书与手稿的热爱，以及其深信推广收藏极具教育价值的理念"。

在托管基金会的积极运作下，"摩根图书馆"一方面

莫扎特亲笔所写的乐谱,来自第35号交响曲《哈夫纳》。*Courtesy of the Morgan Library & Museum, photo by David A. Loggie*

定期举办主题展览,例如中世纪畅销书展、名人日记展、伦勃朗版画展等;另一方面也努力扩增收藏。由于馆藏在质与量上,早已达世界级水平,全球的爱书人及艺术爱好者莫不以"亲临一游"为毕生心愿之一,许多收藏家、创作者更是以"将自己的收藏品(作品)捐给'摩根图书馆'"为傲。例如诺贝尔文学奖得主约翰·斯坦贝克就将他的著作《与查利同游》(*Travel with Charley*)的手稿,以及诺贝尔颁奖典礼时演讲原稿捐赠给"摩根图书馆"。

另外像是简·奥斯丁、爱因斯坦的信件,巴尔扎克与夏绿蒂·勃朗特的小说原稿,法国飞行员作家安东尼·圣埃克苏佩里所绘的名著《小王子》原稿,无不来自于收藏家的赠予。某些为数众多的主题捐赠更是锦上添花,"摩根图书馆"也因此拥有举世最多的剧作家威廉·吉尔伯特与作曲家亚瑟·沙利文(W. S. Gilbert & Arthur Sullivan,19世纪英国轻歌剧最佳搭档)的手稿及相关物件。1962

德国艺术家丢勒（Albrecht Dürer, 1471~1527）于1504年所绘的《亚当与夏娃》。*Courtesy of the Morgan Library & Museum, photo by David A. Loggie*

年之后，"摩根图书馆"还数度获得收藏家捐赠的大批音乐家的乐谱、手稿及信件，包括巴赫、海顿、舒伯特、萧邦、莫扎特、马勒、勃拉姆斯、瓦格纳、勋伯格、斯特拉文斯基等大师，几乎说得出名号的音乐家都成了馆藏的新宠，这也使得"摩根图书馆"成为美国拥有最多音乐文献的收藏地。

在这幻灭的尘世中长存不朽

1909年，当大文豪马克·吐温在他的小说《傻瓜威尔逊》（*The Tragedy of Pudd'nhead Wilson*）手稿被"摩根图书馆"收藏之后，曾以恭敬的态度，亲笔写了一封信给老摩根，其中一段写着："我一生中最高的理想之一，已经得以实现了。那就是有幸能让自己的作品与您的尊贵收

英国的天才诗人、画家兼印刷师威廉·布莱克（William Blake）为作家约翰·弥尔顿（John Milton）的作品 *L'Allegro* 所作的插画。*Courtesy of the Morgan Library & Museum, photo by David A. Loggie*

藏紧密为伍，得以在这幻灭的尘世中长存不朽。"这段话道出了众多捐赠者的共同心声，也显示了"摩根图书馆"崇高的地位。

曾任《纽约时报》首席艺评的当代艺术评论作家约翰·罗素（John Russell）公开表示过，他一直有个梦想，就是如果有来生，他希望能日复一日、年复一年，不停地出没于"摩根图书馆"。凡是欣赏过或仅仅知悉"摩根图书馆"珍藏的人，绝对可以理解他的渴望。这也不禁让我再度联想起阿根廷名诗人博尔赫斯所说的："我总是想象天堂将如同图书馆一般。"对于书痴如我而言，"摩根图书馆"既是俗世中的一座乐园，也是我所期待天堂该有的样态。

【人物篇】

约翰·皮尔朋·摩根是美国近代史上最著名的金融家及收藏家,自幼生长于富裕之家。青少年时期,因为父亲受邀至伦敦与人合开银行,举家迁往英国,他则被送到波士顿的寄宿学校就读。中学毕业后,进入德国知名的哥廷根大学(Göttingen University)研习数学。十九岁时,他就已随家人遍游欧洲各大重要文化艺术据点,培养出不凡的品位。摩根二十岁自大学毕业后,便进入华尔街,并先后在几家银行及父亲经手的公司任职,三十四岁时受到当时最具影响力的费城金融家与慈善家安东尼·德雷克塞尔(Anthony Joseph Drexel,亦为费城德雷克塞尔大学的创办人)的青睐,成为德雷克塞尔—摩根银行(Drexel, Morgan & Company)合伙人。1983年德雷克塞尔去世,摩根于1895年将公司改名为 J. P. Morgan,成为国际上著名的银行。日后出现的另一间国际性金融服务公司"摩根·斯坦利"(Morgan Stanley),则是由老摩根的孙子哈里·摩根(Harry Morgan)所创立。

泰坦尼克号的真正老板

摩根家族势力遍及各大行业,从铁路、轮船、电报,一直到当时崭新科技的电话、电力等。1898年时,他以四亿八千万美元的天价,收购了钢铁大王卡内基(Andrew Carnegie)的钢铁公司,再合并多家小公司,于1901年组成"美国钢铁公司"(The United States Steel Corporation),成为美国史上第一家资本额超过十亿美元的公司。

然而,就算精明能干的摩根,也有失手的时候。20世纪初的传奇客运邮轮泰坦尼克号,众所皆知属于英国白星公司,船上悬挂着大英国旗,并雇用英国员工。一般人所不知的是,白星公司的母公司,其实是美国的"国际商业海运公司"(International Mercantile Marine Company),而背后大老板则是无所不在的摩根。泰坦尼

(右页)跨越19世纪到20世纪的金融家摩根,他的另一个身份是藏书家,而且创立了"摩根图书馆"。虽然摩根早已成为历史人物,但他所创立的 J. P. Morgan 公司,依然在今日的国际金融市场上活跃,而"摩根图书馆"的馆藏也日益丰富,成为世界级图书馆之一。他的影响力从生前延续到身后,放眼天下,很难找出几个如此既有钱又懂得文化价值的人。*Courtesy of the Morgan Library & Museum, photo by Pach Bros. Studio*

"摩根图书馆"的标志取自中世纪图案,如今已成为世界闻名的文化 logo 了。

近东地区所出土的圆柱形印章，由不同的石材所雕刻，高度由3厘米到5厘米，直径由1.2厘米到3厘米不等，年代可远溯至公元前两千年。其上有宗教、神话、日常生活等图像，是人类早期记载历史的方式之一。"摩根图书馆"拥有上千颗类似的印章，这是其收藏重心之一。*Courtesy of the Morgan Library & Museum, photo by Joseph Zehavi*

克号打造计划，从头到尾，都是经过他首肯才落实的，船上还专门为他保留了一间豪华套房。摩根原本打算亲自参加泰坦尼克号处女航，却因病重而取消行程，因此避过了一劫。但泰坦尼克号的沉没，还是成了他事业上一个不小的失误。

摩根的个性自负而强悍，曾经因为一个难以解决的铁路利益冲突，发帖邀集各方竞争对手到他的游艇上协商。他下令游艇在哈德逊河上来回巡航，非得达成协议，否则谁也别想下船。1907年，美国一度发生经济恐慌。10月中旬的某日，摩根把数十位美国银行家锁在图书馆东厢房，强迫他们提出方案，好拯救濒于崩盘的华尔街股市，结果让美国免于一场金融危机。若非摩根特殊领袖气质与个人威权，这场灾难几乎是无法避免的。

然而，也正因为摩根的权势过大，使得政府对他的巨富累积产生不信任感。1912年国会调查委员便质疑他对金

融界的控制与垄断，涉有严重的图利之嫌。摩根这位虔诚的圣公会教徒，向来主张资本家应具备捍卫社会利益的绅士风范。面对这种不堪的指控，他骄傲不屈地表示，他衡量同行及客户的标准："品格第一，超过金钱与其他东西。金钱是无法收买人格的。"他还说道，"一个我不信任的人，绝对无法从我与基督所订的契约中拿到一毛钱。"这个事件最后导致了1913年美国联邦储备制度的建立。毕竟，一个国家的经济还是不能单单仰赖一个资本家的影响力与品格。

价格永不嫌高

在收藏艺术品、珍本书与手稿上，摩根同样作风强势。例如他经常大手笔收购重要收藏家的整批藏书，或是在拍卖会前抢先买下原本要公开竞标的珍本书，不让旁人有机可趁。若是中介商向他兜售他感兴趣的物件，他会率

这张图来自亚述帝国约公元前12世纪的灰色大理石印章，上面的浮雕图是一位长着翅膀的守护神拿剑追杀两只鸵鸟。守护神及鸵鸟的肌理清楚，表情生动，很难相信这是刻在高仅3厘米、直径1.4厘米的小小圆柱上的。
Courtesy of the Morgan Library & Museum (*seal image by Graham S. Haber; impression image by Joseph Zehavi*)

摩根图书馆 | 211

小摩根虽然在父亲老摩根去世后,将百分之四十的收藏捐给了大都会博物馆,但对于父亲的"最爱"——珍本书、手稿、手抄本及插画等,他不仅维持其完整性,还继续充实收藏,且将原为私人的"摩根图书馆"开放给大众。今天的爱书人除了感谢老摩根外,也得一并感念小摩根。*Courtesy of the Morgan Library & Museum*

直地询问对方所付原价,然后很干脆地以多出百分之十五的价钱将它买下。他曾豪气万千地表示:"对于无可质疑的真与美的物品,价格永不嫌高。"也正因为他这种豪放态度,虽然他晚年才开始收藏,但在短短二十余年中,大手屡挥,很快竟使得"摩根图书馆"成为"图书馆中的图书馆"。

某些学者曾分析摩根的收藏品位,认为与其宗教信仰有极大关系。我在多次拜访"摩根图书馆"之后,非常同意这个观点。摩根喜爱的中世纪的彩绘烫金手抄本原本就多以《圣经》为题材,所收购的许多绘画及立体艺术品,也都与《圣经》中的人物脱离不了关系。同时,我更注意到,在东厢房的书架上,有一区专门摆置众多不同语言、不同年代的《圣经》版本与祈祷书。

早年即有收藏倾向的摩根,十四岁时,就曾写信给当时的美国总统,索取亲笔签名;念大学之后,开始搜购古代彩色镶嵌玻璃。但是,何以要等晚年时,他才认真、有计划地大量收藏呢?一般认为,应该与他要求完美的个性有关。凡他所要的东西,绝对得是最好。对于次级品,他向来没兴趣;若要当收藏家,他就一定要成为不折不扣、世界一流的顶级收藏家。也因此,一直要等到他的父亲去世,其所留下的庞大遗产加上他自己所有的雄厚资本,方

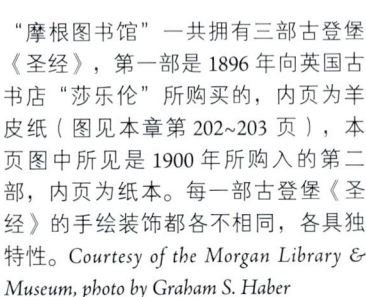

"摩根图书馆"一共拥有三部古登堡《圣经》,第一部是 1896 年向英国古书店"莎乐伦"所购买的,内页为羊皮纸(图见本章第 202~203 页),本页图中所见是 1900 年所购入的第二部,内页为纸本。每一部古登堡《圣经》的手绘装饰都各不相同,各具独特性。*Courtesy of the Morgan Library & Museum, photo by Graham S. Haber*

212 | The Morgan Library

"摩根图书馆"就像一个宝山，除了不定期展出部分物件，诸多珍品都藏在安全的密室中。如果你看完这篇文章中所列的图片还觉得不过瘾、如果你没有机会到纽约市，那么我建议你买一本有关"摩根图书馆"收藏的专书：*In August Company：The Collections of The Pierport Morgan Library*。书中有精彩的图片及详细的解说，此书还包含了图书馆的历史简介及摩根的小传。
Courtesy of the Morgan Library & Museum, photo by Graham S. Haber

才让他觉得可以游刃有余地专精收藏。而这时，摩根早已五十多岁了。

　　摩根这位跨越 19 世纪到 20 世纪的金融家与收藏家，虽早已成为历史人物，他所创立的 J. P. Morgan 公司，却依然在今日的国际金融市场上活跃，而"摩根图书馆"的馆藏也日益丰富。他的影响力，显然不只是在生前，也延续到了身后。放眼天下，大概很难找出几个如此传奇的人物了。作为一个文化人，我不禁要暗问，这世上何时会再出现另一个既有钱又懂文化价值的摩根？

摩根图书馆 | 213

【建筑篇】

除了以不朽的馆藏著称于世外,"摩根图书馆"建筑物本身,也是美国列管的重要地标之一。主建筑名为"麦金馆"(McKim Building),落成于1906年,共费时四年,耗资一百二十万美元(同时期所打造的豪华邮轮泰坦尼克号,总面积比它大上百倍,当时造价却仅七百五十万美元),是知名建筑事务所"麦金、米德与怀特"(McKim, Mead & White)的经典作品之一。1902年时,老摩根特别委请该所创办人查尔斯·麦金(Charles McKim)亲自出马,以文艺复兴风格为基调设计施工,整体外观庄严典雅,由泛粉红的白色田纳西大理石构成简洁的样貌,内部则富色彩与装饰性,以上好的材质与手艺搭配出精致华丽却不流于俗艳的高贵气派。

整个建筑分为东、西、北三个厢房。北厢房一直用来当办公室,不对外开放。最为壮观的是东厢房,它的四周墙面有三层镶嵌胡桃木的书架,由地板朝屋顶伸展开来,里面摆着令爱书人垂涎三尺的诸多珍本书,屋中央的矮柜则轮流更换众多的特殊馆藏;至于大壁炉上的巨幅壁毯《贪婪的胜利》,则是16世纪时,布鲁塞尔生产的古董织品。

西厢房是老摩根的私人书房兼休息室,这儿也是他会

"摩根图书馆"的主建筑"麦金馆",是知名建筑事务所"麦金、米德与怀特"的经典作品之一,整体外观庄严典雅,由泛粉红的白色田纳西大理石构成简洁的样貌,已成为美国列管的重要地标。但是对于爱书人来说,建筑内令人垂涎三尺的诸多珍本书,才是真正让人怦然心动的理由。

见川流不息的商场同行、艺术掮客、学者及朋友的地方。藏书量虽然不及东厢房,却存有主人生前喜爱的诸多绘画与雕塑品,很能反映其个人风格。其中最特别的,莫过于来自佛罗伦萨的古董木雕天花板,由麦金亲自采购并指导拼装而成。连接三个厢房的入口大厅,呈现罗马宫殿式的富丽堂皇风貌。图书馆大门口两座守护石狮,是知名雕刻家爱德华·克拉克·波特(Edward Clark Porter)的作品,格外值得一提。现今矗立在第五大道纽约市立图书馆前的另两座巨狮,是波特依此为雏形所雕成的另一杰作。

由于"摩根图书馆"的馆藏日渐增多,且在 1924 年对外开放,空间的需求迫切,因而前后历经几期扩建计划工程。现今麦金馆西侧的图书馆主要入口及大展览厅,原本是摩根故居,于 1928 年拆除而改建。当时大建筑师麦

西厢房是老摩根的个人书房兼休息室。因为具有私人性质,与东厢房整体感觉大不相同。除了藏书之外,还陈列着主人收藏的各种古董、名画、雕塑品,每一件都有其特殊来历,充分显现了老摩根的品位与嗜好。*Courtesy of the Morgan Library & Museum, photo by Graham S. Haber*

"摩根图书馆"东厢房是全馆精华之所在，四周墙面雕镂彩绘，富丽堂皇，光彩夺目。壮观的三层胡桃木书架，高及屋顶，收藏摩根父子所四处搜罗的古本珍籍。其下矮柜则轮流更换展览各种特殊馆藏，大壁炉上的巨幅挂毯产自16世纪布鲁塞尔，由荷兰艺术家Pieter Coecke van Aelst设计，描绘的内容为贪婪的胜利，悬挂在摩根东厢房，让不少人觉得颇具讽刺性。
Courtesy of the Morgan Library & Museum, photo by Graham S. Haber

"摩根图书馆"大门口的一对守护石狮,出自名雕刻家爱德华·克拉克·波特之手,狮子造型写实,表情威而不怒,与常见张牙舞爪的东方守护狮造型风格很不一样。

金早已过世,乃聘请本雅明·威斯塔·莫理斯(Benjamin Wistar Morris)接手,材质设计皆承袭过往,以期新旧馆的风格尽量协调一致。

另一次大规模扩馆工程则始于一甲子之后的1988年。当时,托管基金会买下紧邻图书馆后面的一栋泛红色的褐石洋房。这原本是老摩根在世时为小摩根所购置的住所,以便父子比邻而居,其室内装潢是18世纪英、法风格的优雅融合体。然而,当小摩根于1943年去世,这栋拥有四十五个房间的豪宅,却成了美国路德教会的总会,为时长达四十余年。经过基金会努力,依历史考据修缮后的摩根馆,恢复了昔时风貌。一楼被规划成教育中心、会议室及美丽的图书馆附属书店。

这一附属书店堪称一流,除了贩卖"摩根王朝"相关书籍、收藏复制品外,还有许多"有关书的书"(books about books),其中许多书籍是一般书店所见不到的,这也是我特别感兴趣的主题。而其精选纪念品也多半是以"书籍"为主题,例如别出心裁的书架、书签、藏书票、笔记书、陶瓷品,乃至印有书籍图案的领带、丝巾等,美不胜收,单是这个书店就已像是一座小型博物馆了。

1991年"摩根图书馆"又进行了第三次扩建工程,这次主要是将前述三馆间的空地连成一气,整体设计成一个小型的庭园。此一扩建计划由伍山格&米尔斯建筑事

这个明亮的中庭花园咖啡厅,曾经是我拜访纽约市时最喜爱喝下午茶兼看书的地方,可惜在新近一期的扩建计划中已走入历史。不过,我相信"摩根图书馆"在 2006 年重新开放时,将会带给众人另一番惊喜。*Courtesy of the Morgan Library & Museum, photo by Devon Jarvis*

务所(Voorsanger & Mills Association)设计,以现代化手法,将玻璃与白色不锈钢挑高打造出流线型的透明天窗,地板则由大片的白色带灰纹的大理石构成。五十四英尺高(约十六米)、三千四百平方英尺(约九十五坪)的庭园,完全没有梁柱。开放性空间在音效上做了特殊处理,以便照顾不时举办的室内乐演奏。这种种细节搭配,使得这方面积不算大的庭园,造价却高达九百万美元。

如果真有人对"摩根图书馆"的馆藏没兴趣,我相信他也绝对无法抗拒这个中庭温室玻璃庭园的魅力。室内除了拥有长绿的茂密树木外,还附设咖啡座,供应简餐与饮

（左）此模型图展示的是建筑物西边麦迪逊大道入口处。©2003 Renzo Piano Building Workshop and the Morgan Library & Museum

（右）"摩根图书馆"第四期扩建工程，由著名的意大利建筑设计师伦佐·皮亚诺主导，预计于2006年年初完工。从已经发表的设计图与模型看来，"摩根图书馆"在保存既有的古建筑之外，还能让人耳目一新。此图所示为建筑物南边第三十六街入口处。©2003 Renzo Piano Building Workshop and the Morgan Library & Museum

料。此地还曾被许多旅游休闲杂志评选为"纽约享用下午茶最佳场所之一"。每次我来到这里，总喜爱一边啜饮优雅侍者奉上的饮料，一边慢慢翻阅从隔邻附属书店买来的书籍。有时就只是安静地坐着，享受自然流泻下的柔和天光。在寸土寸金又喧闹的纽约市，能有这么一处净（静）土，真是让人有惊艳之感。

纽约的博物馆、图书馆何其多，在总面积上，"摩根图书馆"算不得大，但是在精致与主题统合程度上，它却绝对名列前茅。置身其中，你不会像在大都会博物馆里，感觉身边总是挤满了走马看花的观光客。因为来这里的人，绝大部分都是胸有定见、具有特殊品位的旅者。

比较可惜的是，"摩根图书馆"第三期所建的迷人中庭已走入历史。由于"摩根图书馆"为了进行第四期扩建工程，自2003年5月起闭馆，预计于2006年年初完工。这次的浩大工程将朝地下发展，使得"摩根图书馆"将扩增三分之一的面积，此外，为了有更佳的动线与视线，中庭也将另作规划。著名的意大利建筑设计师伦佐·皮亚诺（Renzo Piano）将主导这次扩建计划，从已经发表的设计图与模型看来，可以预见这位获得1998年普里茨克建筑奖（The Pritzker Architecture Prize，等同于建筑界的诺贝尔奖）的得主，将使"摩根图书馆"在保存既有的古建筑外，还能让人耳目一新。

初稿发表于1999年1月

UPDATE 后续笔记

"摩根图书馆"第四期扩建工程耗时近三年、耗资一亿六百万美元,2006年4月底终于重新开馆。2010年春天我拜访了久违的纽约市,在春风徐徐、樱花盛开的美丽季节,我来到了扩建后的"摩根图书馆"。我是个念旧的人,原本想自己会因为以前经常逗留的一方温室咖啡座不再而神伤,但我不得不说图书馆的新貌确实简洁又亮丽,新旧建筑物整合得极为协调,让人激赏。主入口从南边三十六街改到西边的麦迪逊大道上,进入正厅就是挑高约三层楼的中庭,面积比起过去旧的中庭要大上数倍,我拜访"摩根图书馆"时,正好有几个展览同时进行,华丽的东厢房展出了罕见的塞林格的信件。以《麦田里的守望者》一书成名的塞林格,一直过着隐居的生活。1980年后就不曾接受媒体的采访,他最忌讳别人透露他的隐私。这批信是塞林格1951年到1993年间写给迈克尔·米切

"摩根图书馆"的第四期扩建工程耗时近三年,于2006年4月底完工并重新开馆。主入口从原本图书馆南边三十六街(见第214页图)改到图中所见的西边麦迪逊大道。*Courtesy of the Morgan Library & Museum, Photo by Michel Denancé*

摩根图书馆 | 221

"摩根图书馆"入口处的中庭挑高约三层楼,由上而下的玻璃墙面让内外景观融成一片,来访者若正好碰到在此举办的现场音乐会,必然得到听觉与视觉上的双重享受。*Courtesy of the Morgan Library & Museum, photo by Michel Denancé*

(右页)四张图来自 15 世纪的一本纯手工抄写、彩绘上金的时辰祈祷书,这本时辰祈祷书是专为一位出身于克利夫公国(Cleves,约现今德国与荷兰交界处)贵族世家的女爵凯瑟琳(Catherine of Cleves)所制作,耗时达十多年,内含的一百五十七幅细密画异常精美,不仅展示艺匠纯熟的技法,更特别的是每一页的花边设计全都不同,取材丰富,结合了日常事务与宗教意涵。左上图描绘凯瑟琳跪拜在圣母与圣婴前,上方有两位先使环视,图中四个角落是她先祖的盾徽,图下中央则是她自己的盾徽。这本书因为她所拥有而被称之为"克利夫凯瑟琳的时辰祈祷书"(*The Hours of Catherine of Cleves*),而她也因拥有这本时辰祈祷书而在历史上留名。在"摩根图书馆"的网站上不仅能浏览这本时辰祈祷书现存的所有页面与解说,并能得知凯瑟琳与这本书的传奇历史。*The Morgan Library & Museum (MS M.945 ff. 1v & 107r, MS M.917 pp. 237 & 247), images on the opposite page courtesy of Faksimile Verlag Luzern*

尔(Michael Mitchell)的信件,米切尔替《麦田里的守望者》设计出了梦幻感十足的抢眼封面,两人通信近四十年,维持着相当好的情谊,但米切尔最后却把这批信卖给藏家,一般分析很可能是因为他向塞林格要一本签名书受拒而心生不快,这也是根据塞林格给他的最后一封信中所作的推论。"摩根图书馆"早在 1998 年就得到了藏家捐赠的这批信,但为了顾及塞林格的感受,一直没公开内容,直到这一年(2010 年)1 月塞林格去世后,才分批陈列。

那回展出的最大亮点是《恶魔与虔诚:克利夫凯瑟琳的时辰祈祷书》(*Demons and Devotion: The Hours of Catherine of Cleves*),展出的是 15 世纪一位出身于克利夫公国

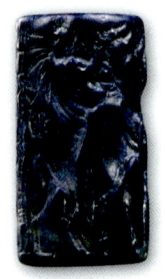

摩根图书馆拥有大量的古代近东圆柱印章，馆内经常会展出不同的收藏。此页最右方的印章材质为蛇纹石，高3.5厘米、直径2.1厘米，画面中所见两位举杯坐饮者与三位站立随从的印记图像，都是由此小小的圆柱在黏土上滚印出来的，此圆柱印章大约刻于公元前两千三百年至两千一百年间阿卡德时期（Akkadian period）。左下角的圆柱印章则是摩根图书馆此类收藏最古老者，年代可远溯公元前三千五百到三千一百年的乌鲁克时期（Uruk period）。*Courtesy of the Morgan Library & Museum*（*seal images by Graham S. Haber; impression image by Joseph Zehavi*）

（Cleves，约现今德国与荷兰交界处）贵族世家的女爵凯瑟琳（1417~1476）的时辰祈祷书（Book of Hours，英文有时简称 Hours，拉丁文为 Horae，以下简称"时祷书"）。中世纪的时祷书，尺寸一般不大，易于携带，里面通常包含了简短的经文、祷词、圣诗，让人每日在不同时段方便取出吟诵。普通的时祷书以文字为主，仅配上少许的装饰，一般就是祷词或圣诗开头花体大写。但富裕贵族所拥有的时祷书却往往极为考究，不仅配上宗教主题的细密图像（miniatures）与繁复的装饰花纹，甚至还上金漆，图饰也常常显示拥有者的家族历史与盾徽（coat of arms），展现的是拥有者的背景、地位与品位，一本精致的彩绘时祷书往往需动用到大队人马、耗时数年。要了解这类手抄本繁复的制作过程，建议你可以读读诺贝尔文学奖得主奥尔罕·帕慕克所写的精彩小说《我的名字叫红》。

据专家分析，凯瑟琳的时祷书应该是她十三岁结婚时，其父或其夫委请当时荷兰一流的艺匠所承制，耗时估计达十多年，一百五十七幅的细密画异常精美，绘图与抄写技巧都极纯熟，更特别的是每一页的花边设计全都不同，取材丰富至极，内容结合了现实、想象与隐喻，是极品中的极品，她因拥有这本时祷书而在历史上闻名，可惜当时的艺匠全部是隐名，现今无法得知其生平背景与真实姓名。这本时祷书在19世纪时辗转传到一位法国书商的手中，为了牟取高价，书商将此时祷书偷偷拆开重组成两本，并贩卖给不同的藏家，"摩根图书馆"分别在1963年、

 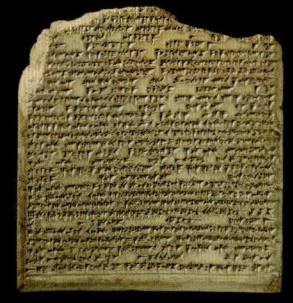 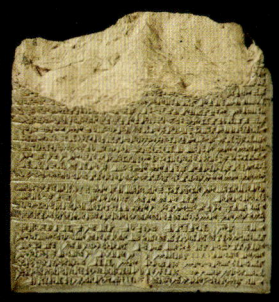  

1970 年买下了重组过的"两本"书。经过多年慎重的考虑后，决定将肢解过的凯瑟琳的时祷书再行肢解，只不过这次是要合体，让书的页面能依原始排序展现，我在"摩根图书馆"看到的就是一张张已拆开的羊皮书页，展览后即将再次被装订成一册。

另一个展览是著名的馆藏——古代近东圆柱印章（cylinder seals），这些来自公元前 3500 年到公元前 330 年的美索不达米亚小圆柱（多数空心、少数实心），高由 3 厘米到 5 厘米不等、直径 1.2 厘米到 3 厘米，柱体上雕刻着图像与文字，数千年前，人们把这些小圆柱滚压在湿的黏土板上，产生相对的印记。"摩根图书馆"不仅展出精挑的四十款圆柱印章，还在每款印章旁陈列了塑料黏土滚压出的现代印记，以及放大数倍的印记影像，让人能清楚观赏其中的细节，看到这个展出，我不禁感慨万千。莎草纸、羊皮纸出现以前，浮凸着圆柱印章印记的黏土板与后来以芦苇杆刻写出楔形文字的黏土板算是早期书写与印刷的媒介，它们在英文里都被称为"tablet"。我清楚记得

摩根图书馆收藏了许多上千年前美索不达米亚地区的楔形文字黏土板。图中左方的黏土板是以苏美语（Sumerian）刻写于公元前 21 世纪的乌尔第三王朝（Third Dynasty of Ur），此块黏土板已经有超过四千一百年的历史。右上图所示的正反两面黏土板推测刻写于公元前 3 世纪到公元前 1 世纪塞琉西德王朝（Seleucid Dynasty）；右下图所示的正反两面黏土板，完成于公元前 17 世纪巴比伦第一王朝，以阿卡达语（Akkadian）刻写，描述巴比伦大洪水故事的片段。*Courtesy of the Morgan Library & Museum, photos by Graham S. Haber*

2011年夏天"摩根图书馆"在宽敞的中庭展出了徐冰的装置艺术《鸟飞了》（另一名为《活字》，译自英文标题 *The Living Word*）。徐冰亲手设计了六种"鸟"的字体，以激光在亚克力上刻出四百余个不同颜色的字，最后再用鱼网线悬挂着每个字，整串漂浮在空中的字像是一群飞翔的鸟儿，既壮观又美丽。*Courtesy of Xu Bing Studio, photo by Graham S. Haber*

那时刚好是苹果公司发行 iPad 的第二个星期，这个被称为平板计算机的产品，英文为"tablet computer"，一般就简（通）称"tablet"。同样是人类沟通的媒介、同样是一块平板，只不过其间的差异竟是如此之大。在黏土平板时代，知识的传递耗时又耗力，而今平板计算机时代，我们只需以手指轻轻触碰，整个数据库就在眼前开展，人类文明的发展是多么不可思议啊！

"摩根图书馆"的展品并非都是作古之人的遗物，特别是他们自 2006 年春天重新开馆后，办了不少当代人的作品或回顾展。例如这年秋天的《鲍勃·迪伦的美国旅程，1956~1966》（*Bob Dylan's American Journey, 1956~1966*），展出美国当代最知名的摇滚民谣诗人鲍勃·迪伦在 1956 年到 1966 年间手写或打字的创作歌词，包括了著名的《随风而飘》（*Blowin' in the Wind*）、早期演唱会电视录像、海报、传单、绘画、罕见的照片，例如他高中毕业纪念册的大头照，下面印着他的本名 Robert Zimmerman，此外还有他年轻时所用的吉他、铃鼓等。如果你是个鲍勃·迪伦迷，绝对会对此展出兴奋不已。

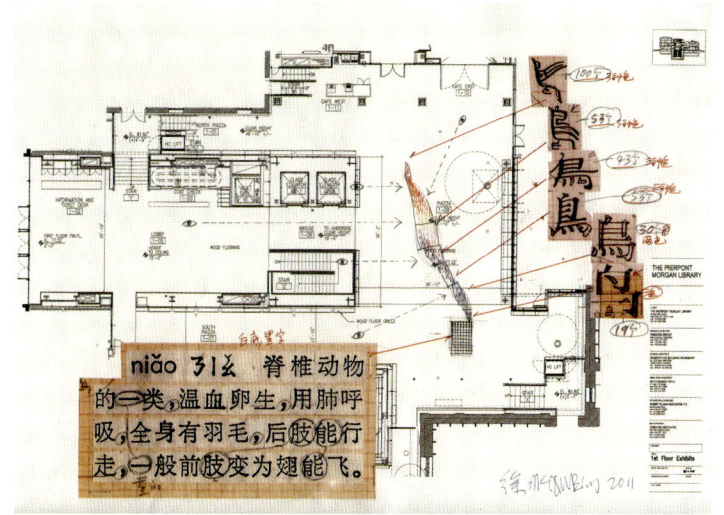 

徐冰为装置艺术《鸟飞了》（或名《活字》）设计了六种"鸟"的字体，左图所示为他的设计草图。Courtesy of Xu Bing Studio, photo by Graham S. Haber

2008年初"摩根图书馆"展出在世摄影师尔文·潘（Irving Penn，1907~2009）的艺术家与作家人像展，透过尔文·潘的镜头，无论是画家毕加索与欧姬芙、小说家楚门·卡波提（Truman Capote）、剧作家阿瑟·米勒或是电影导演英格玛·伯格曼（Ingmar Bergman）都令人印象深刻，尔文·潘在此展出一年半后才去世，享寿九十二。

约五十英尺、三个楼层高的宽敞新中庭，也让"摩根图书馆"能策划一些大型的雕塑或装置艺术，例如2011年夏天展出了中国艺术家徐冰的《活字》（The Living Word）。徐冰曾经刻出了四千个无人能懂的仿宋体方块字，并以活字印刷和线装方式创作出一百二十套《天书》而闻名国际，此部作品显示他对文字与书的诠释既严肃又荒诞、带有哲思，我曾读过他自己写的一篇文章提到制作《天书》的过程。《活字》系列又称为《鸟飞了》，仍然是以汉字为元素，不过这次徐冰是以激光在亚克力上刻出四百余个让人看得懂的中国字"鸟"。地板上一开始是他以简体字点出"鸟"的中文词典定义，白板黑字像一个底座，接着一路往上延伸的是一个个用鱼网线悬挂着的不同颜色的"鸟"字，有楷书、隶书、篆书与象形文字，整串字像是一群鸟儿，但总体合起来又像是一只鸟，予人飞翔的感觉；另一方面也让人联想文字历经久远年代的变化。字，确实是活的。至于"摩根图书馆"这一世纪以来的不断演变，同样让人觉得他们也是与时俱进的。❀❀

═══ INFORMATION ═══

摩根图书馆
The Morgan Library & Museum
5 Madison Avenue at 36th Street
New York, NY 10016, USA
TEL 1-212-685-0008
www.morganlibrary.org

CHAPTER 18
Randall House Rare Books
蓝道之家古书店

我希望也能拥有这么一家书店的梦想大概不易实现，但是由于蓝道先生的无私，却使我们这些不论爱书与否的俗民大众，都能有幸造访他的王国，分享他的喜悦。

"蓝道之家古书店"位于一座被树篱围绕的隐密私人宅院内，难怪被比喻为"圣塔芭芭拉隐藏最佳的秘密"。宅院的主建筑建于1852年，目前已是国家级的古迹，院中石块上的铜牌镌刻着这栋建筑的历史。

不知道有多少回初访一个城市或小镇，为的既不是贪图当地好山好水与美酒佳肴，也不是专程去拜访居住在那里的亲朋好友，更不是为了赶赴什么节庆或嘉年华盛会，一切往往只是为了亲临某些书店现场。到法国巴黎，是为了一睹传奇的"莎士比亚书店"；到美国拉斯维加斯，则是想探查世界第一家以赌博为主题的"赌徒书店"；我更记得，有次还曾经接连更换六种交通工具，翻山越岭专程走访英国威尔士的一个偏远书镇。

"蓝道之家古书店"的建筑依旧保持着一二百年前的西班牙式风貌。进入宅院后,首先映入眼帘的是红瓦白墙的泥砖屋(adobe),以及庭园中四处冒出的仙人掌、棕榈树和各式奇花异草。

为了书店的旅行

　　美国加州圣塔芭芭拉之旅也同样是在如此偏执的动机下成行的。就地理位置及交通而言,圣塔芭芭拉其实是个相当容易接近的城市,距加州南方大城洛杉矶不过一个半钟头的车程,即使离北方的旧金山也不过六七个小时。我不时在旧金山与洛杉矶两地间穿梭,但却总不曾驻足于这个美国西岸最知名的海滨风景区。直到1999年夏天,我为了一探被喻为"圣塔芭芭拉隐藏最佳的秘密"(The Best Kept Secret in Santa Barbara)——"蓝道之家古书店"(Randall House Rare Books),圣塔芭芭拉才终于在我的旅行地图中被圈选了出来。

　　十数年密集探寻书店的生涯中,我固然碰过不少心仪的书店,但是真要让我勾勒出一间自己最想拥有的书店,却是难上加难。坦白说,我虽然爱逛书店至极,却甚少想着就此变成一名书商。就算自己拥有再好的书店,总比不上云游四方,欣赏他人的心血来得自在逍遥。守着一家书

（上）泥砖屋配上红石板地的回廊，让人不禁引发思古的幽情。

（下）建筑物四处都可见到古意盎然的物件。

店对我来说，是个太过沉重的承诺了！然而当我与朗诺·蓝道（Ronald Randall）先生经营的"蓝道之家古书店"相遇后，我的想法开始有所转变：如果可能，我也希望能拥有这么一家书店。

若非事先由"美国古董书商协会"通讯手册中查询到书店的地址，并已先在电话跟蓝道先生约好于一个周末上午按址造访，我即便经过此处数十回，只怕也不会留意到有家令人称羡的书店，竟然就隐藏在一排树篱后面。虽说距离圣塔芭芭拉最繁华的街区不远，书店却是坐落于一片优雅的私人大宅院中，难怪会被称为"圣塔芭芭拉隐藏最佳的秘密"。

由于曾经先后成为西班牙殖民地与墨西哥属地，一直到 19 世纪中叶，加州才成为美国的一部分，因此当地不少建筑依旧保持着一二百年前的西班牙式风貌，"蓝道之家古书店"正是这么一栋建筑。驶入车道后，映上眼帘的是红瓦白墙的泥砖屋（adobe），以及庭园中四处冒出的仙人掌、棕榈树和各式奇花异草。一路穿过红石板回廊，在蜂雀飞舞的伴随下，终于来到屋舍最末端的书店主区。

风景中的风景

如果户外已经是一则风景，那么书店内更是风景中的风景了。一整面采光墙将室外翁郁的草木及远方的山峦迎入室内，古老木制书柜里的一册册珍本书籍，在典雅吊灯的烘托下显得极其诱人。占据室中央的厚实雕花桌椅，更是鼓励来访者将书取下，在此阅读。

主人蓝道先生是国际知名书商，却一点架子也没有。他乐于向访客介绍书店中的宝贝，例如印有"十诫"的 15 世纪古登堡《圣经》书页、各时期的《圣经》版本、史蒂文森与杰克·伦敦的首版作品、康拉德与马克·吐温的书籍原稿、达尔文与爱因斯坦的亲笔信件，包含摄影大师安塞尔·亚当斯原版照片兼签名的限量摄影集等。蓝道先生还不定期地依他的收藏而发行各类主题的目录，例如美西史、加州淘金热、军事、摄影、飞航、铁道、黄石公

朗诺·蓝道先生（左）于1975年在旧金山创立"蓝道之家古书店"，1985年将书店搬迁至圣塔芭芭拉这座古宅。蓝道先生系出名门，自幼就在珍本古书的环绕下成长，见多识广。他的父亲大卫·蓝道（David Randall）（右）更是美国古书业界中的传奇人物。这两位蓝道，可说是西洋古书业中最知名的父子档之一了。

园等，以及以单一作家为主题的目录，例如福克纳、霍桑、梅尔维尔、丘吉尔等。

由书店中多样化的收藏，可以看出蓝道先生兴趣广泛，这当然也和家学渊源有关。他的父亲大卫·蓝道（David Randall）是美国古书业界中的传奇人物。从1929年开始进入古书业，六年后担任当时美国著名的"斯克里布纳书店古书部门"（Scribner's Rare Book Department）负责人达二十一年之久。1956年成为印第安那大学"立立图书馆"（Lilly Library）的首位馆长及目录学教授。在他近二十载的领导下，这个图书馆建立起世界级的珍贵藏书。老蓝道曾经将他进入图书馆前的二十七年精彩书商生涯写成一本回忆录《万卷更胜百城》（*Dukedom Large Enough*），书名取材自莎士比亚剧作《暴风雨》（*The Tempest*）中的一句引言："我的藏书比我的领土还可贵。"（"My library was dukedom large enough"）这本书成了对书店轶事感兴趣者必读的经典之一，我自己的书架上自然也少不了这本书。

蓝道先生表示，他年轻时，基于反叛心理，一度极为排斥与光芒四射的父亲从事相关的行业。因此一直到了三十五岁时，才听从内心的呼唤，正式进入古书业。他因自小就在珍本书的环绕下成长，见多识广，1970年代师承旧金山最负盛名的"约翰·豪厄尔古书店"（John Howell Books），

蓝道之家古书店 | 231

"蓝道之家古书店"的主厅，是该店主要的交易场所。光看气派，便自不凡。整面的落地窗引入户外阳光绿意，一尘不染的光亮书柜、书桌、雕花椅，让人心旷神怡，加上参差插架的珍本古籍，就算不买，能在这里静静看上一回书，也算是人间福报了。我从来不曾想拥有一家书店，直到看过了"蓝道之家古书店"，尤其这间主厅之后……

（上）角落旁的书堆造型雕塑成了放置艺术品的最佳展示台。

（右）"蓝道之家古书店"名副其实就是"蓝道先生之家"。这里不仅是蓝道先生工作的地方，也是他生活与休憩之所。

而于1975年在旧金山闹区自立门户。尔后因喜爱圣塔芭芭拉宜人的气候与清幽的环境，才于1985年搬迁至此。

除了书店主区外，蓝道先生还在访谈过程中，引领我前前后后参观这栋被称为"冈萨雷斯—拉米雷斯泥砖屋"（Gonzales-Ramirez Adobe）的国家级地标。原来此建筑盖于1825年，当时加州还是墨西哥的领地。第一任屋主拉斐尔·冈萨雷斯（Rafael Gonzales）曾是该时期圣塔芭芭拉的第一任市长。后来，他将泥砖屋转让给自己的女儿，其夫家姓氏为"拉米雷斯"（Ramirez），建筑物之名因

此而来。泥砖屋的每个房间都摆满了书画，而且几乎都有壁炉与舒适的桌椅，像极了西方藏书家的私人住所。正当我心中闪过这念头时，最后参观的一个厢房赫然出现一张大床和衣帽间。原来这栋泥砖屋不仅是蓝道先生工作的地方，也是他生活与休憩之所呢！"蓝道之家古书店"名副其实就是"蓝道先生之家"。

店中可以看到许多装订精美的古书，图中最前方那本《圣经》，就是一个最佳范例。

纯欣赏也无妨

就古董书商而言，住家与书店结合的情形并不少见，但多数既不对外开放，也没有固定营业时间，多半都采预约会面方式。你若对古书没什么概念，只是想上门随意浏览，非常抱歉，这类住办合一的书商多半没兴趣搭理你。"蓝道之家"百分之五十的营业额大概来自于不到二十位与主人长期建立关系的严肃收藏家，他们购买的多是书店中高档的珍品，书价动辄上千或上万美元。然而，和前述书商大不相同的是，蓝道先生总对书店过于隐密、来访

（左一、左二）"蓝道之家古书店"的书签上所用的图像，是由19世纪末、20世纪初的浪漫主义艺术家 N.C. 怀斯（N. C. Wyeth）所绘。最早用于史蒂文森（Robert Louis Stevenson）的作品《黑箭》（*Black Arrow*）一书的书名页。而今怀斯的这幅原版画作就挂在店中，成为镇店之宝，它当然是属于非卖品。

（右）这个已弃置不用的壁炉里陈列着以墨西哥为名的巨幅书册，与墨西哥式的泥砖屋建筑，正好在主题上互应。

者太少而有所遗憾。而我这也才回想起，逗留了一整个上午，还真不曾看到其他访客！他非常欢迎人们前来参观，所以书店每星期开放六天。他还特别强调，这里还是有阅读性高、价格低到数十美元的书，就算不买书，纯欣赏也无妨。

对于能进驻这栋风格独特又具古意的泥砖屋，蓝道先生满心感激。工作与休闲在此已无界线，他真诚地希望别人能到此感染古书与古建筑所散发出的历史感。的确，只有极少数幸运的书商有机会以内景、外景皆美的国家级地标作为他们的基地。我希望也能拥有这么一家书店的梦想大概不易实现，但是由于蓝道先生的无私，却使我们这些不论爱书与否的俗民大众，都能有幸造访他的王国，分享他的喜悦。

初稿发表于 2002 年 5 月

UPDATE 后续笔记

"蓝道之家古书店"和美国宾州的"鲍德温书仓"是极少数几家我曾暗暗幻想拥有的书店。2002我年在台湾增订第一本著作《书店风景》时,虽然并未在那本书中专文介绍"蓝道之家古书店",却还是忍不住选用一张此书店主厅的内景照(如本书 232~233 页图)当封面的满版图片,引发了不少书友的惊叹:"这,真是一家书店吗?"我除了送蓝道先生一本书外,还特别送了他好几张精装本的书衣,他有一回在旧金山的书展还特意地把书衣展示出来。

也记得我 2004 年冬季初访大陆时,北京"万圣书园"的店主刘苏里领着我去他当时经营的几家小区书店参观,竟然指着其中一家店的书架,说那是他特地请木工师傅照着"蓝道之家古书店"那张图片中靠墙的书架所复制、打造出来的。

很难有人不倾倒于"蓝道之家古书店"的美与氛围,例如 2011 年由德国知名艺术图书出版社 Taschen 与纽约时报合作出版的一本关于美国、加拿大的旅游书(*The New York Times, 36 Hours: 150 Weekends in the USA and Canada*),其中就将"蓝道之家古书店"选为前一百五十名的旅游景点之一。很多高档的古书商并不喜欢无意买书的闲杂人等上门,但蓝道先生却公开在他们的网站上表示"We love to have visitors",表示他乐意接待访客。我曾经受到他的热情款待,相信这是他由衷之言,也相信凡是拜访过"蓝道之家古书店"的人,皆有同感。

我的第一本著作《书店风景》繁体版 2002 年第一次增订时,选用的封面图就是"蓝道之家古书店"。

=== INFORMATION ===

蓝道之家古书店
Randall House Rare Books
835 Laguna Street, Santa Barbara
CA 93101, USA
TEL 1-805-963-1909
www.randallhouserarebooks.com

CHAPTER 19
A Book Lover's Shangri-La
书迷的香格里拉

一般传统的书店、书摊,都会把书与书架摆在能遮风避雨的建筑物里。然而,巴慈书园除了把价钱较昂贵的珍本书摆在三间小屋之外,其余十多万册二手书,全部陈列在户外的开放书架上。

小城欧海(Ojai),位于美国洛杉矶西北方约八十五英里、圣塔芭芭拉东南方三十五英里处,这个人口不到一万的小城,因为早期电影《失落的地平线》(Lost Horizon)以此为拍摄的背景而闻名。影片正是改编自英国作家詹姆斯·希尔顿(James Hilton)1933年出版的同名畅销小说。

欧海因为电影《失落的地平线》以此为拍摄的背景而闻名。此外,这里也是新时代运动心灵导师克里希纳穆尔蒂所爱之处,他在此讲道、办学校,更在生命垂危时离开他的出生地印度,选择回到此地,作为告别尘世的终点站。

从克里希纳穆尔蒂说起

隐身在群山围绕的山谷中,景致优雅、步调缓慢的欧海确实能让人联想起希尔顿在书中所描绘的世外桃源——香格里拉(Shangri-La)。也难怪,被尊为20世纪新时代运动的心灵导师、宗教思想家克里希纳穆尔蒂欧海不仅保留了克里希纳穆尔蒂的住屋,还成立了图书馆、研究中心与基金会,不少灵修中心也随之纷纷出现。

"克里希纳穆尔蒂图书馆"的所在地曾是克氏讲学、居住之处,而今成了许多灵修人士聚会、做研究的中心。图书馆中收藏了不少有关克氏的资料,书架上并陈列了各种语言版本的克氏著作。

杰里·雅各布斯在圣塔芭芭拉开始经营书店时，将书店取名为"失落的地平线"，主要是因为他非常喜欢该部电影，而且欧海就在附近。这家书店虽然不大，却温馨可人。

（Jiddu Krishnamurti，1895~1986）在1922年初访山谷之后，就深深地爱上了它，并且在此讲道、办学校，更在他九十岁生命垂危时离开他的出生地印度，而选择回到欧海作为他告别尘世的终点站。这里不仅保留了他的住屋，也因此成立了图书馆、研究中心与基金会，不少灵修中心也随之纷纷出现。

因为《失落的地平线》、因为克里希纳穆尔蒂，欧海被冠上了"灵性之城"的封号。但是对于多数书迷来说，一个地方无论风景如何优美、名气如何响亮，若是少了有特色的书店，就毫无魅力可言。欧海却因为"巴慈书园"（Bart's Books）的存在，绝对够格成为书迷们心目中的香

"失落的地平线"是一家二手书与古董书专卖店,其贩卖的书籍品相良好,价位可由数美元到数百、数千美元不等。对于我这类爱书却无法出高价的人,这是一间差堪消费得起的书店。

格里拉。

认识"巴慈书园"是一则美丽的意外,主要是起于1999年夏天一趟圣塔芭芭拉之行。我那回本来只是想看看城中的几家书店,首先当然是赫赫有名的"蓝道之家古书店"(Randall House Rare Books)。花了一个上午欣赏完这家国际级的古书店,在与书店主人蓝道先生告别前,他特别建议我若有时间应该去车程约半小时的"巴慈书园"逛逛。

接下来我拜访的另一家古书店是安那卡帕街(Anacapa Street)上的"失落的地平线"(Lost Horizon Books)——没错,书店名称确确实实就是"失落的地平

书迷的香格里拉 | 241

"巴慈书园"户外卖书的点子,主要是来自巴黎塞纳河畔书摊的启迪。

线"——由于书店离欧海不远,且店主人杰里·雅各布斯(Jerry Jacobs)非常喜欢同名影片,因此1986年在此开业时就取了这么个抢眼又好记的店名。虽然这家店不大,无法和"蓝道之家古书店"相提并论,却很温馨可人。书籍品相良好,书价从几美元到几百美元不等,很吸引我这类爱书却无法出高价的人。我在这里买到了1983年出版的《查灵歌斯路84号》精装舞台剧本。当我满心欢喜准备离去时,店主杰里竟然也向我推荐"巴慈书园"。短短一天内有两位书商居然都向我提起同一家书店,看来我没有不去的理由。

名副其实的美丽"书园"

第二天,顶着艳阳来到"巴慈书园",正巧园主加里·施利希特(Gary Schlichter)在园内。当他知道我是经由两位书商朋友的引介而来访,立即殷勤地向我讲述起书园的历史。"巴慈书园"所在地,原是个私

拥有园艺学士文凭且曾在斯坦福大学管理庭园的加里·施利希特成了"巴慈书园"的继任主人后,在院落内外栽植了大量花草,使得这里成了名副其实的书园。无论是买书、卖书、标书价,加里都同样在户外进行。

人大宅院,四分之三英亩(约九百坪)的土地上,有三栋面积不大的房舍,以及挺立在空旷院落中的几株大树。1963年时,一位名叫理查·巴廷戴尔(Richard Bartindale)的书商决定在此专卖二手书与珍本书。

该怎么来形容"巴慈书园"呢?一般传统的书店,想当然耳,都会把书本与书架摆在能遮风避雨的建筑物里,就连一些路边小书摊也多半是栖息于骑楼的一角。然而,"巴慈书园"除了把价钱较昂贵的珍本书摆在三间小屋之外,其余十多万册二手书,全部陈列在户外的开放书架上。简单的木制书架搭配架顶波浪状的铁皮或塑胶篷,在庭院中,就像是一件件的装置艺术般。理查这户外卖书的

书迷的香格里拉 | 243

绿色塑胶篷帐所搭建出的空间,在书籍与植物的衬托下,仿如一个装置艺术区。

在户外卖书的景象,我也看过不少,但是却不曾见过像"巴慈书园"般的迷人。那株大树下的桌椅让人看了忍不住要从旁取一本书坐下,好好消磨一整天。

点子,主要是来自巴黎塞纳河畔书摊的启迪。

望着环绕着围墙和大树的书架与书籍,我想与其称这个地方为"书店"、"书摊",还不如"书园"来得贴切。特别是自1976年起,拥有园艺学士文凭且曾在斯坦福大学管理庭园的加里成了"巴慈书园"的继任主人后,更是在

书迷的香格里拉 | 245

"巴慈书园"虽然将大部分的书陈列在户外的开放书架上,但是书园中还是有三间小屋摆置一些价钱较昂贵的书。

院落内外栽植了大量花草,使得这里成了名副其实的书园。

如此特别的一处户外卖书园地,来过的人都留下深刻印象。不少外地人因而一再重返。一位住在圣地亚哥的男士就向我表示,自从他在数年前,因公到欧海开会时发现了"巴慈书园"后,每隔一阵子就会和朋友一起来寻书;我还碰到了在芝加哥罗耀拉大学(Loyola University)任教的一位女教授汉娜·洛克威尔(Hannah Rockwell),带着她的一双女儿阿曼达(Amanda)与斯特凡妮(Stephanie)在书园里浏览。汉娜说,她成长于附近的小镇,童年许多时间都是在这里度过的。虽然她已搬到芝加哥,但每次回家度假,一定会带着孩子到"巴慈书园"逛逛。除了重温

旧梦以外,也希望孩子能拥有她儿时的经验。

"巴慈书园"星期一公休,星期二到星期日下午五点半就打烊。没打探清楚营业时间而吃闭门羹的访客,即使无法一窥书园内究竟,也不至于败兴到空手而归。书园外面的两片围墙上还钉挂着十来个开放书架,上面摆置了约一千本的廉价二手书。大门旁的一块木片上则写着:"打烊后,请按照书上所标价格将钱投入门孔中。"原来,大门后挂了个类似信箱的盒子,门前则开了个投钱口。入夜之后,不时可以看到一些睡不着觉的夜猫族举着手电筒在"巴慈书园"墙外的层架上找书,以便带回家或旅馆阅读。当然,临走时,他们总不会忘记将钱塞入门孔中。这项考验人性的荣誉措施,从开园以来就一直存在,三十年来只有极少数的人会白拿书而不付钱。雅贼并非"巴慈书园"的忧虑,真正让园主加里伤脑筋的其实是冬天的雨季。在宅院中餐风露宿的十来万册二手书,碰到毛毛细雨时,顶上的铁皮或塑胶篷虽然能遮挡一下,但是倾盆大雨来袭

图文并茂的艺术类别书,就算是二手书,价钱也比一般文字书高,巴慈书园有一室内专区放置此类艺术书。

很多人是冲着克里希纳穆尔蒂而来拜访欧海,"巴慈书园"当然有一个克里希纳穆尔蒂的相关书区,墙上挂着克氏的各种照片。

在"巴慈书园"可以看到不少大人带着孩子来逛。例如成长于附近小镇的芝加哥罗耀拉大学女教授汉娜·洛克威尔,于暑假期间带着她的两个女儿在书园里浏览,希望孩子也能拥有她儿时在此消磨时光的经验。

时，加里可得忙着拯救它们！——每当我想到欧海的"巴慈书园"，我的脑海中不禁响起一阵乐音：

这美丽的香格里拉
这可爱的香格里拉
我深深的爱上了它
我爱上了它……

书园外面的围墙上钉挂着十来个开放书架，上面摆置了廉价二手书。大门旁的木牌上则写着："打烊后，请按照书上所标价格将钱投入门孔中。"原来，大门后挂了个类似信箱的盒子，门前则开了个投钱口。这项考验人性的荣誉措施实行三十年来，只有极少数的人会白拿书而不付钱。

初稿发表于 2004 年 1 月

=== INFORMATION ===

巴慈书园
Bart's Books

302 W. Matilija Street
Ojai, CA 93023, USA
TEL 1-805-646-3755
www.bartsbooksojai.com

失落的地平线
Lost Horizon Books

703 Anacapa Street
Santa Barbara
CA 93101, USA
TEL 1-805-962-4606

CHAPTER 20
Gold Cities Book Town
爱书人的金矿

曾几何时,这个因金矿发迹,却又几乎一度被废弃的区域,以大自然的美景与低廉的房价吸引了一群人,背离大都会,到此自由自在地生活、创作。除了众多书商之外,还拥有上百位作家、艺术家,人文素质之高,令人赞佩。

美丽的尤巴河是内华达郡的源头活水。

我在2001年2月初来到了美国加州旧金山湾区,当时正巧是奥斯卡金像奖公布入围名单之际,台湾制作的武侠片《卧虎藏龙》,声势浩大,获得十项提名。在一片热潮中,我发现周遭的西方友人已纷纷到电影院观赏了这部影片,反而是我这个台湾人成了唯一的缺席者,只不过在这同时,我驱车向东行驶,探访一个现实生活中真正的"卧虎藏龙"之地——内华达郡(Nevada County)的内华达城(Nevada City)。这已是我第三度造访此处了。

即使是加州的居民,很多人听到"内华达郡的内华达城"时,大概都会以为它位于隔邻内华达州境内。事实上,这个有着丰富自然与人文资源的世外桃源就在加州的东北部,距离旧金山仅三个多小时车程。每回想到"内华达城·加州"这个看似错误的组合,我就不禁联想起电影《巴黎·德州》(Paris, Texas)的片名,片中的"巴黎"指的不是法国的巴黎,而是德州的一个城镇。

隐居在附近山林多年的普利策奖得奖诗人盖瑞·史耐德(Gary Snyder)曾经开玩笑地对我说,采用这个地名是故意要混淆视听,以便让外人找不到。不过就史实记载,内华达城早在1850年就已率先使用"内华达"为地名。

"内华达"（Nevada）在西班牙语中是"覆盖着雪"的意思，此处位居内华达山脉的北端，海拔两千五百英尺，四季分明，冬季时节真的会飘雪。谁知东边的新州成立，却也选用（或僭用）"内华达"当州名，为了区隔起见，只好迫不得已在"内华达"之后再加个"城"字，毕竟小不敌大。

造型优雅的老式煤气灯加上维多利亚式、殖民时期风格的建筑，暮色中的内华达城美得令人屏息。

典型淘金热城镇

　　称呼这个只有三千居民的地方为"城市"，确实是有些滑稽。但是在一百五十年前，美国西部普遍还是蛮荒之

镇上九十三栋保存良好的维多利亚式房舍,被列于国家登录的历史建筑物名单中。这栋1856年的建筑原为当时的一位参议员所有,而今已成为B&B旅店。

境时,内华达城却曾有过一万居民,投票人数仅次于旧金山与萨克拉门托两地。以当时的标准看来,的确可以算得上是大城。一度繁华的内华达城是典型1849年淘金热下快速建立的城镇,早年因为发现金矿而吸引了人潮,包括为数不少的中国劳工,先是采矿、后来又修筑铁路,城里因而出现了华人区,其中有华人经营的各式商店、赌房、鸦片屋、妓院,甚至还有供人膜拜的庙宇。

日后美国实施"排华法案",加上金矿业衰退、铁路完修,以致华人逐渐减少,现今在镇上几乎已见不到华人的身影。但是先前华人区所在的商业街附近,却依然可见街道名以中英文共同标示。有家贩卖中国饰品的礼品店,干脆就挂着斗大的中文店招"金花贸易",里面还挂着"回头是岸,幸福快乐"的中文对联。不远处的文化博物馆内且供奉着百年多前华人建立的神坛,郊区甚至保留了一处相当完整的中国墓园,入口牌坊上书中英文"云屏别墅"、"Chinese Cemetery"。墓碑则纯是中文,有的以

以中英文书写的花园立牌与墓园牌坊,位于内华达郊区。内华达市区内已经少有中国人的身影,但市区唯一的一家小型超商,竟然是由一对来自香港的夫妇香健强与刘仙桃(下图)所经营。香先生几十年前曾是香港侨生,在师大体育系求学,因此对台湾来客极为亲切。

光绪纪年记载死者卒年。这个氛围一点洋味都没有,中国人即使叶落未归根,还是在这最后的一个居所上守住传统的形式。

小镇维护历史的苦心处处可见,几条主街上的照明设备是老式优雅的煤气灯,镇上九十三栋保存良好的维多利亚式、殖民时期风格的屋宇,被登录于国家历史建筑物名单中,其中的"国际旅馆"(National Hotel)更号称是加州现在仍持续营业的最古老旅馆。我在街上闲逛时,还可见一旁哒哒而过的马车,令人有走入时光隧道的错觉。最让我这只书虫倾心的是,在这迷人的氛围中,竟然聚集着十来家专卖二手书与古董书的书店,成了名副其实的"书镇"(Book Town)。

书镇从头说起

在西方书业界,"书镇"指的是在一个偏远、人口稀少、自然景观优美的小地方,聚集众多风格迥异的独立书店经由适当地宣传,吸引外地爱书人来访,使得这个书镇成为一个旅游景点,因而带动当地的经济繁荣。书镇中的书店,原则上都是以贩卖绝版书为主的二手书店或古董书店,以别于一般都会中只卖新书、畅销书的连锁书店。如此一来,不管是喜欢捡便宜或偏好稀有珍本书的爱书人也才都会趋之若鹜。

这个书镇的理念起始于英国一位名唤理查德·布斯(Richard Booth)的奇人。1961年时,他将威尔士一个只

由于淘金热及铁路工程，内华达城曾经引来不少华人劳工，他们还建立了自己的社区。虽然现在已经人去楼空，但镇上依然可见到一些残存的中国风，例如壁画、神坛、佛像、中文对联等。
Courtesy of Searls Historical Library

有一千三百居民的英国小镇黑-昂-歪（Hay-on-Wye）建立为全世界第一个书镇，到了1970年代中期，布斯已拥有二十余名员工和一百多万册书，并且在1976年名列吉尼斯纪录上拥有最多二手书的人。我在几年前跋山涉水亲访黑-昂-歪书镇时，布斯得意地对我说："即使百分之九十九的人觉得某一本书无趣，终究还是会有人需要它；而当一个小镇拥有形形色色的旧书时，即使这个小镇地处深山老林，也总还会有人不远千里而来。"他在国际间积极鼓吹这个理念，卢森堡、法国、荷兰、瑞士、马来西亚等地因此纷纷都出现了书镇。

这栋1861年的建筑，曾经是内华达城的消防站，而今被辟为文化博物馆，其中有一座百年前华人供奉膜拜神明用的神坛。

内华达城"布里葛顿书店"（Brigadoon Books）主人盖瑞·史多乐力（Gary Stollery）在1995年冬天拜访过黑-昂-歪后，对布斯以书造镇的概念深深着迷。由于内华达城与隔邻的姊妹镇草原谷（Grass Valley），本来就有不少书店与在家经营的书商，于是史多乐力返乡后，就积极地将两镇所有书商组织起来，打出"金城书镇"（Gold Cities Book Town）的名号，联手共创美国西岸第一个书镇。1997年12月底，布斯夫妇受邀到此与七十五位书商欢聚一堂，并以"国际书镇之王"的身份为他们加持。

爱书人的金矿 | 255

（上）内华达城与草原谷打出"金城书镇"名号，联手共创美国西岸第一个书镇。

（右）书镇教父盖瑞·史多乐力与妻子克拉琳达，两人推动书镇理念不遗余力。

逛逛金城书镇

  这个书镇成立后，我就略有耳闻，但是一直到 2000 年 2 月初才首次造访。记得我抵达内华达城时，已近中午时分，由于不是假日，天候又不佳，在街头商店一片冷清中，我闯入的第一家书店正是布里葛顿书店。里面分隔了好几区，中央主区放置苏格兰、英国的文学与旅游书籍，对照着店内墙上挂着的苏格兰裙及英国乡间明信片，可以知道这家主人的爱好了。

  布里葛顿（Brigadoon）这个名词源于同名戏剧，剧中描述苏格兰高地有一个在地图上找不到的小镇"布里葛顿"，每一百年才在人间出现一天。系着哈洛兹（Harrods，伦敦最高级精美的百货公司）围裙、一团和气的女主人克拉琳达（Clarinda）对着我这唯一的顾客笑咪咪地打招呼，引导我参观后面的艺术书区及一个可爱的儿童书区。当她知道我是个专门报道书店的书虫后，立刻拨电话给连日来在家中昏天暗地忙着报税的丈夫盖瑞·史多乐力，要他专程远道开车前来会客。趁着等待的空档，我便先到其他书店逛逛。

  斜对面的"布洛德街书店暨咖啡座"（Broad Street Books & Espresso Cafe）是镇上唯一有露天咖啡座的迷人书

"布洛德街书店暨咖啡座"专卖旅游书,同时也是镇上唯一有露天咖啡座的迷人书店。

店。虽然天候不佳,外头没坐半个人,但是店内却很热闹。年轻英俊的老板杰森·科斯塔(Jason Costa)看起来像个大都会的雅皮,他和妻子婚前就一起顶下这家店,为了婚后能让小孩在这个小而美的社区度过一个优质的童年,他们选择在此定居。这家书店以旅游书为主,总共有七千多本书,外加各国及各大城市的地图。由于旅游书以迅速实用的资讯为主,店中倒是以新书为主,不过还是有不少旅游文学类的二手书。

隔邻的"山屋书店"(Mountain House Books)的店主人不是夫妻档,而是罕见的丈母娘与女婿的搭配。丈母娘菲莉斯·巴茨(Phyllis Butz)曾经是图书馆馆员;女婿莱昂纳德·贝拉尔迪(Leonard Berardi)之前任职于印刷业,两人对书籍各有专长。他们贩卖的大多是年代较久远、装订较精美的古董书,其中又以加州与美西早期拓荒史的书籍为主。

当我从店中出来,走在布洛德街上朝别家书店张望时,一位头戴呢帽的陌生男士迎面而来,居然亲切地开口叫着我的名字。我大概楞了三秒钟,接着回神过来,喊着:"嗨,盖瑞!"是的,此君除了是"布里葛顿书店"的主人盖瑞·史多乐外,再不可能是别人了。想必是太太克

"山屋书店"的店主人是罕见的丈母娘和女婿的搭档,丈母娘菲莉斯·巴茨曾是图书馆馆员,女婿莱昂纳德·贝拉尔迪之前任职于印刷业,两人对书各有专长。他们所贩卖的是年代比较久远,装订较精美的古董书,主要以加州和美西早期拓荒史为主。

拉琳达要他出来寻人的——由此也可见这小镇有多小,外来客一眼就可被认出。热络的盖瑞立刻就以地主兼书镇教父的身份,当起我的导游来了。

我们接着走访了"和谐书店"(Harmony Books)。这是一家新旧书并列的温暖的书店,里面除了文学书以外,其余大部分是以心灵成长、宗教为主题的书籍,此外还有与当地风土文物相关的书,为数不少。这家宽敞的书店同时也是社区的小型文化中心,经常有艺文活动在此进行。

"月光书店"(Moonshine Books)是镇上最小的一家店。不仅面积小,连店主人约翰与艾琳(John Fletcher

（上）曾任警察的约翰与艺术家妻子艾琳，是"月光书店"的主人。

（左）"内在圣堂"与"主街古董与书店"两家店有志一同，把书与古董结合在一起，店中因此充满怀旧气氛。

& Irene Nicolas）的个子也一样很袖珍。由于父亲曾在上海传教，艾琳就是在那里出生的。她同时也是一名艺术家，她那具有神秘色彩的油画还印制成明信片在店中贩售。约翰则曾在旧金山湾区当了十多年警察，夫妇两人后来过着吉卜赛式的生活，在圣塔菲市集卖画、卖书，尔后搬到附近并开了这家书店，以贩卖东方哲学、心灵成长类的二手书籍为主。隔邻的"内在圣堂"（Inner Sanctum）与附近的"主街古董与书店"（Main Street Antiques & Books）都选择将古书与古董结合在一起，让两者熠熠生辉，实在是完美的搭配。

那天的最后一站，我们来到书商兼出版商卡尔·莫茨

书商兼出版商卡尔·莫茨在艺术气息十足的工作室中。

（Carl Mautz）的工作室。挑高的空间搭配了品位不凡的家具、装饰品，艺术气息十足。卡尔年轻时就承继父兄的衣钵，进入法学院并顺理成章成了律师。然而，他的最爱与副业却是收藏与经营老照片。1995年，他告别近三十年的律师生涯，将副业变本业，并自创出版社，出版以摄影为主题的艺术书。卡尔视摄影为展现历史与艺术的媒介，纪实的老照片更是他最爱中的最爱。他喜欢通过它们，进入一场时空漫游，回到过去的情境之中。

才一天的时间，我在内华达城就已丰收累累。只不过我所挖掘的人、事、物仅是金矿的一小部分而已。盖瑞得意地对我说，郊区还有一些与书业相关的人及艺术家，诸如作家、民谣歌手、古籍修复师和印刷师等。至于也位于内华达郡中的隔邻草原谷，我根本还未有时间探访，更别提在书店中仔细地挑书、买书了。为此我决定于一星期后重返，并多逗留几天，投缘的盖瑞则应允为我在当地联系采访事宜。

普利兹奖得奖诗人盖瑞·史耐德为内华达郡的精神领袖，2000年2月我与他在内华达城圣璜岭的一场会面，成了日后我脑海中一则美好的记忆。

与诗人相会

第二回的书镇之旅有更多的惊喜等着我。人才刚抵达，盖瑞即刻告诉我，另一位盖瑞——以《龟岛》（*Turtle Island*）一书获得1975年普利策奖文学奖，大名鼎鼎的诗人盖瑞·史耐德——隔日愿意与我晤面。这消息让我喜出望外，却也一阵心慌。我自然知道史耐德是美国1950年代"敲打运动"（Beat Movement，美国的文学兼社会运动，被视为日后嬉皮运动的前身）少数硕果仅存的祖师级人物，和作家杰克·凯鲁亚克（Jack Kerouac，成名作《在路上》[*On the Road*]）、诗人艾伦·金斯堡（Allen Ginsberg，四十余年前以赤身裸体在艺廊朗诵诗篇《嚎》[*Howl*]而名噪一时）等齐名。史耐德也因凯鲁亚克以他为蓝本，被描绘成《达摩流浪汉》（*The Dharma Bums*）书中那位擅长登山的智者杰菲·赖德（Japhy Ryder），而成了当时年轻人的偶像。

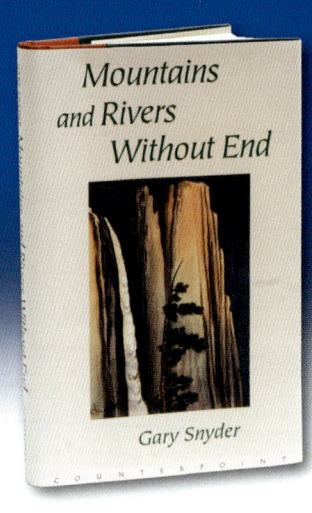

我手边拥有的这些盖瑞·史耐德的作品，或是有他的签名，或是限量发行，而今它们已成了不少书商觊觎的对象。

史耐德曾在加州柏克莱分校东语系就读，研习中国与日本语言、文化与书法，翻译过唐诗、寒山诗，并于1956年到日本京都学习日文与禅，一待就是十二年。回美国后不仅著述不辍，还投身环保运动。这是我脑中对史耐德的基本资料。直到初访内华达城，我才知道，原来他自1970年代起就已定居于邻近深山中。由于自己学艺不精，并未阅读太多史耐德作品，于是临阵磨枪，买了一些他的诗文来恶补。

和史耐德会面的过程本身就是一个永不磨灭的记忆。他居住的地方，位处更隐蔽的圣璜岭（San Juan Ridge），于是相约在附近的一间酒馆碰面。从镇上沿着四十九号公路向北攀爬。群山环绕，纬度不断上上下下，急湍的尤巴河从中穿越，沿途奇异的景色彷如美国南方优胜美地国家公园与台湾太鲁阁峡谷的综合体。蜿蜒近半小时后，在几乎不见人烟的山林中顿时冒出一间酒馆，让人颇有场景错置之感。我才刚坐定不久，诗人即飘然而至。

已经七十岁的史耐德，举止轻盈，一点也不显老态，绝非五谷不分、四体不勤之辈，这和他自幼热爱大自然、户外活动与劳动有关。他有一般文人少有的经历，年轻时就开始攀爬各大山峰，并曾担任森林火灾瞭望员、伐木工

人、码头工人、水手等需要大量体力的工作，因而对荒野生态产生了无限的崇敬与依恋，这不仅是他文学创作的根源，更使他成为生态保护健将。

当西方遇见东方

席间他提到与东方的渊源，竟缘于十岁时的一次西雅图美术馆之旅。在某次参观中，他生平首次看到卷轴上的传统中国山水画，这让年幼的他震撼不已。他说当时惊觉画中一切的景致、人物与意境是如此的熟悉，他心目中的世界应该就是画中呈现的样态。我随口说自己正好与他相反，我对东方文化感动不多，碰到西方文明却备感亲切、一见如故。史耐德眨眨眼睛，神情可爱地说："这不正是生命中的趣味吗？"

与史耐德这段关于东西文化的对谈，在我日后重读《达摩流浪汉》中一段对话时，感触更是良多。书中主人翁雷蒙·史密斯（Raymond Smith，凯鲁亚克的化身）对杰菲·赖德（史耐德的化身）说："艾瓦（Alvah Goldbook，艾伦·金斯堡的化身）说当像我们这样的人都热衷于穿长袍、成为道地的东方人时，真正的东方人却在彼端读超现实主义和达尔文，而且对西装着迷得不得

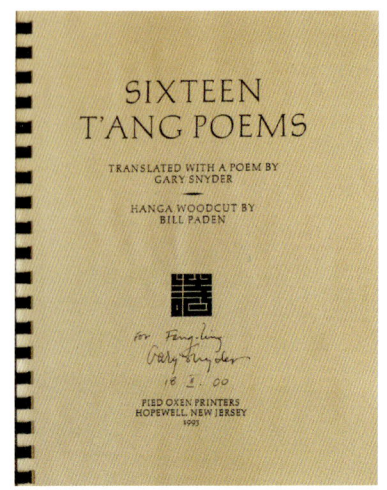

我收到的这本薄薄的《英译唐诗十六首》册子,虽然仅是原来限量版编号Q的影印本,但由作者亲赠且有他的亲笔签名,还是让我觉得异常兴奋!

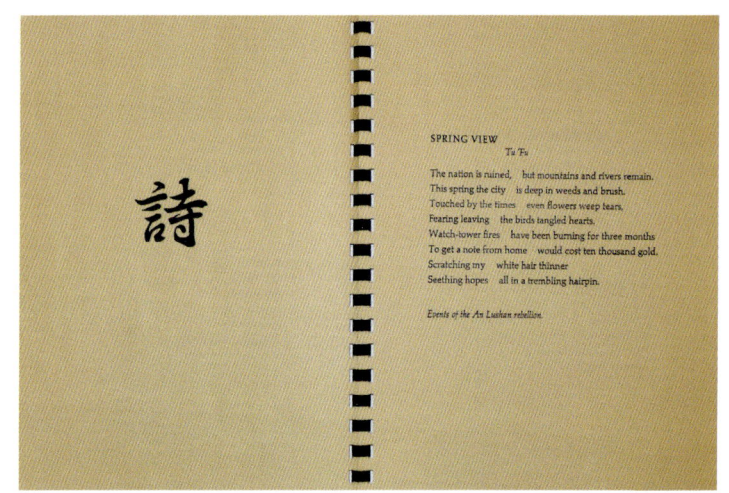

了。"杰菲回应道:"东方与西方终究会相遇,想想当两者相遇时,什么样伟大的世界革命会发生?那将是像我们这一类人所能发动的。"现今东西方相遇却无法相知相惜的紊乱局势,绝对不是怀有浪漫情怀的杰菲(或史耐德)理想中的美好境界。

虽然史耐德曾待在日本多年,并娶了日本妻子,最后却还是受到美国西部群山的召唤而回来。"为什么定居于内华达城?""为什么不呢?"史耐德反问。内华达城彷如美西的中心点,位居加拿大与墨西哥之间。由此开车往北或往南,在一天之内就可抵达边境;往东则可达美国中部,向西开车仅三四个小时即可达太平洋滨的旧金山。首府萨克拉门托有国际机场,开车也不过一个多小时。边陲被说成是中央,可见史耐德眼界、心胸之宽广。不过真正吸引他的应是当地的奇山异水。他不仅享受这里的美,还积极地投入当地的环保计划。在邻近加州大学戴维斯分校教授文学创作之余,也以自然与文化为主题开课。他的隐居带有佛家、道家的出世精神,积极的活动却又具儒家的入世观,难怪他要将自己喻为"儒释道的社会主义者"。

当被问及,他总是被评论家拿来与《湖滨散记》的作家梭罗(Henry D. Thoreau)相提并论时,数度结婚、育有子女的史耐德俏皮地辩驳说,他们两人有极大的差异点,那就是独身又独居的梭罗,既没有家庭生活,也没有性。服膺自然的他,却认为性即是自然。

访谈在互相交换个人的著作中近尾声,我趁机将四处搜购来的史耐德的著作拿出来请他签名,并送上台湾带来的冻顶乌龙茶。开心之余,他又从包包中掏出一些宝贝送我:一本是 1990 年 9 月出版的台湾《当代》杂志,那期以他的精彩生平与作品作为专题报道;另一本是他的《英译唐诗十六首》(Sixteen T'ang Poems)的影印本,其中包括孟浩然的《春晓》、张继的《枫桥夜泊》、杜甫的《春望》等,史耐德曾在柏克莱大学随陈世骧教授学习唐诗宋词,特别以此书纪念恩师。这本乍看素朴、仅二十六页的小册子,其实制作过程极考究。以手工印刷、裁切,其中的一页木刻版画出自日本艺术家,只限量生产一百二十六册,每册都有史耐德的漂亮签名。一百本以数字编号出售;二十六本则是以大写英文 A 到 Z 编码,由作者、制作者保留。我收到的这本册子虽然是编号 Q 保留本的影印本,但由作者亲赠且有他的亲笔题赠,实在是弥足珍贵!最后一本书是他的第一本中译诗文选,书名为《山即是心》(联合文学出版),他对这本书犹豫了几回,因为台湾已绝版,而他手边又只剩下这最后一本。我厚颜请他割爱并题赠,还保证回台湾后绝对替他找回几本。日后在朋友帮助下幸好寻得了三本,这张支票方才得以兑现。如今我手边这些史耐德的签名本,早已成了不少书商觊觎的对象。

"你有权保持缄默"

内华达城另一位传奇人物当属哈罗德·贝利纳(Harold Berliner)。贝利纳早在 1945 年大学毕业时就迁居于此,同时成立了铅字印刷厂与出版社,专门印制审美和收藏价值甚高的限量书籍与地图。他并且曾在内华达郡担任了近二十年的检察官。1966 年时,贝利纳写下了众所皆知的"米兰达权利"或"米兰达警告"("Miranda Rights" or "Miranda Warning")的口述内容:"你有权保持缄默。你所说的每一句话,日后都可能在法庭使用,以定你罪名。你有权咨询律师的意见,且在问话时,要求

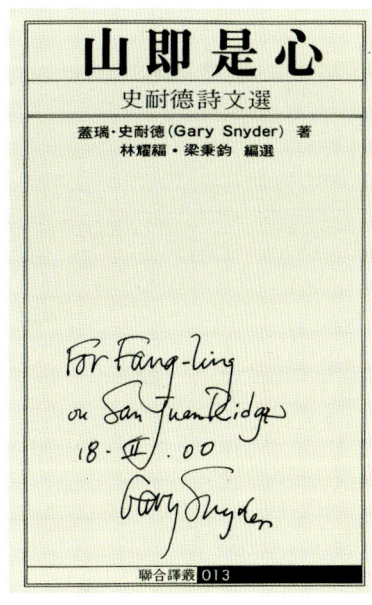

这本中译本原是史耐德手边最后一本,为了不错失得到他签名本的机会,我只好厚颜索取,并允诺回台湾后帮他另觅几本。最后我也完成了这个承诺。

（左）铅字印刷厂兼出版社负责人哈罗德·贝利纳（右）与古董书商约翰·哈迪（左），两人过去都与法律打交道。前者为前任内华达郡的检察官，并为"米兰达权利"的起草人；后者曾经是出庭律师。

（右）从淘金镇到书镇贝利纳所成立的铅字印刷厂与出版社，专门印刷审美、收藏价值高的限量书籍与地图，现在交由女婿弗兰克·卡布拉尔（Frank Cabral）掌管。

律师在场。如果你无力聘请律师，在侦讯前，法庭将会指定一名律师给你，并代表你回答任何问题。"这段美国所有警察或执法人员在逮捕嫌犯时都得宣读的文句，透过媒体的传播，几乎所有人都耳熟能详。贝利纳的印刷厂还曾将这段文句印制出售，成了极受欢迎的纪念品。

位于南边山林中的印刷厂，同时也是一个铅字铸造厂。我在这儿看到了众多造型不同的铅字，以及印刷出来的精美成品，只能说叫人爱不释手！无论科技如何发达，铅字印在纸上所透出的力道与质感，却总还是让我深深迷恋。

布鲁斯·利维（Bruce Levy）是另一个值得介绍的书人。他本来是个商业摄影师，后来却学习古籍修护与装订，并成了这个领域的好手。他曾担任德州大学奥斯汀分校古籍图书馆的资深古籍维护员，因为喜爱上尤巴河和邻近自然景观而迁居于此。他的住家就是工作室，有来自全美各地的破损古籍正躺在这里，等待这位古籍医生妙手回春。我登门拜访那天，布鲁斯与助理正在拯救一本1618年的羊皮书，旁边则摆着美国巨贾、1992年总统大选候选人罗斯·佩罗（Ross Perot）委修的一本1919年出版、关于一次大战的书。悠扬的音乐声在室内飘荡着，两人不时停下来啜饮几口高脚杯内的白酒——修复古籍之于布鲁

斯,既是工作,也是一门艺术、一种享受。

内华达城还有一位名人,就是犹他·菲利普斯(Utah Phillips)。这位一头白长发的老先生是北美洲极著名的民谣歌手、说唱艺术家、幽默家、劳工支持者、无政府兼反战主义者。他长年带着一把吉他四处吟唱、说故事,内容皆以嘲讽资本主义为主,替社会中下阶级的小人物、劳工发声,自称是流浪汉、游民,为草根艺术家的代表。

这几年,他因与特立独行的年轻前卫摇滚民谣女歌手安妮·迪芙蓝寇(Ani DiFranco)合灌唱片而攫取了不少年轻人的心。他的乡村歌曲曾获得1997年格莱美奖最佳民谣唱片提名。我是在"布里葛顿书店"巧遇菲利普斯,与他同行的是奥瓦尔·布朗森(Orval Bronson),此君专研小说家斯坦贝克原著改编的剧本,并因此出版了一本专书。他手边收藏有高达三百本的斯坦贝克初版著作,部分在2001年2月旧金山的一次古书拍会中悉数售出,卖了非常漂亮的价格。

(左)民谣歌手、说唱艺术家犹他·菲利普斯(图右)与斯坦贝克专家兼藏书家奥瓦尔·布朗森(图左)。

(右)古籍的医生布鲁斯·利维正对一本书进行"解剖"、"缝合"的手术。桌上的那杯白葡萄酒,是他工作时放松心情的最佳饮料。

走近草原谷

接下来几天,我把时间花在隔邻的姊妹市草原谷。一如内华达城,草原谷也曾是个淘金镇。辉煌一时的"帝

父女档哈里·爱门斯及女儿多洛雷丝是"爱门斯书店"的创办人,店中有超过三十万册的书,一排排的书架,像极了图书馆的摆设。

国矿坑"(Empire Mine)曾经缔造出高达九亿美金的产金量,而今虽已停产,却成了广受欢迎的博物馆。镇上同样有好几家书店,最具规模的当属"爱门斯书店"(Ames Bookstore)。它大概可以算得上是美西最大的书店之一,里面拥有超过三十万册各类的二手书与珍本书。L型的横竖两排建筑物里矗立着一排排的书架,像极了图书馆的摆设。

这家店原位于洛杉矶东南方的小镇惠蒂尔(Whittier),由一对父女哈利·爱门斯(Harry Ames)与女儿多洛雷丝(Dolores)在1968年时创立。多洛雷丝本来是学校教师,一直喜爱阅读,当时年方十八的女儿方才结婚,先生迪克(Dick Slavin)便离家参加越战,于是便和父亲一起开书店。等到迪克退伍之后,也加入这一家族行业。1987年南加州大地震,书店建筑整个倒塌,于是他们举家迁移至草原谷,在此重新开业。七十多岁的哈

利至今仍然活跃于店中，每一书区的分门类别，都是他用签字笔亲手书成；多洛雷丝总是笑盈盈地在柜台里向客人致意；迪克则坐镇珍本书区，对于卖出的宝贝书，他总有着万千个不舍。

草原谷麦特曼道（Maltman Drive）上的一个小型商圈内，有间占地一千五百平方英尺的建筑物，是由十多位书商共同承租的集合书店，就称为"书镇书店"（Booktown Books）。店中隔成一个个的书区，分属不同的书商。每个人负责自己书区内的书种与摆设，并与其他人轮班留守整个书店。这种合作社模式的经营方式，非常适合书种不多或是不想整天被绑死在店里的书商。这家书店联合国里，卧虎藏龙，各有千秋，我对其中的一区"失落的马"（Lost Horse Books）印象最深刻。这个书区全部陈售与马相关的书籍，其间一些马的摆饰极为抢眼。四十三岁的女主人戴布拉（Debra Klever-Dobbins），在小学时，曾经是

创立于1968年的"爱门斯书店"原本位于洛杉矶东南方的小镇惠蒂尔，上图是他们当年所发行的明信片。至于下图的小天使，则是"爱门斯书店"的吉祥物，属于非卖品，那时拍此照片，怎么也没想到她会成了本书的封面主角。

爱书人的金矿 | 269

（左）"失落的马"书区中全是与马相关的书籍与摆设。戴布拉儿时曾是个不爱念书的女孩，因为爱马，而成了卖马书的人。

（右）老嬉皮埃德·伯林（Ed Buryn）是诗人、编辑、摄影家、塔罗牌设计师，而今又在"书镇书店"中设摊，成了卖书人。他身后那张海报上的人物，为他敬佩的美国心理学家及迷幻药教父提摩太·利里（Timothy Leary）。

个极度排斥书籍的女孩，却对马匹着迷得不得了，将零用钱一点一点存起来，为的只是能在马背上骑一骑。后来一位老师诱导她，若想知道更多马的故事、进入马的生活，非得靠阅读不可。自此戴布拉心甘情愿地接近书籍，生命中前后拥有十匹马，并成了专卖马书的人了。

隔邻是一个咖啡店与书店的组合。书店主人艾里克·童卜（Eric Tomb）在内华达郡经营书店已有近三十年历史，先后开过几家书店。1997年在此开了"童姆斯书店"（Tomes Books），专卖宗教、哲学、历史、语言类书籍。拥有哈佛大学与加州大学柏克莱分校文凭的艾里克，在当地颇为活跃。他同时主持一个电视节目报道时事，还是位广播主持人，以"书镇"为节目名称，访谈作家、诗人，旁及书评、书介等文学性话题。

在"书镇"里，有些书商并没有公开的店面，而是通过邮购目录或网络在家经营。有兴趣参观者，可以和他们预约时间登门拜访，或是通过电话、电子邮件与他们联络。约翰·哈迪（John Hardy）与雷吉娜·盖茨（Regina Gates）都是这类型的书商。早先约翰还在旧金山担任律师之际，经常到书镇买书。退休之后，干脆就搬到此处并加入书商行列。曾任图书馆员的雷吉娜，则因为和她的亲

密爱人及小孩的共通嗜好都是古董车与摩托车,很自然就选定这个主题作为她藏书与卖书的方向了。

书镇之光,人文之郡

除了众多的书商之外,内华达郡还至少拥有上百位作家,以及为数不少的艺术家,人文素质之高令人赞佩。当地居民甚至在 1998 年投票表决,同意"加税"以补助图书馆的经费。在其他各郡一面倒要求"减税"的声浪中,此地成了加州的异数。这里不仅有一份严肃的文学评论杂志《野鸭论评》(Wild Duck Review),而且经常有高水平的艺文活动。

2000 年 8 月 11 日举办的"史耐德诗歌吟诵"更是让人津津乐道。那天晚上 8 点到次日凌晨 2 点长达六个钟头的时间,史耐德在圣璜岭一个文化中心的露天剧场首度完整朗诵他的《山河无尽》(Mountains and Rivers without End)。这本书其实是记录个人经历与世界观的一首长篇史诗,被喻为 20 世纪中叶以降最重要的诗篇。全诗由三十九个篇章构成。史耐德早在 1956 年就开始动笔,历经四十年,终于在 1996 年大功告成。在那个历史性的一夜,自世界各地慕名而来的五百位文友齐聚一堂,大家拥

(左)"童姆斯"书店主人艾里克·童卜不仅是书店与咖啡店的主人,并且也是位广播主持人,以"书镇"为节目名称,访谈作家、诗人,并进行书评、书介等文学性的话题。他另外还主持一个当地的电视节目,报道时事。

(右)古董车与摩托车是雷吉娜一家的最爱,也是她藏书与卖书的主题。

加州内华达郡在19世纪时曾因金矿而兴盛,其中的"帝国矿场"(The Empire Mine)据称是加州最大、最老的金矿场,从1850年建立到1956年关闭近一百年期间,估计一共产出五百八十万盎司的金子。而今此矿场已废弃,但依然保有早年的厂房建筑与器具,并被列为国家公园,开放给民众参观。

着毛毯或睡袋,在史耐德或朗诵或吟唱,以及三位音乐家的乐器与和声伴随下,享受了一场视觉、听觉与心灵的飨宴。曲终吟罢,月亮已下沉,英仙座流星雨却正以璀璨之姿纷纷划过山头。那真是个丰盛的夜晚!有幸参与盛会的人,无不这么回忆着。

曾几何时,这个因金矿发迹而又几乎一度被废弃的区域,以大自然的美景与低廉的房价吸引了一群作家、艺术家,背离大都会到此自由自在地生活、创作。讽刺的是,他们所创造出的优质环境,却使得这个偏远地方反倒吸引不少事业有成者跟进,导致当地房地产节节上升,让人不禁担忧一旦过度商业化、庸俗化,利润微薄的书店业或将无法生存了。

2001年初,我三度造访书镇,总算宽了些心,我发现所有的书店都还存在。原本迷你的"月光书店"换了一家面积不小的店面,扩大营业;"布里葛顿书店"的女主人克拉琳达正打算要单飞,在附近自立门户,开一家儿童书专卖店;男主人盖瑞则与书商约翰·哈迪忙着筹办书

镇第一届"淘金热古书展"(Gold Rush Book Fair)。这个将在6月9日登场的书展,已经吸引了五十位各地的书商设摊,东岸著名的书商威廉·里斯公司(William Reese Company)获邀为此次荣誉贵宾。盖瑞兴奋地对我说,书展将在有近一百五十年历史的铸铁厂内进行,会后还有大型的烤肉餐会以兹庆祝,要我得空一定到场。"到时候我人已在台湾,大概是无缘参加了。"话虽如此,我心中却很替他们高兴:这书镇的前途看来大好。开车离开书镇时,收音机里莎拉·布莱曼与盲人歌手波切利正激越地为我唱着"Time to Say Goodbye"。道路两旁、屋顶、树梢上还堆积着前日所落下的白雪,在美声与美景的送别中,我并不感伤,因为我知道我会再回来,心里只是默默喊着:"Nevada, 覆盖着雪!"

在西班牙的字典中"Nevada"是"覆盖着雪"的意思,海拔两千五百英尺高的内华达城,冬季时节真的会飘雪。
Courtesy of Searls Historical Library

初稿发表于 2001 年 5 月

UPDATE 后续笔记

这些年来，因为旅居旧金山，我又数度拜访了同在北加州的内华达城、草原谷这两个姊妹市，去时多半选在五月份的"淘金热书展"时，此书展2001年由书商们发起，这几年已经交由"内华达郡图书馆之友"这个非营利性组织承办，所得盈余嘉惠于郡内的图书馆。不过这书展仅一天，规模不大，多数参展的书商和我一样，到此一方面是贪图山水好，可以藉此度假，再者也可与书友们聚聚，所以交谊的成分居多。我也因此逐年见证了两个小镇的变迁。内华达城布洛德街上的"和谐书店"与"山屋书店"都在，杰森开的书店暨咖啡座消失了；克拉琳达于松树北街（108 North Pine Street）开起她的童书店"蟾蜍宫"（Toad Hall Books），店名取自英国著名的童书《柳林中的风声》（*Wind in the Willows*），丈夫盖瑞独守布洛德街的"布里葛顿书店"，没多久后，因为房东不再续约，因而将店迁入"蟾蜍宫"，夫妻俩又继续在一起工作了。

"金城书镇之王"盖瑞·史多乐力夫妻在书镇里的崭新据点是"蟾蜍宫书店"。

274 | Gold Cities Book Town

而原本在松树街的古董店兼书店"内在圣堂"搬到了布洛德街,"月光书店"则搬到草原谷的"书镇书店"。

话说草原谷由十多位书商集体经营的"书镇书店",2005年底已从原来小镇外围的小商圈迁移到中心的一栋历史建筑内,不仅地理位置佳,且拥有挑高的空间与明亮的采光;大型二手书店爱门斯的创办人哈瑞·爱门斯前几年去世,女儿与女婿把书店卖给了有兴趣的人经手。当美国许多大型连锁书店或是全面瓦解(如原本第二大的Borders),或是逐渐缩小(如第一大的Barnes & Noble)之际,看到书镇上的一家家小书店依旧固守在那里,的确颇让人振奋。

草原谷的"书镇书店"由十多位书商集体经营,2005年底搬迁到市中心这栋屋顶挑高的历史建筑内。

与史耐德重逢

写到此篇章,当然不能不提诗人盖瑞·史耐德。我与史耐德再次会面是在2006年10月25日的旧金山,理由当然还是与书有关。那天晚上在北美亚洲社团(Asia Society North America)的一场新书发表会中,史耐德与女作家伊莎贝拉·史德琳(Isabelle Sterling)联袂出席,主要是史德琳出版了一本鲁思·富乐·佐佐木的传记(*Zen Pioneer: The Life & Works of Ruth Fuller Sasaki*)。原名鲁思·富乐的佐佐木,因为嫁给了在美国的日本禅师佐

由十多位书商集体经营的"书镇书店",目前位于草原谷镇上这栋历史建筑内,不仅地理所在位置佳,且室内拥有挑高的空间与明亮的采光,是一个让人愉悦的环境。

佐木指月而冠上夫姓,她日后成了被京都临济宗大德寺赋予僧职的第一位女性、也是第一位西方人。鲁思·富乐致力于将禅宗文本翻译成英文,是影响当代禅佛在美发展的重要人物。曾受教于佐佐木的史耐德,替这本鲁思·富乐·佐佐木的传记作序,因而有此活动。节目完毕,我在现场买了几本史耐德的作品让他签名,之后奉送台湾的高山茶,又掏出一本我先前在台湾新找到的中译本选辑《山即是心》,他喜出望外之余,除了签英文名,更落下他的中文别号"听风居士",让我又是一阵陶陶然,也回忆起初次在内华达山会晤,他替我在书上题赠时的欣喜,只不过当时没留意,他并未写下日期。我喜欢签名本上有日期,总觉得这才完整,只是不知我的遗憾,是否未来能得到弥补。

当我刚刚着手修订这个篇章时,"旧金山图书馆之友"正在梅森堡举办年度的二手书展。由于此书展中贩

正在讲演中的盖瑞·史耐德,时间:2006年月10月25日,地点:旧金山的北美亚洲社团。

卖的书并非像是"淘金热书展"由少数个别书商提供,而是来自社会大众的捐赠,因此五花八门,我在这次的书展上买了一本台湾远景出版社 1981 年出(初)版的《群山呼唤我》,作者是钟玲教授,我们的名字就差一字。钟玲曾经在美国攻读研究所时,写过有关史耐德英译唐诗的评论,两人后来变成朋友,她也曾访过他在内华达城山上的住所并写了篇报道,谁知这篇文章竟然就收录在这本书的首篇,"群山呼唤我"也是此篇文章的主标题,书中还附了一张史耐德年轻时的潇洒照片,如此多的巧合与惊喜,都是淘书之乐。

三度会晤史耐德

没想到又过几个月,我与史耐德竟然有缘三度会面。2011 年 11 月 7 日,旧金山市区北滩(North Beach)的一个老剧场兼夜总会 Fugazi Hall 举办一场诗歌朗诵会,盈余赞助旧金山州立大学附属的"诗中心"(The Poetry Center),开演前四百张门票(价格由二十五到一百美元)已售罄,到底谁能有此魅力?演的又是何人?没错,其中

史耐德与佛林格提两位诗人加起来一百七十三岁,要再见到他们同台演出的景象,将是难上加难。

一位正是史耐德,另一位诗人同样大名鼎鼎,是旧金山"城市之光书店"(City Light Books,有关"城市之光书店",请参考《书店风景》一书)创办人劳伦斯·佛林格提(Lawrence Ferlinghetti),他们大概算是"垮掉世代"(Beat Generation)少数的硕果仅存者,史耐德八十一岁,而佛林格提则高龄九十二,要分别听到这两位老者公开朗诵已属不易,更别说同台演出了!我当然不会错过这场历史性的盛会。

那天晚上真是一场心灵的飨宴,"诗中心"在诗人朗诵前,分别放映了他们半世纪前的简短黑白纪录片,因而有幸目睹诗人们年轻时的影音。史耐德登场后朗诵的诗歌还是以他擅长的自然、生态为主轴,他的语音彷如带有禅意的淙淙流水,让人心生宁静。佛林格提则偏向他感兴趣的政治、社会议题,他甚至选了首针对当时正在美国进行的"占领华尔街"抗争所写的新诗,当足蹬鲜亮橘红布鞋、带着同色塑料框眼镜与长围巾的老先生,以激昂、戏剧化的声调朗诵时,让人无法置信他已近百岁。终场时,两人携手出现,引起满场欢呼,在那一刹那,我看到台上站的是两位精神抖擞、愈老愈帅的男士,而非日薄西山、风烛残年的耆耄老翁。

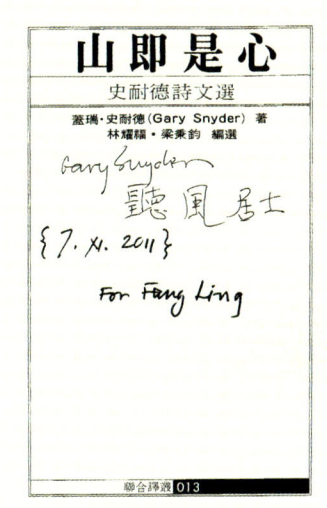

等待一堆书迷向史耐德致意后,我终于有机会与他简短交谈,他还记得我、记得送过我书,我照例准备好了茶叶(这回是普洱)给他,然后掏出几年前那本让我带有遗憾的《山即是心》,他于是在扉页先前的中英文签名下写了当天(2011年11月7日)的日期,并用大括号框起来,表示补充之意,最后还不忘写着 For Fang Ling(为芳玲)。我接着又展示钟玲三十年前出版的《群山呼唤我》,翻出其中那页他的旧照,他的眼睛为之一亮,在照片上不仅签了名,也写上日期。告别前,他告诉我,香港即将出一本他的中译诗选,我热切期待中!说不定哪天他会去香港发布新书,说不定我可能在那里与他再相逢,说不定我还会碰到移居当地的钟玲,请她在《群山呼唤我》上签名。人生有太多太多的"说不定",也让我们对无法预测的未来有种种的期盼,不是吗?

我与史耐德于2011年11月7日第三度会晤,他不仅替我在中译本选辑《山即是心》的书名页上补填了上回未留的日期,还在另一本钟玲教授的文集《群山呼唤我》上签名,《群》书首篇文章收录的就是钟玲早年采访史耐德的报道,内含一张他年轻时的照片,他的签名处自然就是落在此照片上。

INFORMATION

书镇书店
Booktown Books

107 Bank Street, Grass Valley, CA 95945
TEL 1-530-272-4655
www.booktownbooks.com

淘金热书展
Gold Rush Book Fair

www.goldrushbookfair.com

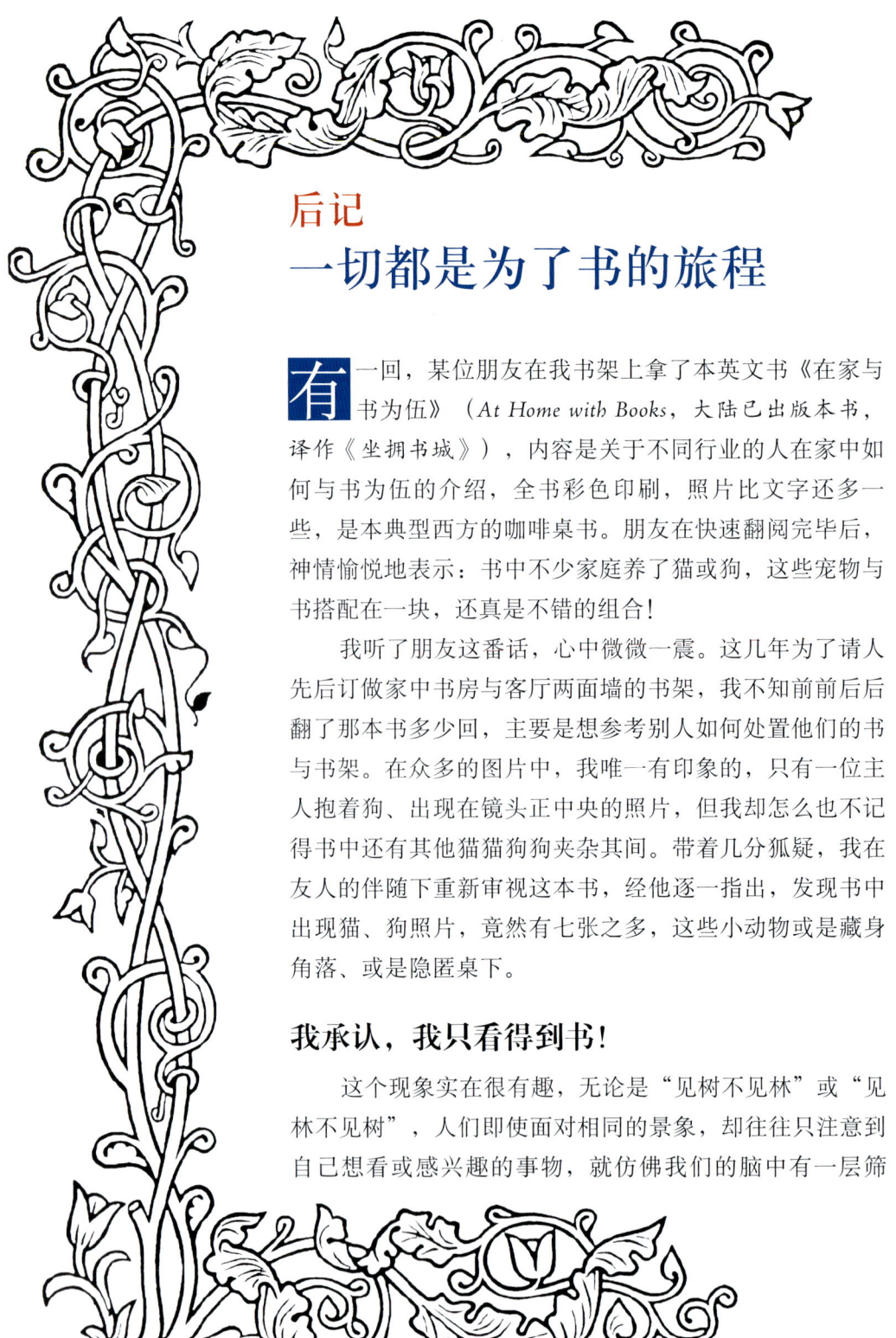

后记
一切都是为了书的旅程

有一回,某位朋友在我书架上拿了本英文书《在家与书为伍》(*At Home with Books*,大陆已出版本书,译作《坐拥书城》),内容是关于不同行业的人在家中如何与书为伍的介绍,全书彩色印刷,照片比文字还多一些,是本典型西方的咖啡桌书。朋友在快速翻阅完毕后,神情愉悦地表示:书中不少家庭养了猫或狗,这些宠物与书搭配在一块,还真是不错的组合!

我听了朋友这番话,心中微微一震。这几年为了请人先后订做家中书房与客厅两面墙的书架,我不知前前后后翻了那本书多少回,主要是想参考别人如何处置他们的书与书架。在众多的图片中,我唯一有印象的,只有一位主人抱着狗、出现在镜头正中央的照片,但我却怎么也不记得书中还有其他猫猫狗狗夹杂其间。带着几分狐疑,我在友人的伴随下重新审视这本书,经他逐一指出,发现书中出现猫、狗照片,竟然有七张之多,这些小动物或是藏身角落、或是隐匿桌下。

我承认,我只看得到书!

这个现象实在很有趣,无论是"见树不见林"或"见林不见树",人们即使面对相同的景象,却往往只注意到自己想看或感兴趣的事物,就仿佛我们的脑中有一层筛

网,自动地把杂质过滤掉,因而忽略了其他东西一般。这位打开我"眼界"的朋友是位爱宠物之人,家中也养了只爱犬,所以他对书中的宠物特别敏感,目光很自然地就被它们吸引住。而我这个对书特别狂热的人,每回只紧盯着图片中书架的造型、结构,打量别人藏书是哪些、摆置又如何等等画面,也就没有留意到其中的宠物身影了。

根据神经心理科学的研究,人类在认知的过程中,往往会因个人的兴趣、偏好、经验、习惯等而产生诸如"选择性记忆"(selective memory)、"选择性注意"(selective attention)之类的反应,而这些选择性的筛选现象发生于我们的所有感官知觉。我这种对书中的猫狗"视而不见"的情形,正是选择性视觉记忆的一个范例。

我对人生小小观察,因此而有了小小心得:人各有癖。有了这点认识后,除了对他人的癖好见怪不怪,对自己的一些癖好也就更理直气壮的纵容下去了!有些人爱车,有些人好赌,有些人嗜吃,有些人喜欢养花莳草,有些人则对运动着迷。我有一位朋友既不为健身减肥,更不是想

1896 年手工印制的《乔叟作品集新印》(*The Works of Geoffrey Chaucer: Now Newly Imprinted*),大约只装订了四百四十册,一般通称这批书为"凯姆斯考特乔叟"(The Kelmscott Chaucer),因为它们是"凯姆斯考特印刷坊"(The Kelmscott Press)的登峰造极之作。图中所见为"凯姆斯考特乔叟"最后结束的页面。我永远记得在旧金山市立图书馆的特藏区,初次亲手触摸它的那一刻,内心是如何的激动。日后我总是在旅程中不断寻访其他"凯姆斯考特乔叟"的踪迹。Courtesy of Octavo Corp. and Bridwell Library, Southern Methodist University

走访书店最大的享受,就是遇见好书、交上好友,2011 年欢度开店两百五十年的伦敦老店"莎乐伦"(Sotheran's)正是让我同时有此收获的地方(有关"莎乐伦"的介绍,请参考《书店传奇》第一章)。这里的书商们总是对我百般容忍和宠爱,每回我到书店,他们就会先为我调杯香浓奶茶,然后取出店中的珍本书让我欣赏个够,并在一旁讲述与那些书相关的故事;无论我身在何处,发出与书相关的任何问题,他们都会及时回复;知道我正在修订这本书,或许需要些图片装饰,就主动传来右页的图片,那是书店刚买进的 19 世纪中期的铜制读经台,上面摊开的是本 1704 年德国出版的《圣经》。Image on the opposite page courtesy of Sotheran's, photo by Javier Molina

与人竞技,每天却非得花一个小时跑上六七里路,享受汗流浃背的滋味后,方才觉得一天算是完整。至于我的致命处,自然就是文字与书,这个被称为"雅癖"的偏好,几乎全方位地影响了我生活的各个层面。

没有书,世界会多悲惨!

比方说,我的家中除了书房外,客厅、餐厅、厨房、睡床上甚至浴室内都散落着书本与杂志,连我的茶杯、毯子、像框、花瓶、百宝箱、桌垫甚至领带,都有书的造型或图案。我的皮包绝对不会是袖珍型的小可爱,因为出门时,我非得塞几本书在包包里,一旦上了计程车,我立刻将书掏出来阅读。一方面争取时间多读几页,一方面杜绝情绪激昂的出租车司机打开话匣子向我抱怨政治或交通。和朋友有约,我通常希望选定在书店碰面,无论哪一方迟到,另一方都不会火冒三丈,书店内的书绝对可以让"等待"这件事变得不至于太无聊。

此外,经过多年的经验,最后出国旅行时总是尽量搭乘某一家航空公司的飞机,倒不是我贪图促销的累积里程数,也不是因为该公司机上的服务人员比较亲切或是餐点特别可口。对我来说,机上提供多样化的英文杂志及报纸,是我选择这家公司的主因。想一想,十几个小时长途飞行、又挤在窄小的座位里,不靠翻阅这些杂志,整个旅程将会多么难耐。当然啦,我也可以阅读随身携带的书籍,不过,我多半还是把时间耗在机上提供的形形色色的杂志。数不清有多少次了,我从其中获得意外的惊喜,一则精彩书评、一篇人物或城市的深度报道、一页创意十足的广告文案或是几个居家装潢的点子,阅读这种免费的读物,往往有一种"打野食"的快感。

等抵达目的地后,我最感兴趣的就是穿梭在当地的书店——如何找书及书店是我拜访城市的主要目的。回到台湾后,我靠着买回的这本那本书,不时追想当初购买时的情境,以及和店主的聊天经验,最后它们更成为我写作的题材。在阳光、空气、水之外,对我而言,"书"是另一个必要的生存要素。没有音乐、没有电影,我或许还能存活,但是我简直不能想象没有书的日子,将会是何种悲惨的模样!

逐书而行,为书走天涯

图书馆是我旅行时必游的另一个观光景点。从国际级的"国会图书馆"(Library of Congress)与"大英图书馆"(The British Library)、都会性的"纽约市立公共图书馆"(New York Public Library)、学院派的大学图书馆乃至小型的社区图书馆,不仅是我疲累时休憩的最佳场所,更是我查email、做研究、找资料的乐土。如果图书馆附有"珍本书部门"(Rare Book Department)或是"特藏区"(Special Collections),那就更美妙了!

看到书与蝴蝶的组合，我总是会联想起纳博科夫，想起他的小说《洛丽塔》（*Lolita*）、想起他那让我折服的写作生涯、想起他是如何对蝴蝶着迷、想到不会开车的他，如何由爱妻薇拉（Vera）开车载着他四处捕蝶，而他又如何在献给薇拉的每本著作上，亲笔绘下一只只彩蝶。右图是我摄自一位朋友的书架，下图所见为纳博科夫在 *The Gift* 一书扉页上画给薇拉的蝴蝶；再下为《洛丽塔》1955 年第一版上册的书影，这本书因为内含恋童与情色的描述，一开始在美国找不到出版社愿意出版，最终由巴黎的出版社 Olympia Press 出版。Upper image courtesy of Christie's, lower image courtesy of PBA Galleries

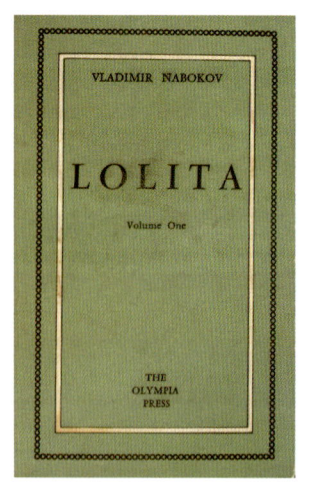

到纽约市，我总是喜欢到第五大道上的市立图书馆总馆，观赏各类主题展。1999 年夏天，我正巧碰上俄籍作家纳博科夫（Vladimir Nabokov）的百年诞辰展。纳氏的母语为俄文，四十岁才搬到美国，《洛丽塔》（*Lolita*）是他以英文写出的名作，我每回读它，每回都感到佩服，尤其是那无懈可击、石破天惊的第一段：

Lolita, light of my life, fire of my loins. My sin, my soul. Lo-lee-ta: the tip of the tongue taking a trip of three steps down the palate to tap, at three, on the teeth. Lo. Lee. Ta.

这段音感、意象十足的经典开场，总让我一看到字句就忍不住张开嘴、卷着舌头大声朗读。能在图书馆看到纳博科夫的丰富文献与精彩照片，实在是很过瘾的事。

至于旧金山市立公共图书馆（San Francisco Public Library）内的"书籍艺术与特藏区"（Book Arts & Special Collections），更彷如我的御用书房。博学又亲切的馆员在我的要求下，会小心翼翼地由书柜或储藏间取出我所渴望的珍本书，放在我的座位前。我可以在这里亲手翻阅 1755 年出（初）版的《英语字典》上下两巨册，亲眼查看编纂者约翰逊博士对一些词汇（如"燕麦"）的幽默定义。但当我想到英国文学家华兹华斯（William Wordsworth）、柯勒律治（Samuel Taylor Coleridge）、简·奥斯汀（Jane Austen）、狄更斯（Charles Dickens）、乔治·艾略特（George Eliot）、布朗宁夫妇（the Brownings）及勃朗特姊妹（the Brontës）等人都是根据这两册43厘米长、26厘米宽的厚重版本来习作时，敬畏之心不禁油然升起。

我的旅游行程往往还受到欧美定期举办的书展所左右。例如早些年在台湾出版社工作时，因为关心新书出版的趋势，我会在10月参加德国的法兰克福书展，5月时赶赴美国书籍博览会。之后则因专情于西洋古旧书，所以寒暑假不在学院教书时，总是选择期间正好有不少古董书展及二手书展的美国加州栖息。后来干脆辞掉出版社与学院的工作，以便能自由来去。

人生因书更有趣

访书的过程中，总是会发生一些令人印象深刻的事件。有一回，我在某个古董书展角落，发现一张清朝道光年间的木刻版海防谕令，内容是关于广州虎门外国船只的出入规定。这张谕令是清廷颁给"米"国（美国）船主的，上面除了以毛笔写着确切的颁布时间为道光二十九年（1849）四月初九，还盖了海防官印。我看到这张像海报般的谕令，只觉得有时空错置之感，另一方面也想把孤零零的它，由四周环绕的洋书洋画中抢救出来。

然而，这谕令的标价却超出我的预算。我问摊位主人是否知道谕令来历。他摇摇头，只知道那是中国古物。我看完全场之后，又绕了回来，问他：最低多少钱才肯卖？摊主表示愿以半价出让。我还是嫌贵，于是只好丧气地逛到别的书摊，和熟识的主人聊天，顺便征询意见，看看是否可以再次讲价，书商朋友们训了我一顿，劝我别再杀价，因为既然卖方一下子就给了一半的折扣，肯定已是合理价位，再出价就是对摊主的污辱！

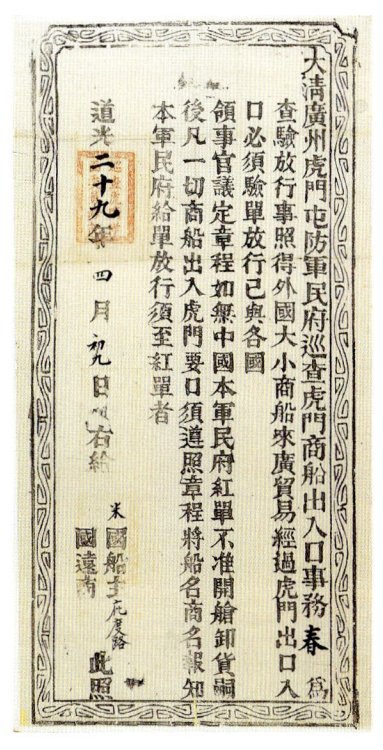

每次看到这张清朝的谕令，我就想起多年前，恳求书商降价买它时所历经的曲折过程。到古书展看到想要的东西，其实还是可以请书商考虑给点折扣，只不过询问时态度要诚恳、客气，多半时候，书商们总会象征性的给予优待。

书之美总是令人叹为观止，出现在书缘的绘画，英文称之为 fore-edge painting。现今一般人在书架上摆书，往往是把书脊朝外放，但西方早期的书其实是书脊朝内、书缘向外，讲究的藏书家，往往会请人在书缘上彩绘图案装饰。画面中出现的这批书全是出自 16 世纪意大利家族裴娄尼的私人图书馆（Pillone Library），书缘的彩绘出自艺术家 Cesare Vecellio（1521~1601）之手，约完成于 1580 年代，许多图中人物就是作者，例如右页那本书是文艺复兴时代著名的荷兰人文主义思想家、神学家伊拉斯谟斯（Desiderius Erasmus, 1466~1536）从古籍中汇整出的上千篇《格言集》（Adagiorum chiliades），现今的许多西方格言，都是因此书记载而流传，并翻译成不同语文，例如英文耳熟能详的："Make haste slowly"、"What's done cannot be undone"、"To be in the same boat"、"A necessary evil"、"A living corpse"等。书缘上的画面是头戴黑帽、身着黑袍的伊拉斯谟斯坐在书桌前写作的景象，我有幸于 2011 年 6 月初在伦敦"佳士得拍卖公司"的预展会时欣赏到这些美丽之书。The images on this and the opposite page courtesy of Christie's

我挣扎了半天，想着这张谕令若最终因此乏人问津，对书摊主人又有何益处呢？终于还是瞒着几位书商朋友，在书展结束前，厚着脸皮又回到卖谕令的摊位。

我以期期艾艾的声音对书商坦白："我的荷包里只剩一点钱了，如果这数目你能接受，那么我很希望能买下这张印刷品。"心想这话说完肯定换来对方一阵怒斥，谁知那书商竟然微笑地说："把它带走吧！我很高兴这件典故不明的东西，终于找到一个了解它的主人了。"银货两讫后，我们彼此开心地握了握手。

事后有些书商替我捏把冷汗，庆幸我碰到修养好的人，没被骂个狗血淋头。有些书商则是称赞我大有胆识，不入虎穴，焉得虎子！当然也有些人在一旁泼冷水，能把成交价降到订价的四分之一，肯定是漫天开价，我说不定还多付了呢？！

又有一年夏天在旧金山旅行，得知以《山居岁月》（A Year in Provence）一书成名的作者彼得·梅尔（Peter Mayle）恰巧也在当地，并即将在某家书店为他的小说《追逐塞尚》（Chasing Cézanne）签名。而我当时正替台湾一家出版社规划他的中文版散文集《有关品位》（Expensive Habits），身边又刚好带着英文原书，于是拿着书跑到现场请他签名，并有幸访谈。他问我怎么会千里迢迢在此与他相遇，我回说："Chasing Mayle（male）！"惹得他和一旁的太太哈哈大笑。这句话一语双关，既可解为"追逐梅尔"，也可听成"追逐男性"，因为"梅尔"与"男性"的英文是同音。

书之所在就是天堂之所在

长久以来，我的日子就是围绕着与书相关的人、事、地、物打转。《书天堂》是我继《书店风景》之后的另一本私人书话，其目的只是想表达一个爱书人对书（books）的钟情，对书人（book people）、书地（book places）的礼赞。书中的主文篇章多半发表于我在报刊的三个专栏："说书"、"Book World"、"People, Places & Books"，后续笔记部分则是为此书增订版而写，它们显示的不过是我的生活切片，捕捉了书世界的几许浮光掠影。但诚如英国 14 世纪的德伦主教（Bishop of Durham）理查·德伯利（Richard de Bury）在他的传世之作《书之爱》（*Philobiblion*）中所提到的："借着书的辅助，我们可以记忆过去，预知未来；我们因为文字的记载而使得变动的当下化成永恒。"

《书天堂》增订版能在大陆问世，要感谢中央编译出版社的长期支持，使此书与我的另两本著作《书店风景》、《书店传奇》相继有系统地出版，谱成一组优雅的"书话三部曲"。此外，要感谢海峡两岸优秀人才尽心尽力的合作，这包括在北京的责任主编张维军先生、执行编辑饶莎莎小姐与美术设计罗洋先生，以及台北的版型设计陈臻小姐。这本书在制作过程中，也得到许多英美书人（例如书商、图书馆员、古籍拍卖商等）的协助与建议，使得本书最终能以高品质的面貌呈现。

最后，一定要感谢的是我的母亲，因为她的爱与理解，才能放任我在西方书世界自由地徜徉，没有她，就没有这本书。但愿这本书像一张魔毯，能带领所有爱书人一同在"书天堂"中畅快翱翔。

图书在版编目（CIP）数据

书天堂 / 钟芳玲著. ——北京：中央编译出版社，2012.5
（图文馆）
ISBN 978-7-5117-1375-9

Ⅰ. ①书… Ⅱ. ①钟… Ⅲ. ①书店—介绍—世界 Ⅳ. ①G239.1

中国版本图书馆CIP数据核字（2012）第045245号

Book Paradise was published in hard- and softcover editions in traditional Chinese by Yuan-Liou Publishing Company, Taipei in 2004, and was followed by these editions:

2005 Simplified Chinese, hard- and softcover editions, with minor corrections, Guangxi Normal University Press, Guilin (printed in Beijing)

2012 Simplified Chinese, hardcover edition, enlarged and updated, Central Compilation & Translation Press, Beijing

2013 Traditional Chinese, hard- and softcover editions, with minor revisions and additions, Vista Publishing, Taipei

2014 Simplified Chinese, softcover edition, with minor revisions and corrections, Central Compilation & Translation Press, Beijing

This 2014 *hardcover* edition published in simplified Chinese by Central Compilation & Translation Press, Beijing is a reissue (with minor revisions and corrections) of the 2012 edition. Text and images copyright © 2004-2014 by Fang-Ling Jong, unless otherwise stated. All rights reserved.

本书简体中文版由钟芳玲小姐授权中央编译出版社独家出版。

书天堂 钟芳玲

出 版 人：	刘明清
出版统筹：	薛晓源
创意统筹：	钟芳玲
责任编辑：	张维军
执行编辑：	饶莎莎
封面设计：	C.Chen
责任印制：	尹 珺
出版发行：	中央编译出版社
地　　址：	北京西城区车公庄大街乙5号鸿儒大厦B座（100044）
电　　话：	（010）52612345（总编室）　（010）52612342（编辑部）
	（010）52612316（发行部）　（010）52612315（网络销售）
	（010）52612346（馆配部）　（010）66509618（读者服务部）
传　　真：	（010）66515838
印　　刷：	深圳市佳信达印务有限公司
成品尺寸：	180毫米×250毫米　18印张
版　　次：	2012年5月1日精装第1版
印　　次：	2014年4月1日第2次印刷
定　　价：	108.00元

网　　址：	www.cctphome.com　　邮箱：cctp@cctphome.com
新浪微博：	@中央编译出版社　　微信：中央编译出版社（ID:cctphome）
淘宝网店：	编译出版社书店（http://shop108367160.taobao.com/）

本社常年法律顾问：北京市吴栾赵阎律师事务所律师　闫军　梁勤
凡有印刷质量问题，本社负责调换。电话：010-66509618